Burkhard Brosig und Uwe Gieler (Hg.)
Die Haut als psychische Hülle

Das Anliegen der Buchreihe BIBLIOTHEK DER PSYCHOANALYSE besteht darin, ein Forum der Auseinandersetzung zu schaffen, das der Psychoanalyse als Grundlagenwissenschaft, als Human- und Kulturwissenschaft und als klinischer Theorie und Praxis neue Impulse verleiht. Die verschiedenen Strömungen innerhalb der Psychoanalyse sollen zu Wort kommen und der kritische Dialog mit den Nachbarwissenschaften soll intensiviert werden. Bislang haben sich folgende Themenschwerpunkte herauskristallisiert:

Die Wiederentdeckung lange vergriffener Klassiker der Psychoanalyse – wie beispielsweise der Werke von Otto Fenichel, Karl Abraham, Sándor Ferenczi, W. R. D. Fairbairn und Otto Rank – soll die gemeinsamen Wurzeln der von Zersplitterung bedrohten psychoanalytischen Bewegung stärken. Einen weiteren Baustein psychoanalytischer Identität bildet die Beschäftigung mit dem Werk und der Person Sigmund Freuds und den Diskussionen und Konflikten in der Frühgeschichte der psychoanalytischen Bewegung.

Im Zuge ihrer Etablierung als medizinisch-psychologisches Heilverfahren hat die Psychoanalyse ihre geisteswissenschaftlichen, kulturanalytischen und politischen Ansätze vernachlässigt. Indem der Dialog mit den Nachbarwissenschaften wiederaufgenommen wird, soll das kultur- und gesellschaftskritische Erbe der Psychoanalyse wiederbelebt und weiterentwickelt werden. Stärker als früher steht die Psychoanalyse in Konkurrenz zu benachbarten Psychotherapieverfahren und der biologischen Psychiatrie. Als das anspruchsvollste unter den psychotherapeutischen Verfahren sollte sich die Psychoanalyse der Überprüfung ihrer Verfahrensweisen und ihrer Therapie-Erfolge durch die empirischen Wissenschaften stellen, aber auch eigene Kriterien und Konzepte zur Erfolgskontrolle entwickeln. In diesen Zusammenhang gehört auch die Wiederaufnahme der Diskussion über den besonderen wissenschaftstheoretischen Status der Psychoanalyse.

Hundert Jahre nach ihrer Schöpfung durch Sigmund Freud sieht sich die Psychoanalyse vor neue Herausforderungen gestellt, die sie nur bewältigen kann, wenn sie sich auf ihr kritisches Potential besinnt.

BIBLIOTHEK DER PSYCHOANALYSE
HERAUSGEGEBEN VON HANS-JÜRGEN WIRTH

Burkhard Brosig und
Uwe Gieler (Hg.)

Die Haut als psychische Hülle

Psychosozial-Verlag

Bibliographische Information Der Deutschen Bibliothek
Die Deutsche Bibliothek verzeichnet diese Publikation in der Deutschen
Nationalbibliografie; detaillierte bibliografische Daten sind im Internet
über <http://dnb.ddb.de> abrufbar.

© 2004 Psychosozial-Verlag
Goethestr. 29, D-35390 Gießen,
TEL.: 0641/77819, FAX: 0641/77742
E-MAIL: info@psychosozial-verlag.de
www.psychosozial-verlag.de
Alle Rechte, insbesondere das des auszugsweisen Abdrucks
und das der fotomechanischen Wiedergabe, vorbehalten.
Umschlagabbildung: Max Ernst: The Return of the Fair Gardener (1967)
© VG Bild-Kunst, Bonn 2004
Umschlaggestaltung: Christof Röhl
nach Entwürfen des Ateliers Warminski, Büdingen
Lektorat und Satz: Lars Steinmann
ISBN 3-89806-204-X
Printed in Germany

Inhaltsverzeichnis

Vorwort   7

Einleitung   11
Burkhard Brosig und Uwe Gieler

Grundlagentexte

Die *signifiants formels* und das Haut-Ich   25
Didier Anzieu

Das Konzept der psychischen Hülle   50
Didier Houzel

Hysterie als Erregungshülle   82
Annie Anzieu

Klinische Aspekte

Der Fall einer jungen Frau, die an Haut-Artefakten leidet:
Verlauf einer Analyse   115
Sylvie G. Consoli

Der Schlangenmensch   132
Christina Detig-Kohler

Nasse Hände – Eine psychoanalytische Behandlung   156
Heinrich Schimpf

Die psychische Hülle am Beispiel der Neurodermitis   168
Uwe Gieler

Die Haut als Selbst und Nichtselbst   187
Wolfgang Milch

KULTURWISSENSCHAFTLICHE PERSPEKTIVE

Das Haut-Ich und die Literatur
Körperbilder der Dichterin Sylvia Plath   209
Claudia Benthien

Metaphern der Haut – Epilog   239
Burkhard Brosig

Autorinnen und Autoren   245

Vorwort

Im vorliegenden Buch dokumentiert sich eine langjährige Zusammenarbeit der beiden Herausgeber, die mit dem Aufbau einer dermatologisch-psychosomatischen Stationsgruppe und deren Konzeptentwicklung im Kontext der von Christian Reimer geführten Klinik für Psychosomatik und Psychotherapie an der Justus Liebig-Universität Gießen, verbunden ist. Als Ausdruck dieser über die Jahre hin reifenden Entwicklung, der Evolution klinischer Behandlungskonzepte für Patienten mit Erkrankungen der Haut, (seien sie nun als psychosomatisch, somatopsychisch oder rein psychogen mit sekundärem Hautbezug zu verstehen) wird hier ein Werk vorgelegt, in dem psychosomatisches Denken in Bezug auf die psychische Bedeutung der Haut als Hülle, als Ausdrucksorgan seelischer Prozesse und als Projektionsfläche psychosozialer Einflüsse und Konflikte realisiert ist.

Die hier vorgestellten Konzepte sind natürlich nicht – im Sinne eines Leitfadens – »buchstäblich« in die klinische Praxis umzusetzen, zumal sie hoch verdichtete, also metaphorische Theoriebildungen darstellen. Sie haben uns jedoch über die Jahre hinweg angeregt, Haut-Erleben besser zu verstehen, es theoretisch korrekter zu konzeptualisieren und schließlich klinisch, im Sinne einer Anregung der symbolischen Verarbeitung der am therapeutischen Prozess beteiligten Personen, als *container* ihres Erlebens von oft amorphen, spannungsreichen und somit schwer fassbaren Erfahrungen, zu begreifen.

Die hoch verdichtete, komplexe Natur des sprachlichen Materials brachte es mit sich, dass einige Interpretationsarbeit in den Übersetzungen der französischen Grundlagentexte (Anzieu et al. 1987) zu leisten war. Wir haben uns entschieden, die übersetzten Beiträge gleichsam zu glätten, um sie lesbarer werden zu lassen. Dabei wurde oft eine allzu wörtliche Übertragung aus dem Französischen ins Deutsche vermieden, um den Sinn nicht zu sehr, etwa entgegen deutscher Lesegewohnheiten, zu entstellen. Einige wichtige Begriffe wurden zudem originalsprachlich in den Texten belassen, so etwa der Begriff des Form-Signifikanten, als *signifiant formel*. Wohl wissend, dass der deutsche Ausdruck »Bezeichnendes« in den Übersetzungen von de Saussures Grundlagentext zur Strukturalen Linguistik für *signifiant* verwendet wird, in den deutschsprachigen Texten zu Lacan jedoch als »Signifikant« auftaucht, somit zwei adäquate deutsche Begriffe existieren, erschien es uns jedoch sinnvoller, diesen schwer fassbaren, facettenreichen, in der Lacan-Rezeption häufig geradezu changierenden Begriff originalsprachlich im Text stehen zu lassen, um nicht vorschnell Weichen des Verständnisses und der Rezeption zu stellen. Ähnlich wurde mit dem Begriff der *juissance*, der sich im Abschnitt zur hysterischen Hülle von Annie Anzieu findet, verfahren. Erfüllung, Lust, Freude, Nießbrauch, Vergnügen – all diese Annäherungen vermögen den lacanianischen Gehalt des Begriffes nicht vollständig auszuschöpfen. Es erschien uns also deutlich, dass eine solche Übersetzungsmühe keine größere Klarheit erbracht hätte. Der Sinn erschließt sich ja mehr aus dem insgesamt vorgelegten Kontext, als aus einer zu buchstäblich korrekten, jedoch allzu sperrigen Übersetzung.

Es gehört zu den Grundüberzeugungen der tief im Sprachlichen verwurzelten klinischen Theorie der französischen Psychoanalyse, so wie sie hier vorgelegt wird, dass sich der Sinn einer Aussage nicht allein aus seinem manifesten Inhalt ergibt, sondern durch einen ihn umgebenden Hof von Assoziationen ergänzt wird, die eben diesen Sinn mitstrukturieren und formen. Oft sind diese Assoziationen, die hinter, neben oder um einen Begriff herum entstehen können, an den Lautbildern der Wörter orientiert. Wir haben uns deshalb entschieden, teilweise die originären französischen *signifiants* in die Übersetzung mit einzuflechten, um die Kette der möglichen Assoziationen nicht ungebührlich vorschnell zu verkürzen und damit die Spannung zwischen Signifikant und Signifikat, zwischen *signifiant* und *signifié* zu reduzieren.

Eine weitere Vorbemerkung betrifft den Umgang mit den in den französischen Originaltexten enthaltenen Freud-Zitaten. Wir haben uns bemüht, diese aufzuspüren, was aber nicht in allen Fällen aufgrund mangelnder Nachweise gelungen ist. Der Freud-Kenner wird also bemerken, dass die Übersetzungen nicht immer den korrekten Wortlaut treffen werden. Auch weitere Zitate finden sich nicht immer im Literaturverzeichnis, weil sie nicht durchgängig in den Originaltexten vollständig wiedergegeben wurden.

Danken möchten wir allen, die an diesem Buch mitgearbeitet haben, vor allem den Autoren des klinischen Abschnitts, die in einen lebendigen Dialog mit den französischen Grundlagentexten getreten sind, um so die klinische Brauchbarkeit der vorgestellten theoretischen Konzepte zu belegen. Unser Dank gilt aber auch den Übersetzern der französischen Originaltexte Anais Soujon, Sylvie Guillou und Anselm Jappe, die in mühevoller Kleinarbeit theoretisch-sprachliche Unklarheiten und Untiefen durchzuarbeiten hatten, was bei den Herausgebern nicht unerheblich zu einem noch präziseren und tieferen Verständnis der vorgelegten Texte beigetragen hat, die für die Redaktion der Texte und die verwendeten psychoanalytischen Begrifflichkeiten die letzte Verantwortung tragen.

Unser Dank gilt schließlich auch dem Verleger Hans-Jürgen Wirth und dem Lektor des Psychosozial-Verlages Lars Steinmann, die durch ihr kontinuierliches Engagement, teils geduldig, teils zupackend, die endgültige Realisierung dieses anfangs nur als vages Phantasma existierenden Projekts einzufordern verstanden.

Nicht zuletzt ist es dem lebendigen kontinuierlichen Austausch in der wissenschaftlichen Arbeitsgruppe »Psychosomatische Dermatologie« (Uwe Gieler mit Burkhard Brosig, Jörg Kupfer, Volker Niemeier und Lars Hennighausen) an der Universitätsklinik Gießen und im Arbeitskreis psychosomatische Dermatologie APD in Deutschland und schließlich innerhalb der europäischen Gesellschaft für Dermatology and Psychiatry ESDaP, zu verdanken, dass ein Diskussionskontext bereit stand, in dem theoretische Konzepte, klinische Fälle und kulturwissenschaftliche Einflüsse aufeinander bezogen werden konnten. So gelang es, einen weiten, eben genuin interdisziplinären, Bogen zu spannen zwischen psychoanalytisch-psychosomatischer Konzeptentwicklung, klinischer Praxis und kulturwissenschaftlicher Theorie.

Dank gilt aber auch Frau Michèle Fend, die zu diesem Buch anregend beigetragen hat, indem sie die Herausgeber nicht nur auf die französischen Grundlagentexte aufmerksam gemacht hat, sondern auch ein Stück französische therapeutische Kultur in den Kontext der Fallseminare unserer Station hineinbrachte und so die klinischen Konzepte, die in der Folge entwickelt werden, mit Leben füllen konnte.

Wir hoffen damit in der Lektüre immer wieder jenen Perspektivenwechsel zu ermöglichen, der allzu fest gefügte, klinische und wissenschaftlich-theoretische Gewissheiten in kreativer Art und Weise zu erschüttern vermag, um so zu einer relativierenden Auffassung der hier in Frage stehenden klinischen Phänomene zu kommen. Auch wenn die Texte passagenweise nicht leicht zugänglich sind, bieten sie doch reiches metaphorisches Material, das zu einem flexiblen Umgang mit den frühen Erlebnisformen und deren Projektionen auf die Haut anregt. So hoffen wir, trotz aller theoretischer Verdichtungen, letztendlich die klinische Praxis zu bereichern und damit zu einer lebendigen, fruchtbaren Auseinandersetzung mit der »Haut als psychischer Hülle« im klinischen Alltag beitragen zu können.

Literatur

Anzieu, D.; Houzel, D.; Missenard, D.; Enriquez, M.; Anzieu, A.; Guillaumin, J.; Doron, J.; Lecourt, E. & Nathan, T. (1987): Les enveloppes psychiques. Collection inconscient et culture. 3. Auflage 2003 Paris (Dunod).

Gießen im April 2004

Burkhard Brosig
Uwe Gieler

Einleitung

Burkhard Brosig und Uwe Gieler

Der vorliegende Band beschäftigt sich mit der »Haut als psychischer Hülle«. Diese verdichtete, metaphorische Benennung der psychischen Funktionen des größten Organs unseres Körpers lässt, so hoffen wir, Neugierde aufkommen. Ist nicht die Haut »Spiegel der Seele«? Sprechen wir nicht davon, »dünnhäutig« zu sein, wenn wir sensibel oder nervös sind und beneiden wir nicht jene, die ein »dickes Fell« haben und zwischenmenschliche Konflikte mit kühler, innerer Distanz betrachten können, indem sie beispielsweise von sich sagen können: »Das juckt mich nicht!«?

Unsere Sprache ist also reich an Haut-bezogenen Sprachbildern, kutanen Metaphern also, die die innere Relation des Individuums zu seiner äußeren Hülle zu beschreiben suchen. Ein makelloses, schönes Äußeres wird, dem Zeitgeist entsprechend, zudem immer wichtiger und die äußere Hülle übt dabei die Funktion einer »Visitenkarte« aus, die zur Eintrittskarte immer dann wird, wenn sich die Schönen und (Erfolg-) Reichen abgrenzen wollen von der oft banalen Kreatürlichkeit des Alltagsmenschen.

Das Aushängeschild Haut transportiert schließlich auch Schriftzüge, Einschreibungen, die durch die Wechselfälle der persönlichen Geschichte, etwa in Form von Abschürfungen oder Narben, immer öfter jedoch auch in unserem Kulturkreis als »body art« selbst gewählt in Form von Tattoos oder Piercings entstehen (vgl. Abb. 1) und schließlich, von den Spuren des Alterns zeugend, als Falten, Runzeln oder Flecken auf der Oberfläche des Körpers erscheinen. Die Haut wird so zu einem Ort von Zeichensystemen, an dem sich sowohl individuelle, körperliche Dispositionen ausdrücken, etwa Geschlecht oder ethnische Zugehörigkeit, als auch soziale Markierungen, wie die Zugehörigkeit zu bestimmten sozialen (Rand-)Gruppen, eben Stigmata, und sich gleichzeitig Spuren der Zeit, im Sinne des Gezeichnet-Seins, nachweisen lassen.

Abb. 1: Tattoo

Lässt sich so die Haut als eine Simultan-Bühne von Biografie, sozialem Status und biologisch-genetisch begründeter Individualität konzeptualisieren, so darf dabei nicht vergessen werden, dass sie zudem als überlebenswichtiges Sinnesorgan an der Grenze zur Außenwelt »Wache hält« und damit die körperliche Integrität des Individuums sichert: Empfindungen werden ertastet und auf ihren für das Überleben des Einzelnen wichtigen Informationsgehalt hin überprüft: Schmerz, Kälte, Hitze und Wind werden so von der Haut wahrgenommen. Damit nicht genug: Eben diese Empfindungen transformieren ihr Rezeptor-Organ. Es gehört zu den Funktionen der sinnesphysiologischen Verarbeitungsmuster, die Empfindlichkeit der Hautsinne zu regulieren, stumpfer, unempfindlicher zu machen, wenn es darum geht, sich an unvermeidliche Dauereinflüsse zu adaptieren oder aber eine erhöhte Sensibilität zu ermöglichen, wenn äußere Erregung auszubleiben scheint. Damit wird es möglich, gleichzeitig den kaum merklich kühlenden Hauch des Windes auf der Haut, am Strand liegend, zu spüren und dabei dennoch die getragene Kleidung zu ignorieren. Die Haut ist also, im Zusammenspiel mit den zentralnervösen Verarbeitungsmodi, ein sinnesphysiologisch überaus aktives Organ, sowohl rezeptiv als auch reagibel und moduliert plastisch die Welt der Sinneserfahrungen. In einer weiter hinzutretenden Rollen-Übernahme vermag sie es, den von ihr selbst vermittelten Sinneseindrücken Ausdruck zu verleihen und so durch Erblassen, Erröten, Schwitzen, eine seelische Erregung sowohl energetisch abzuführen als auch proto-symbolisch chiffriert mitzuteilen.

Die hier vorgestellten grundlegenden französischen Beiträge, Ausgangspunkt dieser Aufsatzsammlung zur psychischen Funktion der Haut, entstammen aus der in der Tradition der französischen Psychoanalyse stehenden Arbeitsgruppe um Didier Anzieu. Dieser psychoanalytischkonzeptuell ungemein fruchtbare Autor vermochte es mit seiner Systematik der kutanen Funktionen, dem von ihm so benannten »Haut-Ich« (Anzieu 1985), seelische Vorgänge im Kontext des Hauterlebens verständlicher, man ist versucht zu formulieren, im assoziativen Zusammenhang mit der oben angesprochenen Hüllen-Metaphorik, »transparenter« zu machen. In dem hier vorliegenden Beitrag geht er jedoch über die seinerzeit entwickelten Konzepte des *Moi-Peau* hinaus, in dem er sie in der linguistischen Tradition der von Jacques Lacan vertretenen Rückkehr zu Freuds Traumarbeit und seiner Semantik der Fehlleistungen verankert (Weber 1978). Darauf wird später noch intensiver einzugehen sein. So wird es möglich, die psychischen Repräsentationen, Anzieu würde sagen, die Verformungen der *signifiants formels*, die bei Störungen der frühen IchEntwicklung des Individuums regelmäßig auftreten, genauer zu beschreiben, in eine kutane Metaphorik umzusetzen, dadurch »plastischer«, »greifbarer« werden zu lassen und sie gleichzeitig nicht vollständig der neurobiologischen Matrix der frühkindlichen sensomotorischen Entwicklung zu entfremden, wie dies in körperferner formulierten Konzepten der Fall gewesen wäre. Diesen frühen Erfahrungen wird somit ein Ort zugewiesen, an dem es möglich wird, »inne-zu-halten«, zu »ver-stehen«, zu »be-greifen«, um es wiederum in einer körpernahen Bildersprache auszudrücken und später, kognitiv getönter, zu verarbeiten (vgl. in diesem Zusammenhang die Schilderung der frühen Zwillingsinteraktion von W. Milch in diesem Band). Das »un-begreifliche«, enigmatische der frühen Erfahrungen wird, Zug um Zug, fassbarer, begrifflich näherrückend oder, um es weniger metaphorisch auszudrücken: Anzieus Konzept des HautIchs stellt uns ein flexibles sprachliches Register jener Prozesse zur Verfügung, die zwischen primärer Sinnes-Erfahrung und sprachlicher Symbolisierung vermitteln.

Dabei gelingt es ihm nicht nur die genuin psychogen ausgelösten Störungen der Hautfunktionen, die klassischen psychosomatischen Symptome, verstehbarer werden zu lassen. Sein Werk weist weit darüber hinaus, in dem er auch Störungen rein psychischer Natur in eine Haut-Metaphorik kleidet, um Zugangswege zu präsymbolischen frühen Erlebnisweisen zu eröffnen, die sich klinisch erfahrungsgemäß in unbestimmten Spannungszuständen aufseiten der Patienten sowie in amorphen, widersprüchlich-chaotischen Gegenübertragungsgefühlen aufseiten der Behandler manifestieren.

Dadurch entsteht eine aus deutscher Sicht intellektuell gewagte Amalgamierung von sehr unterschiedlichen theoretischen Konzepten. Die Benennung der »Haut-Signifikanten«, der *signifiants formels* entstammt dem begrifflichen Register der konzeptuell als linguistisch fundiert geltenden psychoanalytischen Theorie in der Nachfolge von Jacques Lacan.

Es sollte in diesem Zusammenhang daran erinnert werden, dass D. Anzieu in den fünfziger Jahren als wissenschaftlicher Assistent von D. Lagache bei J. Lacan eine Lehranalyse unternahm, Lacan und Lagache 1953 in die Societé Francaise de Psychanalyse folgte, sich jedoch von Lacan und seiner klinischen Praxis, der lacanianischen psychoanalytischen Technik, in den folgenden Jahren deutlich distanzierte und 1963, gegen Lacan in der Association Psychanalytique de France, die nun wieder von der International Psychoanalytical Association anerkannt wurde, Mitglied wurde (Widlöcher 2001). In der Begrifflichkeit von den *signifiants formels* kommt es jedoch, ideengeschichtlich gesehen, zu einer Wiederannäherung durch Anzieu an den Meister der Lehranalyse, an J. Lacan.

Etwas verkürzt ausgedrückt versucht Lacan den Gegensatz von bewusst / unbewusst, der ja das dynamische Modell der menschlichen Psyche, so wie in der Traumdeutung (Freud 1900) beschrieben, konstituiert, umzusetzen in den linguistisch definierten Gegensatz von Bezeichnendem / Bezeichnetes oder, anders ausgedrückt, von Signifikant / Signifikat, ein Begriffspaar, das im französischen Original als *signifiant / signifié* erscheint. Wie Bowie (1991) unterstreicht, wird von Lacan damit der Versuch unternommen, die Psychoanalyse ihrer biologistisch-spekulativen Metapsychologie zu entkleiden (vgl. Sulloway 1979) und im Bereich der Kulturwissenschaften neu zu verankern, indem die Linguistik und ihre Regeln (als solche Abbild des Kulturprozesses) und nicht die Neuropsychologie zur metapsychologischen Basis wird. So ist es zu verstehen, dass Lacan davon sprechen kann, dass das Unbewusste strukturiert sei wie eine Sprache.

Lacan lehnte sich hier an die strukturale linguistische Theorie des Schweizer Linguisten de Saussure (1916) an. Diese sieht in dem unauflöslichen Gegensatz zwischen dem Ding an sich einerseits, das er, etwas verkürzt ausgedrückt,»Bezeichnetes«, Signifikat, oder französisch *signifié* nennt, und andererseits deren sprachlicher Repräsentation, dem »Bezeichnenden«, Signifikant, *signifiant*. Für ihn ist diese gespaltene Natur des Zeichens, assoziierbar mit einer doppelten Kette von Differenzen, ein wesentliches Charakteristikum sprachlicher Struktur und Komplexität. Beide Elemente sind wie zwei Seiten einer Medaille auf das Zeichen hin bezogen (vgl. Abb. 2) und geben den »Wert« eines Zeichens an. De Saussure versteht hier die Sprache als ein Medium des Austausches, ähnlich dem Warenaustausch. Der *signifiant* entspricht dabei dem mental repräsentierten Lautbild des sprachlichen Zeichens, während der *signifié* der mentalen Repräsentation des Abbilds des Dinges, was durch das sprachliche Zeichen »bezeichnet« werden soll, repräsentiert ist:

> »Diese beiden Faktoren sind notwendig für das Vorhandensein eines Wertes. So muss man zur Feststellung des Wertes von einem Fünfmarkstück wissen: 1. dass man es auswechseln kann gegen eine bestimmte Menge einer anderen Sache, z. B. Brot; dass man es vergleichen kann mit einem ähnlichen Wert des gleichen Systems, z. B. einem Franc. Ebenso kann ein Wort ausgewechselt werden gegen etwas Unähnliches: eine Vorstellung; außerdem kann es verglichen werden mit einer Sache gleicher Natur: einem anderen Wort. Sein Wert ist also nicht bestimmt ...« (de Saussure 1916, S. 137).

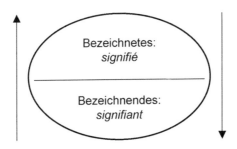

Abb. 2: Die Natur des sprachlichen Zeichens nach de Saussure (1916)

Zwischen beiden Teilen des Zeichens sieht de Saussure mithin so etwas wie eine nur sehr fragile, instabile und durch keine natürliche Verbindung affirmierbare »Zwangsgemeinschaft«, eine »arbiträre« Beziehung, die aufgrund ihrer Flüchtigkeit zu schnellen Veränderungen Anlass gibt. Diese Instabilität ist dabei doppelläufig zu denken, was durch die Pfeile in beide Richtungen angedeutet wird. Lautbilder können andere Bedeutungen annehmen, Bedeutungen können mit anderen Lauten versehen werden und damit eine andere Färbung von Bedeutung annehmen. Diese Idee von der neuen »Färbung« von Bedeutung verweist auf eine andere strukturelle Besonderheit, die von de Saussure heraus gehoben wird: Die des differenziellen Charakters der Sprache, wie im obigen Zitat ausgearbeitet und von Derrida (1988) in seiner Diskussion der »différance« fortgeführt. Derrida verknüpft, ganz parallel zu Lacan, das Wesen der Unterscheidung von bewusst / unbewusst und deren Dynamik mit der Fähigkeit zur »différance«:

> »Diese ›aktive‹, in Bewegung befindliche Zwietracht verschiedener Kräfte und Kräftedifferenzen [...] können wir mithin *différance* nennen. Es ist historisch bezeichnend, dass diese Diaphoristik als Kräfteenergetik oder -ökonomie, die sich nach der Infragestellung des Primats von Gegenwart als Bewusstsein richtet, ebenfalls das Hauptmotiv von Freuds Denken ist: eine andere Diaphoristik, insgesamt eine Theorie der Chiffre (oder der Spur) und zugleich eine Energetik.« (Derrida 1988, S. 98f.)

Dieser differenzielle Aspekt des Charakters der Sprache soll in der nächsten Abbildung 3, wieder in Rückblende auf de Saussure, illustriert werden. De Saussure versucht darin zu verdeutlichen, dass die Ähnlichkeits-Beziehungen einerseits und die daraus ableitbaren, möglichen Differenzen andererseits nicht nur auf der Ebene der Laut-Bilder (*signifiants*) sondern auch auf der Ebene der Abbilder der Dinge (*signifiés*) zu denken wäre. Daraus resultiert eine doppelte Kette von Differenzen, die der *signifiants* gegeneinander, die der *signifiés* gegeneinander und schließlich die der *signifiants* gegen die *signifiés* gegeneinander, was de Saussure mit den Begriffen *diachron* und *synchron* verknüpft. Beide Teile des Zeichens »gleiten« gegeneinander, wie Ketten in einer Maschine.

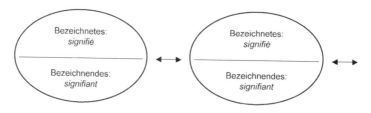

Abb. 3: Die Kette der sigifiants / signifiés nach de Saussure (1916)

Jedes Lautbild nimmt seinen Wert, seine eindeutige Identität immer nur im Vergleich zu anderen Lautbildern an, so wie sich der Baum vom Traum vom Saum unterscheidet. Die Bedeutung eines jeden Lautzeichens wird aber differenziert, d. h. in Unterscheidung zum nächstgelegenen Laut-Bild bestimmt. Wer mit automatischer Spracherkennungs-Software arbeitet, weiß davon ein Lied zu singen. Die Fehler dieser Systeme entstehen dadurch, dass verwandte Laut-Bilder in sprachliche Zeichen umgesetzt werden und somit einen vom beabsichtigten Satz vollkommen abweichenden Sinn ergeben können. Am Beispiel des Baumes bleibend, nimmt etwa ein besonderer Baum, z. B. die Eiche, seinen spezifischen Sinn nur dann an, wenn auch die Linde, der Ahorn etc. gekannt wird.

Die Bedeutungen der Wörter können sich, wie historisch zu zeigen ist, leicht verändern: So sind beispielsweise Verschiebungen zwischen Bedeutungen in der Entwicklung der Sprache ausgesprochen häufig, etwa wenn das Bureau zunächst einen Schreibtisch bezeichnet, später den Arbeitsplatz an sich; diese Prozesse wechselnder, changierender Bedeutungsverleihung, diese Verschiebungen unter Bildung von Metonymien, unterstreichen die nur lose Beziehung zwischen dem Laut-Bild, dem *signifiant* und dem Gegenstand, der damit bezeichnet werden soll, dem *signifié*. Gleiche Wörter können zu unterschiedlichen Worten gestaltet werden und gleiche Inhalte können mit unterschiedlichen Wörtern ausgedrückt werden. Der Zusammenhang zwischen dem Bezeichneten und dem Bezeichnenden ist also arbiträr, wie die Unterschiedlichkeit der verschiedenen Sprachen allein im europäischen Raum leicht illustriert. Die komparative Linguistik zeigt zudem, wie unterschiedlich Sprache inszeniert werden kann und damit zudem in unterschiedlicher Weise das Nachdenken über die Grundtatsachen des Lebens entweder erleichtert oder erschwert. Sind wir nicht oft überrascht über den pragmatischen Denkstil der Englisch sprechenden Kulturen, der sich nicht zuletzt dadurch manifestiert, dass englische Versionen von Texten fast immer deutlich kürzer ausfallen, als die deutschen?

Lacan wird später von der Kette der Signifikanten im Vergleich zu den Signifikaten sprechen und diese oben ausbuchstabierte Verschiebung beider Elemente des sprachlichen Zeichens als die Matrix des primärprozesshaften, des unbewussten psychischen Funktionierens ansehen (vgl. Evans 2002, S. 271). Er schaltet sich hier in die Debatte um die Konzeptbildung zur Funktionsweise des Ichs ein und vergleicht die komplexe, auch widersprüchliche, in jedem Falle aber 2-schalige Welt der Sprache mit der 2-Schichtigkeit des psychischen Modells, so wie es in Freuds Traumdeutung beschrieben wird. Auf der Oberfläche des Bewusstseins regiert der Sekundärprozess, ganz kognitiv, vernunftbetont. Darunter liegend, durch die Verdrängungsschranke abgetrennt, regiert der Primärprozess, der durch eine ganz andere, bildliche, irrationale archaischere Zeichenwelt charakterisiert wird. In den Träumen, aber auch den neurotischen Symptomen und Fehlleistungen treffen auf spezifische Art und Weise beide Denkmuster zusammen und es entstehen von Bildern angefüllte, sinnlich aufgesättigte Verdichtungen, die als »Metapher« und »Metonymie« beschrieben werden können.

Selbst wenn bestimmte klinisch-technische Aspekte der psychoanalytischen Theorie von Jacques Lacan vom *mainstream* der Psychoanalyse verworfen worden sind, beispielsweise die Methode der Widerstandsbearbeitung in Form der variablen Stundendauer, so ist doch, nicht nur in der Psychoanalyse Frankreichs, sondern auch in den Geistes- und Kulturwissenschaften international, und hier wären insbesondere die Vereinigten Staaten von Amerika zu nennen, Lacans Konzeption des Unbewussten als einem vor allem sprachlich strukturierten Bezirk, breit rezipiert worden (Gurewich & Tort 1999). Dies hat damit zu tun, dass mit diesem begrifflichen Register das der Psychoanalyse eigene Mehr-Ebenen-Denken und damit ihre komplexere, gegenläufige Lesarten erleichternde Form der Interpretation von literarischen aber auch klinischen »Texten« leichter ermöglicht wird. Die literaturwissenschaftliche Umsetzung der psychoanalytischen Theorie als einer Sprach-Kritik findet sich insbesondere in der aus dieser Tradition abgeleiteten Theorie der Dekonstruktion wieder. Man könnte in diesem Kontext sehr begründet postulieren, dass D. Anzieu seine klinischen Texte oft gleichsam »gegen den Strich bürstet«, gegen die Symptom-Beschreibungen seiner Patienten interpretiert, also nach genau dieser dekonstruktiven Methode (Bergande 2002, Gallop 1982, 1985) analysiert, und, so paradox dies zunächst klingen mag – assoziiert man doch mit Analysieren vor allen Dingen ein Auseinander-nehmen, ein Sezieren von Bedeutungen – letztlich verstehbarer macht. Dies geschieht in dieser Weise weil, wie oben beschrieben, die Komplexität, Unklarheit, chaotische Struktur früher Erlebnisweisen genau damit deutlicher hervortritt. Das Unbewusste äußert sich somit in stammelnder, widersprüchlicher, oft bruchstückhafter Sprechweise (vgl. auch Loch 1993).

Einleitung

In einer parallelen theoretischen Bewegung, oben angesprochen als Amalgamierung, integriert Anzieu die Neo-Kleinianische Theorie des *containers*, so wie es der britische Psychoanalytiker Bion in seinem grundlegenden Werk »Lernen durch Erfahrung« (Bion 1962) beschrieben hat. Etwas verkürzt ausgedrückt gehört es zu den Aufgaben des Therapeuten in der Gegenübertragung, frühen Erlebnisweisen des Patienten, die, wie oben bereits skizziert, häufig amorph, unklar und spannungsreich, in einer als *containment* bezeichneten inneren Bewegung der von ihm als alpha-Funktion bezeichneten psychischen Arbeit der Analytikerin bzw. des Analytikers zu fermentieren. Der *container* wird dabei als ein Gitter, *grid*, gedacht, ähnlich den Wahrheitstafeln, die Wittgenstein (1980) in seinem Tractatus logico-philosophicus von Frege zitiert hat. Somit wäre das Ich eine Struktur mit präformierten logischen Operatoren (Prä-Konzeption) und den durch sie ermöglichten Verarbeitungsmechanismen, der oben bereits erwähnten alpha-Funktion. In der therapeutischen Situation drängen beta-Elemente in sie hinein, gedacht als vergleichsweise unverarbeitet-rohe Sinnesdaten vonseiten des Patienten. Durch die reifere psychische Verarbeitungsmöglichkeit (alpha Funktion) des Therapeuten werden sie aufgefangen, *contained*, und, sehr vereinfacht ausgedrückt, in alpha-Elemente umgewandelt, um damit psychisch verdaut werden zu können.

Anzieu verbindet nun die Idee von der psychischen Hüllenstruktur des Ichs in seiner Vorstellung vom Haut-Ich mit einer Idee des *containment*, indem er die Haut als Hülle mit dem die alpha-Funktion ermöglichenden *grid* in Beziehung setzt. Es kommt dabei theoretisch-konzeptuell zu einem Brückenschlag zwischen französischer psychoanalytischer Theorie, die in der Sprache als Abbild des Unbewussten verwurzelt ist, und der Theorie der britischen Objekt-Psychoanalyse, die mit ihrer Konzeption des *containers* nahe an formal-logischen Konzepten der Erkenntnistheorie (aber auch der Gegenübertragung) situiert ist, wie ja bereits angesprochen, die Zitierung von Frege in Bions »Lernen aus Erfahrung« zeigt. Somit entsteht eine oszillierende theoretische Bewegung zwischen dem Ich als Haut-Ich, dem Ich als Sprach-Struktur und dem Ich als *container* mit alpha-Funktion.

D. Houzel wiederum stellt, in seiner Lektüre des von Freud überlieferten Traums von »Irmas Injektion«, das Konzept des Haut-Ich als *container* im Bion'schen Sinn gegen die Interpretation des Traumes durch J. Lacan, der »Die Haut als psychische Hülle« in die Begrifflichkeit eines »Netzes von

Signifikanten« übersetzt hätte. Hier werden beide Lesarten der Hüllenstruktur Haut in ihrem seelischen Funktionieren vergleichend aufgearbeitet. Klinische Beispiele aus verschiedenen Bereichen ergänzen die von Anzieu in seinem Beitrag über die *signifiants formels* der Haut vorgelegte Systematik. Sein Beitrag ist für uns Anfangspunkt einer Auseinandersetzung mit Texten von D. Houzel und A. Anzieu, die der Denktradition D. Anzieus angehören und seine Konzepte weiter ausarbeiten. Eine Brücke zur nachfolgenden Französisch sprechenden Generation von psychosomatisch arbeitenden Analytikern bildet der Beitrag von S. Consoli über die Behandlung einer Patientin mit Haut-Artefakten.

Deutsche Vertreter psychosomatischen Denkens nehmen Motive der oben skizzierten Denktradition auf, permutieren diese aber auch, indem etwa Einflüsse der britischen Objekt-Psychoanalyse in der Nachfolge von Melanie Klein wirksam sind und stärker betont werden (H. Schimpf, C. Detig-Kohler in diesem Band) als dies bei Anzieu selbst der Fall ist. Über den von D. Anzieu gesteckten theoretischen Rahmen zwischen Freud, Lacan und Bion geht der Beitrag von W. Milch hinaus, der in der Tradition der *self psychology* steht und damit eine weitere Perspektive in die Diskussion um die psychische Natur des Haut-Ichs anspricht, die des Selbst. Zudem integriert dieser Beitrag Aspekte neuerer Ergebnisse der Säuglingsforschung, die für die Vorstellung früher Stadien der Ich-Entwicklung in der modernen Psychoanalyse lebhaft rezipiert worden sind.

Wie im Vorwort schon angedeutet, wird die klinische Diskussion um das psychische Erleben der Haut ergänzt durch einen Beitrag aus dem Bereich der Kulturwissenschaften von C. Benthien. Ihre literarischen »Fallgeschichten« lesen sich zunächst wie schmerzhafte Versuche der Selbst-Analyse. Doch bleibt es nicht bei dieser reduktionistischen Sicht von Literatur »als Fall« in einem klinischen Sinn. In der weiteren Analyse der Texte wird zunehmend deutlich, dass ein vorschnell pathologisierender und damit voreingenommener Blick auf die vorgelegten literarischen Materialien einengende Wirkung entfalten würde und gerade die Autorin als Kulturwissenschaftlerin es versteht, die Seelenqualen der Haut sowohl präzise zu beschreiben als auch gewissermaßen die *conditio humana* inhärent klinisch zu demystifizieren und am Ende individuell zu entpathologisieren und in einem kulturhistorischen Kontext, im Sinne einer Zeitdiagnose, zu deuten. Es ist dabei spannend zu verfolgen, wie weit psychoanalytische Autoren im Kontext der Literaturwissenschaften rezipiert worden sind. Die zunächst für den klinischen Alltag entwickelten psychodynamischen Konzepte werden hier als Interpretationsrahmen verwendet, um literarische Wirkung präziser beschreiben zu können. So bildet dieser Beitrag eine Rückkehr zur Sprache durch den Umweg über die Körper-Sprache. Hier beweist die Psychoanalyse ihre von der positivistischen Moderne in Psychologie und Medizin gebetsmühlenartig, oft geradezu beschwörend, totgesagte wissenschaftliche Potenz in all ihrer aktuellen Frische.

Für D. Anzieu mag diese Bewegung vom Haut-Ich (in Nachfolge von Freud) zum *containment* (im Modell von Bion) zum *signifiant formel* eine ganz persönliche Rückkehr zu Lacan als seinem Lehranalytiker gewesen sein. Eine Rückkehr zu Lacan als Versöhnung? Ein Versuch der theoretischen Triangulierung im Angesicht eines (mit all seinen Nebenwirkungen) charismatischen Lehrers? Wir werden sehen.

Literatur:

Anzieu, D. (1985): Le Moi-Peau. Dt.: Das Haut-Ich. Übs. v. Meinhart Korte u. Marie-Hélène Lebourdais-Weiss. Frankfurt a. M. (Suhrkamp) 1991.

Bergande, W. (2002): Lacans Psychoanalyse und die Dekonstruktion. Wien (Passagen Verlag).

Bion, W. R. (1962): Learning from Experience. Dt. Lernen durch Erfahrung. Frankfurt (Suhrkamp) 1990.

Bowie, M. (1991): Lacan. Fontana Modern Masters. London (Fontana Press).

Derrida, J. (1988): Die différance. Übers. Von Eva Pfaffenberger-Brückner. In: Engelmann, P. (Hg.) (1990): Postmoderne und Dekonstuktion. Stuttgart (Reclam).

Evans. D. (2002): Wörterbuch der Lacanschen Psychoanalyse. Wien (Turia + Kant).

Gallop, J. (1982): The Daughter's Seduction. Feminism and Psychoanalysis. Ithaca, London (Cornell University Press).

Gallop, J. (1985). Reading Lacan. Ithaca, London (Cornell University Press).

Gurewich, J. F. & Tort, M. (1999): Lacan and the New Wave in American Psychoanalysis. The Subject and the Self. New York (Other Press).

Loch, W. (1993): Deutungs-Kunst. Dekonstruktion und Neuanfang im Psychoanalytischen Prozess. Tübingen (edition diskord).

Sulloway, F. (1979): Freud, Biologist of the Mind. Beyond the Psychoanalytic Legend. Cambridge, MA (Havard University Press)

Saussure, F. de (1916): Cours de linguistique générale. Genf. Deutsch: Grundlagen der allgemeinen Sprachwissenschaft. Berlin (Walter de Gruyter) 1967.

Weber, S. M. (1978): Rückkehr zu Freud. Jacques Lacans Ent-stellung der Psychoanalyse. Frankfurt a. M., Berlin, Wien (Ullstein).

Widlöcher, D. (2001): Obituaries. Didier Anzieu. In: Int J Psycho-Anal 82, S. 993–994.

Wittgenstein, L. (1980): Tractatus logico-philosophicus. Logisch-philosophische Abhandlung. Frankfurt a. M. (edition Suhrkamp).

Grundlagentexte

Die *signifiants formels* und das Haut-Ich
Didier Anzieu

Drei Fälle

Definitionen

Ich verstehe den Begriff »Form« in seinem ursprünglichen Sinn als »die Gesamtheit der Umrisse eines Objekts, resultierend aus der Organisation seiner Teile«, d. h. als Konfiguration, als Gestalt [*figure*]. Das Adjektiv »formal« bezieht sich auf die so definierte Form, zum Beispiel im Sinne der formalen Logik, die die Form der Einwände untersucht, ohne den Stoff, auf den sie sich beziehen, zu beachten. Der Begriff »Form-Signifikant« [*signifiant formel*] könnte also als ein Signifikant der Konfiguration verstanden werden. Aber dies ist eine rein statische Sichtweise. Die in Frage stehenden Konfigurationen erleiden bzw. führen Transformationen herbei, die von ihrer Struktur und von den Aktionen, die auf sie einwirken, abzuleiten sind. Es handelt sich hierbei um Signifikanten, die die Veränderung der Form betreffen. Diese Signifikanten sind psychische Repräsentanten, nicht nur von gewissen Antrieben, sondern von verschiedenen Organisationsformen des Es und Ichs. Sie scheinen sich in die generellen Kategorien der Repräsentation der Dinge einzuschreiben, besonders in der Vorstellung von Raum und Körperzuständen ganz allgemein. Aber ist denn der Raum ein Ding? Ist er nicht eher der Inhalt aller Dinge? In diesem Sinn sind die »*signifiants formels*« hauptsächlich Vorstellungen psychischer Inhalte. Aber jeder von ihnen besitzt eine Eigenschaft, eine Wirkung, die in ihnen eine Transformation erzeugt, dessen Versagen aber nur Deformationen hervorruft. Sie bestehen aus Elementen der formalen Logik, angepasst an die Primärprozesse und an eine archaische psychische Topik. Dies ähnelt dem, was Gibello die Repräsentanten der Transformation genannt hat, bezogen auf die kognitiven mentalen Wirkungsweisen. Aber die heftigen und spezifischen Ängste, die sie [die archaischen Repräsentanten der Transformation, Anm. B. B.] bezeichnen, wirken hinderlich in der Aneignung der ersten semiotischen Systeme; sind sie doch selbst die Voraussetzung zum sprachlichen Zugang zu den Repräsentanten der Wörter und zu den Quellen der Veränderungen in der einübenden Anwendung dieser Systeme.

Marie

Marie, eine junge allein stehende Frau in den Dreißigern, betritt mein Büro mit entstelltem Gesicht. Sie setzt sich mir für ihre wöchentliche Sitzung gegenüber, über die wir uns gerade nach einigen Vorgesprächen geeinigt haben, bis ich möglicherweise einen Platz frei habe, um sie in eine psychoanalytische Therapie aufzunehmen. Nach einigen Selbstmordversuchen seit ihrer Jugend hat sie sich einer ersten Psychoanalyse unterzogen, deren Unterbrechung einen neuen Selbstmordversuch zur Folge hatte. Die Lektüre meines Buches über das »Haut-Ich« hat sie dazu bewogen, mich zu konsultieren.

An diesem Tag hat Marie Schwierigkeiten, ihre Worte auszusprechen. Ihre Hände heben sich bis zur Höhe ihrer Schultern, als ob sie keinen Halt finden, im Raum schweben. Ihr Mund öffnet sich, ohne artikulieren zu können. Schließlich gelingt es ihr, mir ihre körperliche Empfindung, die ihr Angst macht, mitzuteilen: Ihre Haut verenge sich, das mache sie verrückt, sie habe Angst, ihre Identität zu verlieren. Ich bin überrascht, da ich noch niemals mit einem solchen Symptom konfrontiert wurde. Mir kommt nicht sofort der Gedanke, dass sie mir während der Vorgespräche signalisiert hatte, dass sie früher unter der Zwangsvorstellung gelitten habe, eine älter werdende Frau zu sein, die zusammenschrumpfe. Es ist das Gesamt der Haut an Rumpf und Hals, was zusammenschrumpfe, die vier Glieder seien jedoch nicht davon betroffen. Diese Vorstellung wird begleitet von Gefühlen der Atemnot und des »Verschwindens«. Die Elastizität ist eine der Eigenschaften der Haut: Letztere, abgetrennt vom Fleisch, das sie gespannt halte, schrumpfe zusammen. Ich frage mich, welche Abgrenzung hier im Spiel ist und welche Verzerrung der Haut sich durch diese subjektive Deformation der Haut übersetzen lässt.

Marie fragt mich, ob es stimmt, dass ihre Haut immer kleiner werde. Ich antworte ihr, dass ich sie als Ganzes sehe. Es gelingt ihr, normaler zu sprechen.

Marie: »Es ist furchtbar, ich habe den Eindruck, eine Haut des Leidens zu sein, von der nichts mehr übrig bleiben wird.«

Ich schlage ihr eine Interpretation vor, die drei Mängel aufweist, was mir nur allzu schnell bewusst wird: zu früh, zu intelligent und zu affirmativ:

Ich: »Dieses Stück sich zurückziehender Haut, ist die Haut, die Ihnen von Ihrer Mutter blieb, die sie gefangen hält und die Sie abreißen müssen.«

Marie bricht in Schluchzen aus und schreit: »Ich weiß sehr wohl, dass ich mich von meiner Mutter lösen muss, aber wenn ich keine Haut mehr habe, werde ich mich im Raum auflösen.«

Ich: »Sie müssen sich von der mütterlichen Haut befreien, damit sich ihre eigene Haut bilden kann.«

Auf ihren Wunsch hin räume ich ihr einen zusätzlichen Termin am nächsten Tag ein. Der psychoanalytische Prozess hat begonnen.

Marie erscheint zu ihrer Sitzung hilflos, da die Empfindung einer Haut, die sich verengt, wieder aufgetreten sei. Sie schwebt den ganzen Tag ohne Halt im Raum. Sie hat keine Grenzen mehr. Es ist ein unerträglicher Schmerz.

Meine Gegenübertragung ist ein Echo zur Übertragung: Ich fühle mich zu »kurz gekommen« und schlage ihr einen Vergleich vor, der mehr eine Anregung als eine Deutung ist.

Ich: »Sie sind wie eine Schlange, die sich häutet, die ihre alte Haut aufgibt, um dafür eine neue zu bekommen.«

Sie verbindet damit ihre Mutter als einer Schlange, die sie ununterbrochen beißt und ihr Leben vergiftet. Dann lässt sie das Netz von Zwängen, das ihre Mutter um sie herumgesponnen hat, Revue passieren. Das Gefühl der sich verengenden Haut wird gelindert und Marie kann mich mit der Gewissheit verlassen, bald eine neue zusätzliche Sitzung zu haben.

Nach ihrem Aufbruch empfange ich den nächsten Patienten. Mir fällt auf, dass ich Schwierigkeiten habe, meine Aufmerksamkeit auf ihn zu lenken. Ich denke an Maries Schmerz. Ich werfe mir vor, meinen Patienten aus meinem Kopf zu »streichen« nur für die Gedanken an Marie. Durch diesen Vorwurf komme ich auf die Deutung, die mir mangelhaft erschien: Diese Haut, die sich verengt, ist die Realisation eines Wunsches nach Selbst-Auslöschung. Dieser Wunsch wurde schon in ihren zahlreichen Selbstmordversuchen in Szene gesetzt. Es ist jedoch nicht ihr eigener Wunsch, sondern der ihrer Mutter, in deren psychischer Ökonomie Marie im Verlauf ihrer gesamten Kindheit die Rolle eines bösen Objekts, verfolgt-verfolgend, gespielt hat. Diese Mutter warf Marie vor, »böse« zu sein, sie zu benutzen, sie mit ihrer Nörgelei, ihren Krankheiten zu »töten«, ihren weiblichen Körper entstellt zu haben (daher identifiziert Marie ihre Haut als runzelig wie der einer alten Frau), aufgrund der Schwangerschaft, die

27

sich die Mutter zwar gewünscht hatte, deren Zustandekommen aber in einem Wutausbruch gegenüber ihrem Mann endete. Marie war eine Enttäuschung für ihre Eltern, weil sie als eine zweite Tochter geboren wurde, wo man sich doch einen Jungen gewünscht hatte. Die Überichstrenge Mutter forderte, alles aus Pflicht und nichts aus Freude zu tun, sie missachtete somit systematisch Maries Wünsche.

Gleich am Anfang der folgenden Sitzung erzähle ich Marie von meiner Deutung bezüglich des immer wiederkehrenden Wunsches nach Auslöschung zwischen der Mutter und ihr. Sie erkannte sofort die Richtigkeit. Sie denke an mehrere Umstände, in denen ihre Mutter ihr keinen Platz für ihre Wünsche einräumte. Ich kann nun meine Deutung vollenden, in dem ich eines jener Prinzipien erwähne, die das archaische Funktionieren lenkt: Entweder der eine oder der andere; man kann sich seinen Platz nicht schaffen, wenn man ihn nicht einem anderen nimmt; entweder man enteignet ihn oder man löscht sich selbst aus. Sie erkennt sich hierin wieder, aber sie protestiert: Mit mir habe sie das Gefühl, dass wir, der eine und der andere, existieren können, »weil Sie besetzen Ihren Platz und nicht meinen.«

Ich: »Sie lernen auch, wie die Politiker, das Zusammenleben [*cohabitation*].«

Sie lacht. Ich erinnere mich, dass sie einmal erwähnt hat, psychische Schwierigkeiten im Finden des Ausgleichs zwischen dem rechten und dem linken Teil [*partise*, auch »Partei«] ihres Körpers zu haben. Ich füge hinzu:

Ich: »... das Zusammenleben zwischen Ihrer Rechten und Ihrer Linken.«

Sie lacht erneut. Sie entdeckt wieder den Sinn für Humor, der ihren besten Abwehrmechanismus darstellt, außer in Zeiten großer Beunruhigung. Ich kann dort die Sitzung beenden.

Beim folgenden Treffen ist das Symptom der sich verengenden Haut fast ganz verschwunden. Marie kommt selbst noch einmal auf meine Erklärung des Selbst-Auslöschens zurück, indem sie auf ein Detail hinweist, das sie mir noch nicht mitgeteilt hat: Ihre Haut verengt sich, indem sie sich in den Bauchnabel, durch eine Bewegung, die Marie als völlig real empfindet, zurückzieht. Sie präzisiert später: »... wie Wasser, das durch das Abflussloch strömt.« Dieses Detail ist von großer Wichtigkeit, da es die Natur und die Gewalt der ihr widerfahrenden Bewegung hervorhebt, d. h., deren Antrieb kommt ins Spiel: die Selbst-Zerstörung hat das Haut-Ich der Patientin zum Ziel; die Nabelschnur wird hier zur Quelle, in der die Mutter das zurücknimmt, was sie während der Schwangerschaft gegeben hat; das Ziel ist es, die Existenz einer gemeinsamen Haut zwischen Mutter und Kind als erster psychischer Hülle zu negieren; diese gemeinsame Haut wird nun abgerissen, hinuntergeschluckt und ausgestoßen.

Ich: »Es ist eine Umkehrung, die Verneinung der Geburt: Sie kehren zurück in das frühere Nichts, in den Zustand des Ungeborenen.«

Marie: »Ich mache alles umgekehrt. Mein Leben ist ein Fluss, der von der Mündung zur Quelle fließt. Es gibt einen griechischen Mythos von einer alten Person, die wieder zum Jugendlichen, Kind, Baby wird und dann zum Nichts.«

Ich: »Diese Empfindung einer Haut, die sich auslöscht, ist nicht Ihr Wunsch. Dessen Verwirklichung in Ihrer Phantasie ist der von ihrer Mutter aufgedrängte Wunsch, eine Art, ihr zu gefallen, in dem man verschwindet und ihr zur gleichen Zeit weh tut.«

Marie: »Ich fühle mich durch ihre Wünsche, die nicht meine sind, besessen. Es ist wahr, dass meine Mutter leiden würde, wenn ich verschwinden würde.«

Kommentar

Dies scheint mir ein Beispiel für das zu sein, was ich einen Form-Signifikant [*signifiant formel*] nenne. Es ist ein Signifikant, dessen Raumdimension essenziell ist: hier die Haut des Leidens [*peau de chagrin*]. Dieser Raum-Signifikant übersetzt, metaphorisch, eine besondere Konfiguration des psychischen Raumes, eine Quelle schrecklichen Schmerzes; seine Haut zu verlieren bedeutet die Grenzen des Es zu verlieren, die Kohäsion der Teile, die es konstituiert, das Identitätsgefühl zu verlieren. Übrigens ist dieser »signifiant formel« der Vektor einer psychischen Operation, die nicht dynamischer oder ökonomischer, jedoch topischer Genese ist: die Retraktion. Diese Operation ist die Variante einer Transformation ganz allgemein, nämlich der Involution bzw. umgekehrt der Evolution. Das Nirvâna-Prinzip ist hier am Werk, welches die Tendenz hat, nicht die interne quantitative Spannung im Es, sondern die Hülle des Es gegen null zu reduzieren. Hier spielt sich der Trieb-Konflikt hauptsächlich am Körper ab, was die Vorstellung einer »archaischen Hysterie«, die von Joyce Mac Dougall (1986) vorgeschlagen wurde, bestätigt, und die dem Patienten erlaubt, gewisse heftige archaische Affekte, wie die der Verlassenheitsangst und destruktive Wut, von der Psyche in den Körper zu verlagern. Im Fall von Marie hat sich diese Somatisierung in drei Etappen vollzogen: Hautallergien in der frühen Kindheit, dann das Gefühl, die runzelige Haut einer alten Frau zu haben; schließlich die Halluzination von einer Haut, die sich zusammenzieht. Der Beziehung zwischen den Brüchen im Ich und der Verzerrungen der taktilen Empfindungen ist hier offensichtlich.

Dieser Episode einer leibbezogenen Halluzinose folgten in der Behandlung von Marie mehrere andere. Sie beunruhigten mich nur in geringem Maße, weil ich nun eine konzeptuelle Basis, um sie zu verstehen (ihre psychische Ökonomie funktionierte »umgekehrt«) und eine technische Haltung, um sie zu behandeln (Worte zu verwenden, wo sie sich nur durch Gesten, Bewegungen, Haltungen ausdrücken konnte) besaß. Wenn meine Übersetzungsübungen richtig waren, kam sie aus ihrer [Körper-, Anmerkung B.B.] Sprache heraus und fing wieder an, mich anzusehen und fragte mich etwa: »Erzählen Sie mir noch mehr«. Dieser Strom von Wörtern rekonstruierte bei Marie eine Klang-Hülle, zur gleichen Zeit im Sinne einer kohäsiven Hülle, d. h. als etwas, das ihre körperliche Form »hält« und als Sinnes-Hülle (man findet hier die beiden Funktionen des Körperbildes nach G. Pankow wieder: eine Raumform bereit zu stellen, um einen dynamischen Inhalt als Gefühl empfinden zu können) operiert. Marie wird später von der Empfindung »mit einem Tischtuch zugedeckt zu sein« sprechen (d. h. betucht, bedeckt und eingehüllt zu sein).

Aber die Vorstellung, die so entstand, ließ sie physisch sehr leiden. Sie leistete Widerstand, sich noch länger in einer so schmerzhaften Psychoanalyse zu engagieren, insbesondere wenn ich mich erst um sie kümmerte, nur um sie danach fallen zu lassen. Diese Furcht bewahrheitete sich in der Übertragung bezüglich der traumatischen Hauptepisode ihrer frühen Kindheit, einem frühen Krankenhausaufenthalt weit weg von ihrer Familie, einem Trauma, das wir während dieser Monate gründlich bearbeitet haben.

Während dieser Kur hatten wir es noch mit anderen »signifiants formels« zu tun, mit typischen narzisstischen Brüchen, die von nun an jedoch mit sprachlichen Signifikanten alternierten, wie es typisch für neurotische Verwirrungen ist. Die erste von ihnen war begleitet von einer Wiedererinnerung an diesen frühen Krankenhausaufenthalt und an die intensive Angst vor dem Verlassensein, die sie befiel: »Es wird nicht weiter gehen«.[1] Marie analysierte den dreifachen Sinn dieser Formulierung selbst:

1. Eine Knochenkrankheit hatte einen Krankenhausaufenthalt von zwei Monaten zur Folge, dann war sie zwei Jahre daheim immobilisiert, nachdem sie gerade Laufen gelernt hatte und ihre Umgebung bezweifelte, dass sie jemals wieder diese Funktion erlangen würde: »Sie wird nicht wieder gehen können«.[2]
2. Eine gewisse Anzahl von Personen, denen sie vertraut hatte, angefangen bei ihrer Mutter, hatten sie danach fallen gelassen, d. h. »sie an der Nase herumgeführt«.[3]
3. Marie war heute durch ihre Beteiligung am analytischen Prozess beängstigt, gleichsam als wenn sie als Kleinkind ins Krankenhaus eingeliefert worden wäre: Ist es diese Art von Behandlung »die hier läuft«?[4] In dieser intensiven Übertragung reagierte meine Gegen-Übertragung, als wenn es sich um eine Herausforderung handelte, die an mich gestellt würde: Ich hatte die Gewissheit, dass, wenn ich die Technik einer Probe-Analyse übernähme, mit der die Heilung gelingen könnte.[5]

Ich musste mit Entschlossenheit und Ausdauer das aggressive und autodestruktive Agieren analysieren, das Marie unbewusst in der Übertragung im Sinne eines Wiederholungszwangs einbrachte, und das sie in den Dienst einer negativen therapeutischen Reaktion stellte.

Nathalie

Die Beobachtung Nathalies wird mir erlauben, ein Prinzip, das die Bedeutung der »signifiants formels« begründet, zu präzisieren: Der Raum hat psychische Eigenschaften. Das ist nichts Erstaunliches, da der Raum von unserer eigenen psychischen Funktion geschaffen wurde und wir darin nur das finden, was wir dahin getan haben. Um einen Begriff von Sami-Ali aufzunehmen, kann man auch formulieren, dass der Raum eine imaginäre Realität darstellt.

Bevor der Raum ein Rahmen mit Objekten war, war er von den Objekten, die er besetzte, untrennbar. Sogar der Ausdruck »von den Objekten, die er besetzte« ergibt keinen Sinn. Diese Gültigkeit von dem Objekt und den von ihm im Raum besetzten Platz ruft eine der archaischsten Ängste hervor, mit denen sich die Psyche konfrontieren muss. Die Angst, ein Objekt an verkehrter Stelle zu sehen, ihm den Platz im Raum, auf dem es sich befindet, wegzunehmen, sich mit ihm fortreißen zu lassen, andere

Objekte zu durchqueren, an denen man sich verletzt, indem man ihren Platz zerstört.

Nathalie, Lehrerin in den Vierzigern, wendet sich wegen einer psychoanalytischen Therapie an mich, da sie meine Arbeiten über das Haut-Ich gelesen hat und weil sie glaubt, ich könnte ihr nützlich sein. Wir führen einige Vorgespräche, zu denen sie mir viel Material mitbringt und wo sie mir mit viel Klarheit und Kälte ihre heftigen und archaischen Ängste beschreibt: Namenlose Schrecken vor den Wörtern, die sie erschöpfen, ihr suizidale Gedanken machen; der Schmerz einer »gestriegelten« Haut, mörderisch; Leiden des Losreißens, der Hilflosigkeit, Angst vor dem Sturz in die Tiefe, der Wunsch zu sterben als einer absoluten Regression zum Nirvâna, wo aller Schmerz ausgeschlossen wäre; der Wunsch, sich am Grund des Wassers zu befinden, wo sie nicht weiter nach unten fallen könnte und wo sie sich im unbegrenzten Raum des Meeres auflöste; Angst, ein Sandsturm zu werden (was mich an den Roman *La femme des sables – Die Sandfrau* von Abe Kobo erinnert). Zur gleichen Zeit wundere ich mich, dass sie in den Sitzungen nicht die eine oder andere Angst aktualisiert.

Diese Übertragung des Symptoms in der Analyse reproduziert sich schließlich doch. Nathalie drückt jedoch nicht ihre Ängste, sondern ihre Verteidigung gegen sie aus, indem sie sich zurückzieht. In dieser Sitzung bleibt sie fast die ganze Zeit stumm und alle meine Interpretationen, die ich ihr versuche zu geben, erzielen keine Wirkung. Der Moment der Trennung ist schwierig: Sie weigert sich aufzustehen. Sie fragt schließlich nach einem Glas Wasser, welches ich ihr bringe, und was ihr erlaubt zu gehen. Sie ruft mich am nächsten Tag an, um mich zu fragen, ob es notwendig ist, die Kur fortzusetzen. Ich antworte ihr, dass sie damit endlich ihre fundamentale Schwierigkeit zu kommunizieren in die Übertragung gebracht hat, und dass wir in der nächsten Sitzung an diesem Problem arbeiten können.

In der Zwischenzeit denke ich über das, was Astronomen in den Raum projizieren können, nach. Im weitesten Sinne des Begriffes denke ich zum Beispiel an die beängstigenden schwarzen Löcher in der Seele meiner Patientin. Außerdem denke ich noch an das Thema Einsteins, von der Krümmung des Lichts, das, anstatt sich auf einer geraden Linie auszubreiten, sich entweder in die Nähe zu diesen drei schwarzen Löchern, in denen sie riskiert unterzugehen, begibt, oder der großen Ansammlung von Sternen, die auf sie ihre Anziehungskraft ausüben, folgt.

Nathalie kommt zu ihrer Sitzung. Sie hat eine Biografie über Einstein gelesen. Sie erzählt mir, dass sie viel an unsere vorige Sitzung denken musste und sagt mir: »Im Grunde, wenn ich mit Ihnen kommuniziere, sehe ich Sie durch meine Kommunikation an, aber diese krümmt sich im Laufe des Weges und verliert sich im Raum und erreicht Sie nicht.« Wir hatten also beide gleichzeitig dieselbe Eingebung, ohne uns abzusprechen die gleiche Betrachtung von einer »Krümmung« der Kommunikation, die verhindert, seinen Empfänger zu erreichen. Der »signifiant formel« ist hier »eine gerade Linie, die sich krümmt«. Diese Erkenntnis hat Nathalie und mir geholfen, sensibler auf Missverhältnisse der Kommunikation zwischen uns zu reagieren und die regelmäßige Notwendigkeit einer Berichtigung mit Korrekturen einzugestehen.

Gérard

Gérard ist ein Sozialarbeiter in den Dreißigern. Er ist dreimal pro Woche im Liegen in Psychoanalyse. Im ersten Teil der Therapie überträgt er auf mich das Bild des Vaters, der ein guter Techniker, aber verschlossen ist. Dann kippt die Übertragung in das mütterliche Register. Es werden zwei Elemente hervorgehoben. Seine Mutter hat ihn zuerst großzügig, mit dem Risiko, dass sich das Baby an seiner eigenen Gier erstickt, gestillt. Dann wurde das Kind größer, sie sprach mit ihm sehr verschwommen, vage, zu allgemein und kaufte ihm zu weite Kleidung, um davon länger Gebrauch machen zu können. Um so mehr Gérard dieses Register in den Sitzungen erkundete, desto mehr verspürte er das Bedürfnis nach intensiven physischen Aktivitäten außerhalb, um sein Atemholen zu vervollkommnen (bedroht von einem zu gierigem Stillen) und um seinen Muskelpanzer fester zu ziehen (anstatt in zu weiter Kleidung zu schwimmen). Er trainiert sich, indem er auf dem Rücken liegend immer schwerere Hanteln hochheben will. Ich fragte mich lange Zeit, was er mir mit seiner ausgestreckten Position auf dem Diwan sagen möchte. Wir kamen schließlich auf die Verbindung zu der ältesten beängstigen Erinnerung, die ihm aus der Kindheit geblieben ist und von der er bis jetzt nur sehr vage und allgemein gesprochen hat, wenn er versuchte, dessen Sinn zu klären. Ausgestreckt auf seinem kleinen Bett brauchte er eine endlose Zeit, um einzuschlafen, da er gegenüber von sich auf einem kleinen Tisch einen Apfel sah, den er haben wollte, aber ohne sagen zu können, dass er ihn wollte. Seine Mutter, die in ihrer Kommunikation genauso schlecht verstand wie sprach, reagierte nicht, da sie den Sinn seines Weinens nicht verstand und dabei verharrte, bis Gérard vor Müdigkeit einschlief. Dies ist ein schönes Beispiel dafür, wie das Verbot, etwas anzufassen, zu vage geblieben ist und die Container-Funktion der Mutter zu ungenau, um die Psyche des Kindes in seinem Haut-Ich zu bestätigen; sie verzichtet auf die taktile Kommunikation zugunsten eines sprachlichen Austausches, das gegenseitiges Verständnis ermöglichen sollte. An den Hanteln zu trainieren bedeutet mindestens einen seiner Arme genügend zu kräftigen und wachsen zu lassen, um den Apfel selbst nehmen zu können: Dies ist ein unbewusstes Szenario, bei dem sich Gérard eine zweite Muskelhaut aufbaut. Hier ist also der »signifiant formel«: »ein ausgestreckter Arm«.

Diese drei Beispiele sind sich unähnlich, da sie Extrakte aus unterschiedlichen psychopathologischen Organisationen sind. Marie befindet sich in einem Borderline-Zustand. Nathalie hat in ihrem Leben mehrere autistische Episoden durchlebt. Gérard ist ein normaler Neurotiker. »Die Haut zieht sich zusammen« drückt die Furcht aus, die Grenzen zwischen dem psychischen und dem körperlichen Ich und zwischen dem Es und der Umwelt zu verlieren: Ein Selbst Zerstörungstrieb ist hier wirksam. »Eine gerade gekrümmte Linie« drückt die Angst vor dem Verlust des Primär-Objektes aus und die Verzerrung des psychischen Raums sowie der Kommunikation, die dort ihren Platz hat: Der Bindungs-Trieb ist beeinträchtigt. »Ein ausgestreckter Arm« zählt zu der Dialektik zwischen der Entwöhnung und einem früh-ödipalen Komplex: Der ersehnte Apfel symbolisiert die ernährende Brust; der Arm, der ausgestreckt ist, die Erektion; ein libidinöser Trieb ist im Spiel.

»Signifiants formels« und »Signifiants de démarcation« Form-Signifikanten und Signifikanten der Abgrenzung

Meiner anfänglichen Zurückhaltung zum Trotz, was den Gebrauch des Begriffs des Signifikanten [*signifiant*] außerhalb des Sprachfeldes betrifft, überzeugten mich die Argumente von G. Rosolato (1984) in seinem Artikel »Das Schicksal des Signifikanten«, wieder aufgenommen am Anfang seines Werkes *Éléments de l'intérpretation*[6] (1985). Vergleicht man den Signifikanten mit den Alpha-Elementen nach Bion und erweitert man den Begriff, so unterscheidet er im Bereich der sprachlichen Signifikanten zwischen selbst artikulierten und von einem Referenten zurückgesandten Signifikanten. Sie sind beide Bestandteile eines Zeichensystems und bezeichnen eine Abgrenzung und stehen damit Freuds Vorstellung der »Dinge« nahe. Diese Signifikanten stammen aus der frühen Kindheit und sie können dem Erwerb der Sprache vorausgehen; ihre Einflussmöglichkeiten wirken sich beachtlich auf das psychische Funktionieren aus. Sie erlauben Erinnerungen an Eindrücke, an Empfindungen, an zu frühe oder zu intensive Herausforderungen, die nicht in Worte umgesetzt werden könnten. Um den semiotischen Unterschied zwischen Sinn und Bedeutung wieder aufzunehmen, sind sie es, die der nonverbalen Konversation *Sinn* geben. Sie drängen sich der Psyche »unaussprechlich« auf. Sie können gleichsam im Nachhinein den Wert eines Zeichens durch Festlegung auf ein gegebenes Signifikat nehmen und somit *Bedeutung* erlangen.

Ich bin mit Rosolato bezüglich des angestrebten Zieles der psychoanalytischen Interpretation einer Meinung, wenn er schreibt: »Die Übersetzung dieser rätselhaften demarkierenden ›signifiants‹ durch sprachliche ›signifiants‹ im Sprechen [*parole*] ist die wichtigste Funktion der Psychoanalyse.« (Rosolato 1985, S.9).

Ich füge einige Präzisierungen hinzu, die mir in der Auffassung von Rosolato implizit enthalten zu sein scheinen: Die linguistischen »signifiants«, d. h. die Foneme, sind in ihrer Anzahl fix und begrenzt; ihre Kombinationen sind dagegen zahlreich und unbestimmt; die Artikulation dieser Kombinationen der »signifiants« hin zur Mannigfaltigkeit der »semantèmes«, d. h. den »signifiés« (=Signifikate), realisieren sich gemäß den beinahe ausschließlich [sprachlichen, Anm. B.B.] Konvention entstammenden Verbindungen. Im Gegensatz dazu scheinen die »signifiants de démarcation« in großer Zahl und unbegrenzt zu sein. Aber bei ein und derselben Person sind die »signifiants formels« wichtig für das Verständnis einer Psycho-Pathologie, sie sind in der Zahl begrenzt und stellen das Objekt der psychoanalytischen Untersuchung dar. Rosolato präzisiert zwei Charakteristiken, die sie kennzeichnen: ihre Wiederholung und ihre Inkongruenz [*incongruité*]. Die Artikulation eines »signifiant de démarcation« in Hinblick auf die bildhafte Empfindung der Affekte, die ja Probleme in der kindlichen Psyche aufdecken, sind nicht geprägt von einer gemeinsamen Konvention, sondern von einer einzigartigen [*singulier*] Verbindung, dessen individuelle Spezifität durch die Interpretationsarbeit erkannt und umgesetzt werden muss.

In jedem Fall finden wir hier eine ganz grundlegende Charakteristik, sei es sprachlich oder aber als Zeichen im Register der »signifiants de démarcation«, die sich in Form von Gegensätzen entwickelt, unterscheidet und markiert wird durch Präsenz oder Absenz eines relevanten Unterscheidungsmerkmals. Rosolato schlägt folglich für die »signifiants de démarcation« nach Freuds Aufsatz (1925) über »Die Verneinung« die folgende Liste von Gegensatzpaaren vor (ihre Aufeinanderfolge und ihre Verknüpfung sind gleichzeitig logisch und chronologisch, aber es wäre angemessen, mehr über deren Ordnung und Vollständigkeit zu diskutieren): Lust/Unlust bzw. Lust/Schmerz; gut/schlecht; Anwesenheit/Abwesenheit; drinnen/draußen; Passivität/Aktivität, selbst/andere (Freud 1925, S. 76).

Immer noch Rosolato folgend, beschreibt der »signifiant de démarcation« eine Figur-Grund-Beziehung. Auch wenn deren Bedeutung recht deutlich wird, so scheint mir das Schema Figur-Grund nicht aus sich allein heraus den Reichtum und die Vielfalt dieser »signifiants« auszuschöpfen: Meines Erachtens ist es nur ein besonderer Fall von einer sehr viel allgemeiner zu verstehenden Schwierigkeit: Die Störanfälligkeit [*fragilité*] der Differenzierung zwischen dem zweidimensionalen Raum und dem dreidimensionalen Raum. Andere Effekte dieser relativen Undifferenziertheit [*indifférenciation*] können bei den »signifiants«, die ich »formels« nenne, festgestellt werden und andere Typen der Undifferenziertheit sind in Betracht zu ziehen (ich habe bei Nathalie die Diffusion gerade/gekrümmte Linie zitiert).

Ich bin mit Rosolato einer Meinung, wenn er präzisiert: »Die ›signifiants‹ evozieren in uns die Objekte in einer kontinuierlichen Interaktion zwischen Empfindungen, die ihre sinnlichen Wirkungen entfalten, und den, dem Kind angeborenen, Urantworten einerseits und der antizipatorischen Aufmerksamkeit bezüglich der ›signifiants de démarcation‹ vonseiten der Mutter« (S. 32) andererseits. Aber ich bin weniger einverstanden, wenn er sich darauf beschränkt, eine sehr klassische Liste von »Objekten« zu entwerfen, die die »primären signifiants« sein sollen (aber er formuliert es nicht so): die Brust, das anale Objekt, der Blick, die Stimme, der Phallus. Die »signifiants«, die ich vorzugsweise »formels« nenne, stellen nämlich nicht so sehr »Objekte« dar, die die physischen, unbewussten, wesentlichen Inhalte enthalten, sondern konstituieren vielmehr primär psychische Inhalte. Rosolatos Denken bleibt hier unklar bezüglich der Rolle und der Veränderungen im Gegensatzpaar dieser Differenzierungen.

Im Kontrast dazu, wird er ganz explizit, was die räumliche Dimension anbetrifft, charakteristisch für das Register des »signifiant de démarcation«: »Erinnerungen an Erfahrungen vom Typ der Analogie, erlebt in der Kindheit; Bilder, die in der Sprache geschützt geblieben sind; Beziehungen zwischen den verschiedenen sensorischen Stimuli, (...), Beziehungen mit anderen »verkörpern«, mit der Mutter der frühen Kindheit; in einem körperlichen Kontakt oder einer räumlichen Position; eine Art zu tragen, eine Nähe [*proxémique*] ausdrücken« (S. 44). Rosolato unterstreicht die Wichtigkeit der analogen Gestik [*gestualité*], die erlaube, sich ohne Worte zu verstehen, die eine Gemeinschaft mit anderen sichert, durch das Spiel der Sympathien, Adhäsionen: »Es gibt dort also ein wechselseitiges Identifizierungsterrain, genuin somatisch und taktil« (S. 69).

Das einzige Beispiel vom »signifiant« der Abgrenzung, das ich in dem Werk von Rosolato gefunden habe, ist nicht aus der klinischen Psychoanalyse abgeleitet worden. Es ist die berühmte Beobachtung Freuds bezüglich des »Fort-da-Spiels« [*le jeu de la bobine*] an seinem Enkel Ernst. »Die Abwesenheit der Mutter, die durch die kleinen weggeworfenen Gegenstände und durch das Gesicht metaphorisiert wird (...). Der einzige gemeinsame analoge Punkt ist der eines Körpers (eines Objekts), der verschwindet. Das so markierte Objekt ist ein »signifiant de démarcatione« (S. 79). Die mentale metaphorische Aktivität ersetzt zuerst ein Gegensatzpaar (Erscheinen/Verschwinden) durch ein anderes (Anwesenheit/Abwesenheit) in einem non-verbalen Kommunikationssystem (Ablehnung der Objekte), dann in einem vor-verbalen (klangvolle Modulation des O); anschließend wird dies ersetzt durch ein Paar von sprachlichen »signifiants« (die Foneme O und A) und schließlich durch ein Paar der »signifiants de démarcation« (das Gesicht verschwindet und erscheint wieder). »Man wird also sagen, dass der »*Repräsentant* der Repräsentation« (*Vorstellungsrepräsentation* im Sinne Freuds als einem »materiellen« Element (...) und als formale Unterstützung der Repräsentation, ein Repräsentant, der die Vor-präsentation abgibt) und somit ein »signifiant de démarcation« ist« (S. 80).

In diesem Freud'schen Beispiel stellt der Erwerb des »signifiant de démarcation« eine normale Etappe in der psychologischen Entwicklung des Babys dar, gleichzeitig den Erwerb der Idee der Reversibilität dieser Operation betonend, hin zu diesem »signifiant«. Übersetzt in sprachliche »signifiants« kann der »signifiant de démarcation«, von dem Fort-Da-

Spiel ausgehend, so verstanden werden: Ein Körper verschwindet und erscheint wieder. Der Unterschied der Struktur erscheint bemerkenswert zu den »signifiants formels«, zu denen ich weiter oben Beispiele angeführt habe: »Die Haut, die sich zurückzieht«, »eine gerade gekrümmte Linie«, »ein ausgestreckter Arm«, diese »signifiants formels« bestehen im Wesentlichen aus pathologischen mentalen Organisationen, wie wir sie in unserer psychoanalytischen Praxis antreffen. Die Transformation dieser »signifiants« ist eine Deformation mit zunächst irreversiblem Charakter. Die psychoanalytische Interpretationsarbeit ist nun jedoch besonders darauf gerichtet, die Umkehrbarkeit [*réversibilité*] dieser Operation zu erreichen: die Haut, die sich dank der Haut der Worte, gesponnen durch den Psychoanalytiker, regeneriert, kann wieder eine globale »stichhaltige« Hülle werden; die Nachricht, die der gekrümmten Linie folgt, kann richtig empfangen werden, wenn der Sender oder der Empfänger sich ausreichend einstellt, das entfernte Objekt, das der Arm nicht zu ergreifen vermag, kann herangebracht werden, wenn man laufen (um hinzugehen und es sich zu nehmen) und sprechen lernt (um danach zu fragen).

Rosolato legt auf den Begriff des »signifiant de démarcation« in seiner Doppelbedeutung der Abgrenzung und des Abstandes einigen Wert. Dieser »signifiant« grenzt nämlich die Repräsentationen ab; er gibt den Objekten somit eine Identität, die sie mit einer Form ausstattet, die sich auf der einen Seite transformieren kann (nach der vom Objekt angenommenen Auffassung), die sich aber auf der anderen Seite mit anderen ineinander passt (wie die Schublade in einer Kommode; letztlich entspricht dieses »signifiant de démarcation«, nach Rosolato, einer »Doppelartikulation« parallel zu dem sprachlichen »signifiant«. Zur gleichen Zeit wird nämlich der »signifiant de démarcation« im Bewusstsein von einer Differenz zum Referenten begleitet, der es ermöglicht, in den Prozess der Symbolisierung einzutreten.

Signifiants formels, Piktogramme, vergehende [*crépusculaires*] Zustände

Die »signifiants formels« sind mit den Piktogrammen verwandt, welche Piera Castoriadis-Aulagnier in *La violence de l'interprétation* (= *Die Gewalt der Deutung*) (1975) als typisch für das ursprüngliche Niveau der Psyche betrachtet; sie bilden gleichsam eine erste Etappe im Prozess der

Symbolisierung dieser Piktogramme. Sie enthüllen das, was Joyce McDougall (1986) »die archaische Hysterie« nennt, die sie besonders bei den Patienten antrifft, die verschiedenartige psychosomatische Krankheiten aufweisen. Sie präzisiert das Zusammenspiel dieser »signifiants«, die ich als »formels« bezeichne: Sie repräsentieren den Kampf um das psychische Überleben. Dies veranschaulicht sie anhand des Falles einer Patientin, die aus ihrem psychischen Ich jedweden feindseligen Gedanken zu einer intrusiven Mutter und einen innerlich verhärteten Vater verbannt, um mit ihnen »gereinigte« Beziehungen führen zu können, a-körperliche, ihre »Verzweiflung drückt sich auf archaische Art und Weise aus, nicht symbolisch, sondern durch eine somatische Funktionsstörung« (S. 42). »Das ist der Grund, warum wir hier diesen Kompromisslösungen für sexuelle und ödipale Probleme, wie sie typisch für die Neurose sind, nicht begegnen, sondern einer primitiven Sexualisierung, die den ganzen Körper erfasst, der sich als Ort für den Konflikt anbietet« (S. 14).

Der »signifiant formel« schreibt sich in den Rahmen einer primären phantasmatischen Forderung ein, die Joyce McDougall so übersetzt: ein Körper für zwei, eine Psyche für zwei (d. h. »der Mensch, seiner Hälfte verlustig«). Es ist eine andere Art, dasselbe zu bezeichnen, was ich unter dem Haut-Ich verstehe, aber es ist ein Haut-Ich, das sehr konfliktgeladen mit der mütterlichen Imago konfrontiert wird: »Lebensversprechen und Bedrohung durch den Tod«. Die Spaltung dieses Imago geht Hand in Hand mit der Spaltung in psychisches Ich und körperliches Ich. Noch Furcht erregender ist das Phantasma von einer Mutter mit Penis, »die Darstellung, das die Mutter ihr eigenes Geschlecht habe, und dies auf ihr Kind überträgt, was sich auf ein Bild von unbegrenzter Leere bezieht« (S. 15). Das »signifiant formel« ist nun ein Versuch, diese Leere einzugrenzen, wobei zur gleichen Zeit eine imaginäre Realisation sehr unterschiedlicher Seinsweisen existiert, etwa dass das körperliche Ich des Kindes sich von der Leere eingesaugt fühlt.

Eine andere Konsequenz der Störung des Ichs, die dem »signifiant formel« inhärent ist, besteht darin, dass es nicht verdrängbar ist. Das Ich verfügt noch nicht über eine Verdrängung, die darauf gerichtet wäre, sich gegen eine erlebte Halluzination durchzusetzen. Was Freud im Jahre 1900 über den Traum in dem letzten Kapitel von *Die Traumdeutung* beschreibt, trifft auch auf das »signifiant formel« zu: Es entsteht im psychischen Apparat nicht nur eine regressive Bewegung vom motorischen Pol zum perzeptiven Pol; diese topische Regression wird zudem von einem fragmentierten Zustand begleitet, der als intermediär zwischen Wachen und Schlaf verstanden werden kann. Der »signifiant formel« wird oft von Patienten als besonders beängstigender Traum erlebt, einen »wachen Albtraum« gleich.

Charakteristiken der *signifiants formels*

Der »signifiant formel« hat eine vom Phantasma unterschiedliche Struktur. Das phantasmatische Szenario, so charakteristisch für die Neurose, ist nach dem Satzmodell konstruiert, welches im Wesentlichen visuelle Bilder beinhaltet, und das also später oder gleichzeitig mit dem Erwerb der Sprache einhergeht: Es besteht aus einem Subjekt, einem Verb und einer Objektergänzung; das Subjekt und das Objekt sind Personen (oder Tiere, die sie bildlich darstellen); im Allgemeinen kommt noch ein Zuschauer der Aktion dazu, sodass sich das aussagende Subjekt vom Subjekt, auf das sich die Aussage bezieht, unterscheidet; die Aktion spielt sich in einem dreidimensionalen Raum ab. Die Triebbesetzung besteht aus Sexualität und Aggressivität. Das typische Beispiel ist: Ein Kind ist geschlagen worden, unausgesprochen: von seinem Vater.

»Signifiants formels«, im Gegensatz dazu,
- bestehen aus propriozeptiven, taktilen, coenästhetischen [= Begriff aus der Neurologie, der das Zusammenfließen verschiedener Empfindungen anzeigt; Anm. B. B.], kinästhetischen [Empfindungen], posturalen Gleichgewichtsbildern; sie beziehen sich **nicht** auf Sinnesorgane der Distanz (das Sehvermögen, das Gehör);
- ihre Umsetzung in Worte beschränkt sich auf das Verbalsyntagma, d. h. auf das grammatische Subjekt und auf das Verb; der Satz, der dies in Sprache übersetzt, hat keine Ergänzung;
- das Verb ist generell reflexiv; es ist weder aktiv noch passiv;
- das grammatische Subjekt ist eine isolierte physische Form oder ein Fragment des lebenden Körpers, keine vollständige Person;
- es ist unsicher, ob das Subjekt von einem attributiven Possessivpronomen (mein) oder von einem unpersönlichen Artikel (der, die, das, ein, eine) bestimmt wird;
- es handelt sich nicht um eine Szene, weder im theatralischen Sinn noch im architektonischen Sinn, sondern um eine Transformation von geome-

trischem oder physikalischem Charakter bezüglich eines Körpers (in einem generellen Sinn von einem Teil des Raums), eine Transformation, die eine Deformation nach sich zieht, sogar eine Destruktion der Form;
- diese Transformation spielt sich ohne Zuschauer ab, und sie wird oft von dem Patienten als ihm selbst fremd empfunden;
- sie spielt sich in einem zweidimensionalen Raum ab;
- diese Transformationen lassen hauptsächlich verschiedene Arten von innerer/äußerer Konfusion erkennen (während die Aktionen in den phantasmatischen Szenarios die imaginäre/reale Konfusion erkennen lassen);
- die »signifiants formels« sind monoton, sich wiederholend, bei einem gegebenen Patienten jedoch identisch (sie rufen keine Varianten hervor, wie es beim Phantasma mit seinen Platz- und Personenpermutationen der Fall ist);
- das pathologische »signifiant formel« erleidet eine Deformation, empfunden als irreversibel, die sich der negativen therapeutischen Reaktion annähert.

Klassifizierung der *signifiants formels*

In der ersten Kategorie der »signifiants formels« operiert eine räumliche Konfiguration bzw. wird eine irreversible Modifikation ausgelöst, deren Paradigma mir erscheint als: Eine gemeinsame Haut ist abgerissen.
Hier einige Beispiele:
- eine vertikale Achse wird umgekehrt,
- ein Halt (oder: Unterstützung) bricht zusammen,
- eine Oberfläche zieht sich zusammen, ein Band krümmt sich,
- eine ebene Fläche krümmt sich und wird verwirbelt,
- eine flache Fläche wellt sich,
- eine Blase schließt sich um sich selbst [*se clôt sur elle-même*]
- ein Volumen verflacht sich,
- ein aufgestochener Sack läuft aus,
- ein Loch aspiriert.

Eine zweite Kategorie bezieht sich auf die Basiszustände der Materie:
- ein solider Körper wird durchschnitten,
- ein gasgefüllter Körper explodiert,
- ein liquider Körper läuft aus oder wird aufgerührt.

Eine dritte Kategorie führt die Reversibilität der Transformation ein:
– eine Öffnung öffnet und schließt sich,
– ein Objekt verschwindet und erscheint wieder,
– ein Hohlraum leert und füllt sich wieder auf,
– ein Handschuh wendet sich.

Eine vierte Kategorie führt die Verschachtelung der »signifiants« ein:
– eine Grenze tritt dazwischen,
– eine Haube überlagert sich,
– eine Tasche wird eingebracht,
– unterschiedliche Perspektiven stehen nebeneinander.

Eine fünfte Kategorie bringt die Symmetrie oder Disymmetrie der Transformation ins Spiel und setzt eine erworbene Individuation voraus:
– mein Doppelgänger verlässt oder kontrolliert mich,
– mein Schatten begleitet mich oder: ich begleite meinen Schatten,
– mein Inneres wird gesucht/gefunden von dem draußen; ein Mensch von draußen wird von dem drinnen bewahrt.

Eine sechste Kategorie regt eine Weiterentwicklung der »signifiants formels« an, hin zu den phantasmatischen Szenarios, gestützt auf die Organisation der Sprache:
– ein Objekt, das sich annähert und mich verfolgt,
– ein Objekt, das sich entfernt und mich verlässt.

Signifiants formels und Funktionen des Haut-Ich

Mein Schema zum Haut-Ich erlaubt eine Interpretation der »signifiants formels«.

Die toxische Funktion oder die Selbst-Zerstörung wird durch das Beispiel von Marie, welches oben zitiert wurde, illustriert: Das Gefühl des Rückzugs der Haut gibt eine psychische Bewegung des Selbst-Auslöschens wieder.

Die Stütz- oder Haltefunktion ist die erste, die sich bei dieser Patientin nach drei Monaten konstantem inneren Kampf von ihrer Seite und von meiner Seite gegen ihre Selbstmordversuche wieder hergestellt hat. Sie findet nicht nur eine globale Haut wieder, sondern sie empfindet insbesondere, und das erste Mal intensiv, das Gefühl, einen Rücken zu haben, sich mit dem Rücken anlehnen zu können und sich aufzurichten. Der Wunsch zu sterben und die daraus folgenden Ängste sind verschwunden. Das, was ihr noch fehlt, kann als körperliches Bild lokalisiert werden: Sie besitzt von nun an eine Wirbelsäule und eine Haut, aber es gibt noch kein Fleisch zwischen beidem. Diese Abwesenheit des lebendigen und kräftigenden Fleischs äußert sich in einer sich lange hinziehenden Anorexie: Sie hat nur noch die Haut auf den Knochen. Die psychoanalytische Arbeit über die psychischen Inhalte und ihre Selbst-Zerstörung darf nicht den Blick auf die parallele Arbeit über ihr Bedürfnis nach einem Primär-Objekt und über die Wirkungen seines Fehlens trüben.

Um diesem Gewichtsverlust, mit dem sie am Rande einer Katastrophe steht, abzuhelfen, entschließt sich Marie, mit meiner Zustimmung, zu einem Krankenhausaufenthalt und setzt damit der Verweigerung ein Ende, irgendein Objekt, das nur schlecht sein kann, aufzunehmen.

Die Funktion, die das Haut-Ich beinhaltet, wird durch Noémie, ein kleines Kuscheltier, das ich als solches nicht sofort identifizieren konnte, metaphorisiert. Es begleitet sie in ihrer Tasche, permanent, den ganzen Tag und in der Nacht »schläft es auf ihrem Schoß«. Nach einer Anfangsperiode des paranoiden Misstrauens gegenüber dem Analytiker zeigt sie ihre Einwilligung in ein therapeutisches Bündnis, in dem sie mir den Koala zeigt und mich bittet, ihn während der Sitzung bei mir zu behalten. Der Koala sowie das Känguru gehören der Familie der Beuteltiere an; das Kleine wird von seiner Mutter gesäugt und in einer Felltasche vor ihrem Bauch gehalten. Wenn die Mutter sich auf die Hinterpfoten aufrichtet, kann das Kleine die Außenwelt genau betrachten und ist dabei nicht nur geschützt, sondern auch zusammengerollt in der Wärme und Sanftheit der Hautfalte der mütterlichen Haut. Noémie, die erwachsen ist, verhält sich folglich wie in einer Kindertherapie. Da ich akzeptiert habe, mich auf diese Art von nonverbalem Spiel einzulassen, setzt Noémie fort, mich als Hilfs-Ich zu benutzen und schlägt mir in Folge eine andere Aktivität vor: spielerischer, progressiver, dieses Mal verbal; was ich auch akzeptiere: Ihr ein kleines bebildertes Kinderbuch vorzulesen, das die Geschichte von einem Opossum, einem anderen Beuteltier, bei dem man nicht weiß, ob es die Dinge umgekehrt sieht oder ob es die anderen sind, die sich in ihm täuschen, und die den Ausdruck seiner Emotionen verkehrt verstehen. Über die Vermittlung des Spielzeugs, dann der Lektüre, hat sie mir die Repräsentation des Beutel-Ichs beigebracht, das mir verdeutlicht hat, an welchen Funktionen des Haut-Ichs es sich empfiehlt zu arbeiten.

Die Funktion der Besetzung ist mit den »signifiants formels« thematisch verbunden mit Chiffren einer Haut-Ich-Schale (oder Muschel), eines Haut-Ich-Panzers (oder Krebses) oder von einem Haut-Ich-Muskel. Ich werde ein Beispiel, entwickelt von Didier Houzel (1985) in seinem Artikel »Die in stürmischer Bewegung befindliche Welt des Autismus« [*Le monde tourbillonnaire de l'autisme*], übernehmen. Der »signifiant formel«, der bei einem autistischen Kind auftritt, könnte man so formulieren: eine (Ober-) fläche entfaltet sich, zieht sich zurück und bewegt sich stürmisch. Da es an einer normalen Funktion der Besetzung fehlt, kapselt der Autist den Trieb gewissermaßen von sich ab und verwechselt seine Quelle und sein Ziel. Houzel schlägt als topologisches Model das der »Drei Tore« vor, das in einem dreidimensionalen Raum dem Möbius-Ring in einem zweidimensionalen Raum entspricht.

Ich werde mich im Folgenden auf ein Beispiel aus der Analyse von Marie, das die Funktion der Individuation des Haut-Ichs betrifft, beschränken. Sie fürchtet sich davor, sich vollständig im Spiegel zu betrachten, da sie Angst hat, sich nicht zu erkennen, aber ahnt, dass das, was sie sieht, wohl ihr Körper sei, der überragt wird vom Kopf ihrer Mutter, mit ihrem kalten, verschlossenen, stummen, kränkenden Gesicht, welches sie ihr gewöhnlich beim Heimkommen aus der Schule präsentiert hat; und diese Erinnerung, sagt sie, mache sie wahnsinnig. Das »signifiant formel« formuliert sich hier ganz selbstverständlich durch einen zweideutigen Satz: »Ich habe meinen Kopf verloren«.

Was die Funktion der Intersensorialität oder der Konsensualität betrifft, d. h. die Konstitution der Beständigkeit des Objekts durch den Einsatz der Korrespondenz der sensiblen Daten, die von verschiedenen Sinnesorganen herstammen, werde ich ein besonders beängstigendes Psychodrama über das Thema erwähnen: Körperorgane (die Nase, der Mund, die Augen, das Ohr, der Anus) spalten sich ab und wollen jeder für sich funktionieren, in einer dramatischen Anarchie; sie konkretisieren den Mechanismus der Zerschlagung, wie von Meltzer beschrieben, sodass der Gruppenleiter sich gezwungen glaubt, die Rolle der Haut zu übernehmen, die alles in einer Hülle verbindet. Der letzte Vers des 23. Sonett von Shakespeare, von Masud Khan (1971) wieder aufgenommen, liefert dem Schriftsteller ein typisches »signifiant formel« der intersensoriellen Korrespondenzen: »Das Auge hört«.

Die Funktion des Haut-Ichs in der Unterstützung der sexuellen Erregung ist in dem »signifiant formel«, das weiter oben in Bezug auf Gérard zitiert wurde, leichter verständlich: ein ausgestreckter Arm. Es handelt sich dabei um einen maskulinen »signifiant«. Ein femininer »signifiant« wäre: Das Hymen wird durchstoßen. Nach Annie Anzieu ist die gemeinsame Haut der Mutter und des Mädchens zuerst von narzisstischer Libido, dann erst mit sexueller objektaler Libido ausgestattet. Der Zugang zum Ödipuskomplex der Tochter verlangt die Perforation und das Zerreißen der gemeinsamen Haut, damit dem Kind erlaubt wird, eine eigene Hülle zu haben, die fähig wäre, ihre aufkeimenden Wünsche für ihren Vater zu beinhalten [*contenir*]. Diese Löcher bringen die Vorahnung der Defloration mit sich, das Hymen ist also mit dem Wunsch der Penetration durch den Vater behaftet. Die gemeinsame Haut der Mutter und der Tochter reduziert sich folglich auf einen erotischen Teil, das Hymen, eine beiden gemeinsame Membran, durch die der Vater passiert, als gemeinsames Ziel ihres Begehrens.

Der Haut als Fläche permanenter Stimulation eines sensomotorischen Tonus durch äußere Erregungen antwortet das Haut-Ich in der ihr eigenen Funktion der libidinösen Aufladung der psychischen Funktion, durch Aufrechterhaltung der energetischen inneren Spannung und seiner ungleichen Verteilung zwischen den psychischen Untersystemen. Ich habe schon in meinem Buch Das Haut-Ich [*Le Moi-Peau*] die beiden Gefahren dieser Funktion signalisiert: »Die Angst vor der Explosion des psychischen Apparats unter der Wirkung einer Erregungs-Überlastung (zum Beispiel im epileptische Anfall), die Angst vor dem Nirvâna, vor dem, was die Erfüllung eines Wunsches nach Verminderung der Spannung bis auf null wäre« (D. Anzieu 1985, S. 104). Den ersten Roman schreibt Samuel Beckett hauptsächlich während seiner Psychoanalyse mit Bion in London in den Jahren 1935–36. Die Persönlichkeit von Murphy, die dem Werk seinen Namen gibt, schwankt zwischen diesen zwei Extremen: anfängliche Zurückziehung von der äußerlichen physikalischen und sozialen Welt in die Glückseligkeit des Selbst-Wiegens, abschließende selbstmörderische Explosion durch ein angeschlossenes Gasrohr auf einer Wasserspülung.

Die Funktion der Einschreibung dieser Spuren schwankt ebenfalls zwischen zwei Extremen: die Spur ist so tief eingeschnitten, dass sie unauslöschlich und kränkend wird (der zum Tode Verurteilte der *Colonie pénitentiaire – Strafkolonie* von Kafka (1914–1919); die mütterliche Verwünschung: »Du bist schlecht«, die Marie verfolgt; eine Spur, die so fragil ist, dass sie sich auslöschen kann und endgültig verloren ist (daher die Angst vor dem Einschlafen und die Erleichterung durch den sensiblen Film des Traums; daher auch die Lücken in der Erinnerung).

Die Transformationen der *signifiants formels*

Unter den schon erwähnten »signifiants formels«, der ersten Kategorie sind alle pathologisch und Zeichen einer Schwachstelle oder einer Alteration der psychischen Hülle: Die Verengung, die Krümmung, das Abflachen, das Ondulieren, die Atmung, das Wirbeln, der Absturz, das Sich-Leeren, das Herausreißen, das Durchbohren, die Explosion; man kann sie als Varianten oder als Spezifikationen der psychotischen Abwehr betrachten, die genauso aktiv gegen die psychischen Container wie gegen deren Inhalte [*contenus*] sind: die Zerstückelung, der Riss, die Pulverisierung, usw.

Es ist angemessen, unter den »signifiants formels« die dritte, vierte und fünfte Kategorie zu erwähnen, diese, die Gibello die Repräsentanten der Transformation genannt hat. Sie sind in dem Material der Sitzungen verbreiteter, »normaler«, diskreter: die Überlagerung, die Verbindung, die Ablösung, die Zweiteilung, die Umkehrung der Sinne, die Spur, die Öffnung/Schließung, die Konvergenz, der Einsatz der Distanz, die Perspektive, der Abstand, ...

Zwei dieser Transformationen sind besonders wichtig für die Entwicklung der Psyche und würden eine spezifische Untersuchung verlangen:
– die Symmetrie auf den drei Ebenen des euklidischen Raums: vertikal, horizontal, sagittal,
– die zuerst taktil, später olfaktorisch, auditive Reflexivität, dann visuell, schließlich intellektuell.

Die Deutung

Die Deutung der »signifiants formels« integriert sich ganz allgemein in die Arbeit der psychoanalytischen Interpretation der psychischen »Container«, die ja eine Spezifität besitzt, die sie von der Arbeit an den psychischen Inhalten unterscheidet. Hier sind einige Beispiele:
– Das Missverhältnis zwischen dem vom Patienten nachgefragten und ihm angemessenen psychoanalytischen Rahmen ist aufschlussreich bezüglich der Organisation seiner psychischen Hülle.

– Es ist angebracht, den Patienten dazu zu bewegen, die besondere Konfiguration seiner Hüllen (die generell vorbewusst ist) zu beschreiben, und, wenn nötig, ihm diese Konfiguration (wenn sie unbewusst geblieben ist, und wenn er sie nicht durch Gesten, Haltungen etc., d. h. mit nonverbalem Material, ausgedrückt werden kann) zu benennen.
– Das Bewusstwerden dieses Containers ist eine Etappe in Richtung zu einem Verständnis der Schwachstellen in der Funktion des Ichs, an der der Patient leidet, und das sich folglich an die Besonderheiten seines psychischen anschließen sollte. Bis die schwache Funktion des Ichs wieder hergestellt ist, kann der Psychoanalytiker sich dazu bereit finden, provisorisch ein Hilfs-Ich auszuüben.
– Bis dieses Verständnis wirksam ist, wird ein Verstehen dieser Schwachstellen vom Analytiker als möglich postuliert, was die Hoffnung verstärkt, die der Patient in seine Psychoanalyse setzt und die Widerstandseffekte einer negativen therapeutischen Reaktion balanciert; ein Verstehen, was damit intensiver als die alterierten Funktionen des Ichs wird, dem man schlecht die Kontrolle überlassen könnte.
– Die nachfolgende Etappe ist die Rekonstruktion der Traumata, die in der frühen Beziehung zwischen dem kleinen Kind und der Mutter allzu früh einwirkte, und die:

1. Verzerrungen der psychischen Hüllen produzierte (z.B. die Konfusion zwischen der Hülle, die die Reize empfängt und der Hülle, die die Kommunikation empfängt).
2. Die Entwicklung von Phantasmen hemmte (man stellt deren Wiederherstellung fest, wenn die Distorsionen der Hülle analysiert worden sind).

– Diese primären Traumen betreffen besonders eine Entstellung primärer Unterscheidungen und Gegensätze: sensorisch, kinästhetisch, rhythmisch. Dies, obwohl es nonverbal ist, wird als das psychoanalytische Material betrachtet, genauso wie die Träume, die Phantasmen, die Fehlleistungen, die von der Sprache strukturiert sind.
– Die Verzerrungen der vom Patienten während der Sitzungen ausgesendeten und empfangenen Kommunikationen sind als Übertragungen der Container zu verstehen.
– Die Deutung der Container geht auf die topische und nicht auf die dynamische oder ökonomische Perspektive ein: Sie spricht von dem psychi-

schem Raum, von der Konfusion der Objekte und ihrem Platz im Raum, von der Deformation des Raums, das den Objekten benachbart ist, von der Schwierigkeit, auf dem gleichen Objekt, den Analytiker, die verschiedenen Raumempfindungen zu vereinen, etc.

– Eine sehr persönliche »Verwicklung« des Analytikers mit dem Patienten wird von diesem geradezu herausgefordert und ist bis zu einem gewissen Ausmaß für den guten Verlauf der psychoanalytischen Arbeit über die »signifiants formels« notwendig. Die Gegenübertragung ist in ihrer Doppelpolarität von Anhänglichkeit und Ablehnung, von Liebe und Hass intensiv. Die Interpretation in der ersten Person (»so empfinde ich persönlich die Situation mit Ihnen ...«) benutzt das Erlebte der Gegenübertragung als ein Mittel, dem Patienten eine eigene Auffassung zu kommunizieren.

– Es geht bei solchen Patienten nicht so sehr darum zu analysieren, sondern ihnen zu helfen, Synthesen herbeizuführen. Dafür erlaubt ihnen die psychoanalytische Situation, falls sich der Analytiker darin genügend, und ausreichend kontrolliert, verwickelt, die strukturierenden Erfahrungen schließlich zu *leben*, welche sie in der frühen Kindheit nicht gemacht haben: das Fort-da-Spiel (Marie), die Übergangsfläche (Nathalie); die Einsamkeit während der Anwesenheit eines Menschen; die Fähigkeit, mit jemandem offen zu sprechen; das Bemühen, sich auf die gleiche Wellenlänge zu begeben, etc.

Die Rolle der *signifiants formels*

Zusammenfassend möchte ich folgende Punkte unterstreichen:
– die »signifiants formels« sind relevant, um die Konstruktion von Ich und Es zu beschreiben;
– sie sind leicht ins Bildliche, Metaphorische zu übertragen
– sie erlauben die Heilung der psychischen Hüllen und ihrer Alterationen
– sie sind insbesondere mit dem Bindungstrieb der Anlehnung und dem der Auto-Destruktion ausgestattet;
– ihre Identifikation ist für den Psychoanalytiker nützlich, um, vor einem gegebenen Triebkonflikt, die Veränderungen des psychischen Raums und der Ich-Funktionen zu deuten.

Anmerkungen

1 Im Französischen heißt es: »ça ne va pas marcher«. »Marcher« kann verschiedene Bedeutungen annehmen, wie man im folgenden Text erkennen kann.
2 Im Französischen heißt es: »elle ne va pas remarcher«.
3 Im Französischen heißt es: »on l'avait fait marcher«.
4 Im Französischen bedeutet es: »ça marche«.
5 Im Französischen heißt es: »pouvait marcher«.
6 Elemente der Interpretation.

Das Konzept der psychischen Hülle
Didier Houzel

Der Wissensfortschritt führt dazu, die Gebiete der Erfahrung so abzugrenzen, sodass die Konstanten, die wir entdecken, auf Gebiete bezogen werden können, zu denen sie Funktionsgesetze definieren. Der Ehrgeiz zu wissen, ohne Bezug auf Abgrenzungslinien, würde uns unausweichlich zu einer unendlichen Anhäufung von Regeln ad hoc führen, wie man sie in den globalisierenden, erklärenden Systemen beobachten kann, die ablehnen, ihren Gültigkeitsbereich abzugrenzen.

Der epistemologischen Forderung, unsere Wissensbereiche abzugrenzen, entspricht die individuelle Notwendigkeit, sich Kohärenz und Identität zu schaffen. Das setzt die Fähigkeit voraus, unterscheiden zu können, was zu uns selbst gehört, was zu anderen gehört und was der Wahrnehmungswelt angehört.

Diese epistemologische Forderung hat Philosophen dazu veranlasst, sich für die Grenze von zwei Erfahrungsdomänen zu interessieren: die des empirischen Wissens, die sich auf die Wahrnehmungserfahrung stützt, und die des individuellen Wissens, das nicht durch die Sinne erzeugt wird. Die Philosophie verweist dieses intime Wissen auf das »Selbstbewusstsein«, im Gegensatz zum »Empfindungsbewusstsein« oder auf die intellektuelle Intuition, im Gegensatz zur sensorischen Intuition (Fichte, Schelling). Die individuelle Forderung nach Kohärenz und Identität hat in der Philosophie, gefolgt von der Psychologie, dazu geführt, Konzepte vom »Es«, vom »Subjekt« oder vom »Ich« zu definieren.

Die Psychoanalyse geht in ihrer Praxis wie in ihrer theoretischen Fundierung dieser doppelten Forderung nach. Man kann sie sogar als den Bereich der Konvergenz dieser beiden Forderungen betrachten. Die epistemologische Forderung nimmt dort die Form einer Abgrenzung zwischen einer inneren Welt oder internen psychischen Welt und einer Außenwelt oder Wahrnehmungswelt an. Die innere Welt definiert den Gültigkeitsbereich der psychoanalytischen Forschung, die man radikal vom Gültigkeitsbereich der experimentellen Wissenschaften unterscheiden muss. Die personale Identitätsforderung stellt dort die Form einer psychischen Arbeit dar, die des Analysanden und des Analytikers, um einzuordnen, was zur psychischen Welt des einen oder des anderen gehört und was die Einordnung bezüglich der internen psychischen Welt und der externen Wahrnehmungswelt anbetrifft.

Es ist die Abgrenzungslinie zwischen innerer Welt und Außenwelt, zwischen interner psychischer Welt und psychischer Welt eines Anderen, die ich »psychische Hülle« nenne. Ich möchte zuerst bei der Entstehung des Konzeptes in der psychoanalytischen Theorie verweilen.

I. Die Entstehung des Konzeptes

a) Es scheint so, als ob D. Anzieu (1974 und 1976) der erste Psychoanalytiker war, der den Begriff der Hülle benutzt hat, um die Grenzstrukturen zu beschreiben, die uns hier beschäftigen. Jedoch war deren Existenz schon vom Beginn der Psychoanalyse an entdeckt. Psychoanalytische Entdeckungen haben fast ausschließlich im Bereich der Neurose stattgefunden. Man kann darin den Grund sehen, weshalb sich die Analytiker lange Zeit mehr mit den Inhalten der Psyche als mit denen seines »Containers« beschäftigt haben. Bewusste und unbewusste Trugbilder, Affekte, Sachdarstellungen, Wortdarstellungen, internalisierte Objekte usw., waren die Teile des Materials, welches der psychoanalytischen Forschung unterworfen war. Man hat warten müssen, bis die Analyse in ihren Grundlagen besser verankert war, um zu wagen, sich neuen Herausforderungen der Psychopathologie anzunehmen, womit man sich nun endlich für den Container selbst interessierte. Die Kinder-Psychoanalyse, die Psychoanalyse der Psychosen und Borderline-Zustände, die Psychoanalyse der Gruppe und zuletzt die Familienpsychoanalyse haben die Aufmerksamkeit in Richtung der abgrenzenden, umhüllenden und Container-Strukturen gelenkt, gerade, weil diese neuen analytischen Situationen die Psychoanalytiker mit den möglichen Mängeln dieser (Container-) Strukturen konfrontierten.

b) Die Entstehung der Psychoanalyse selbst konnte trotzdem nicht erfolgen, ohne dass die Frage der Hülle gestellt wurde. Ich halte es für nützlich, die ersten analytischen Texte unter diesem Blickwinkel zu befragen, und sie im dynamischen Prozess der Entdeckungen von Freud und unter Berücksichtigung der langen Briefbeziehung mit Fliess anzusiedeln, die es Freud erlaubte, seine Entdeckungen auszuarbeiten, die er nicht nur bei seinen Patienten, sondern auch bei sich selbst machte. Die Rede ist von einer Struktur, die die Psyche begrenzt und »contained«, sie nimmt dort die Form des Konzeptes vom »Ich« an. Das Auftauchen dieses Konzeptes selbst klärt uns über die tiefe Bedeutung der psychischen Hülle auf. Aus diesem Grund schlage ich vor, dass wir da anhalten, um die Hülle, unter dem Aspekt, den wir von der Entwicklung der Beziehung zwischen Freud und Fliess während der gleichen Zeit kennen, zu betrachten.

Es ist in der Tat bemerkenswert, dass Freud bis 1895 den Begriff vom Ich nur in einem der Philosophie oder der Psychologie seiner Zeit sehr nahen Verständnis des Begriffes benutzt hat. Littré definiert den Begriff »Ich« wie folgt: »Die menschliche Person, gleichzeitig als das Subjekt und auch das Objekt des Gedankens«. Als der Begriff vom Ich bei Freud erscheint, ist es in einem sehr ähnlichen Sinn: Man betrachte nur die psychoanalytischen Texte von 1893[1] und von 1894[2]. Damals beschreibt er sowohl die selbstbewusste Person als auch die Person, die fähig ist, ihre Gedanken in einer ununterbrochenen Kette zu assoziieren, in einem Gegensatz zu gespalteten »psychischen Gruppen«, die aus »peniblen Darstellungen von Kontrasten« oder »unvereinbaren Repräsentationen« gebildet wurden. Das Ich verfügt noch nicht über eine präzise metapsychologische Bedeutung.

c) Alles ändert sich im Jahre 1895; vom Manuskript G (Januar 1895) an spricht Freud über »die Grenze des Ichs«; im Manuskript H (24/1/1895) beschreibt er die paranoide Projektion als eine Ausstoßung von Ich-Inhalten, die in seinen Inneren unerträglich seien. Aber erst in dem »Entwurf einer Psychologie«, der im Herbst 1895 verfasst wurde, führt Freud ausdrücklich das Ich als eine Instanz ein, die mit einer präzisen psychischen Funktion beauftragt wurde: die psychische Erregung zu zügeln [*contenir*] und so innerhalb der Psyche die freien Übergänge der Erregungsmengen zu erschweren. Was hat sich ereignet, damit Freud von einer fastphilosophischen und globalistischen Konzeption des Ichs zu einer metapsychologischen Definition gelangt, in der er dem Ich die Rolle einer Instanz mit topischen und ökonomischen Bedeutungen zuweist?

Wenn man Max Schur (1966) glaubt, kann man ab Sommer 1894 in der Korrespondenz zwischen Freud und Fliess Zeichen der Ambivalenz in deren Beziehung aufdecken, die er zwischen den beiden Freunden als »Quasi-Übertragung« ansieht. Durch die Affäre Emma überstürzen sich die Ereignisse im Winter 1895 und zwingen Freud, eine brutale Desidealisierung bezüglich Fliess vorzunehmen. Die Hypothese, die ich vorschlage, ist die, dass dieser Vorgang Freud dazu veranlasst, die Frage nach der psychischen Hülle auf eine dringliche Art zu stellen, gleichsam um die in seiner Beziehung zu Fliess während der Affäre Emma ausgelöste emotionale Auseinandersetzung zu containen.[3] Diese Erforschung wird auf zwei Arten geschehen: einerseits durch den Traum von »Irmas Injektion«, den ersten Traum, von dem er uns eine systematische Interpretation gegeben hat, und der uns in die Arbeit einweiht, die ihn zur *Die Traumdeutung* führen wird, und andererseits durch das Verfassen des »Entwurfs einer Psychologie«, einem Text, in dem er präzise das Ich als eine metapsychologische Instanz definiert, in dem er ihm die Bedeutung einer Container- und Grenzstruktur gibt.

Emma war eine junge Frau, die Freud wegen Störungen psychoanalytisch behandelte, die er als hysterisch einschätzte. Im Februar 1895 rief er Fliess an ihr Krankenbett, denn er befürchtete, eine organische Infektion zu übersehen. Fliess diagnostizierte eine Störung im HNO-ärztlichen Bereich und führte bei Emma eine Trepanation eines Sinus durch. Infolge der Intervention ging es der Patientin immer schlechter, bis ein anderer Spezialist aus dem operierten Sinus eine mehrere zehn Zentimeter lange Mullbinde entfernte, die Fliess aus Unachtsamkeit dort belassen hatte. Die Folgen der Entfernung dieses Fremdkörpers zeitigten Komplikationen: Emma reagierte mit einer Hirnblutung, die um ihr Leben fürchten ließ; sie erlitt erneut eine ernste Blutung einige Wochen später, bevor sie schließlich diese dramatische Episode überstand. Freud teilte Fliess die Sache in einem langen Brief am 8. März 1895 mit. Fliess nahm dies sehr schlecht auf, ging bis zu Forderung eines Widerrufs der Wiener Ärzte, die seinen Eingriff als ursächlich verantwortlich für den schlechten Gesundheitsstand von Emma ansahen. Die Korrespondenz, die Freud an ihn in dieser Zeit richtete, bezeugt das emotionale Gewitter, das diese Episode in ihrer Beziehung ausgelöst hat, wobei er Fliess beruhigen musste, und ihm das Weiterbestehen seiner Freundschaft und seiner Bewunderung versicherte.

In der Nacht vom 23. auf den 24. Juli 1895 träumte er von »Irmas Injektion«. Er schrieb ihn auf und analysierte ihn sofort im Detail nach dem Wachwerden. Offenbar ahnte er dessen Wichtigkeit. Max Schur hat deutlich die Irma des Traumes mit der Emma des Dramas identifiziert. Freud liefert uns in *Die Traumdeutung* die Interpretation dieses Traumes, die ihn dazu veranlasste, den zentralen Angelpunkt seiner Theorie des

Traumes zu definieren, nämlich den Traum als halluzinatorische Realisierung eines Wunsches. Hier sagt er uns, dass der Wunsch des Traumes sei, sich selbst von Schuld an Irmas schlechtem Gesundheitszustand freizusprechen. Schur fügt zu dieser Interpretation den Wunsch hinzu, seinen Freund Fliess freizusprechen.

Ich schlage vor, aus dem Traum von »Irmas Injektion« eine Übertragungslektüre zu machen, indem man ihn möglichst nah an der Dynamik der »Quasi-Übertragungs«-Beziehung von Freud mit Fliess ansiedelt. Unter diesem Blickwinkel könnte sich der verborgene Sinn des Traumes folgendermaßen ausdrücken: »Meine Lösung besteht in der psychischen Erforschung der inneren Welt; sie schuldet nichts den aus der Biologie hervorgehenden medizinischen Hypothesen von Fliess.« Hier ist der Bericht, den Freud uns von seinem Traum überlassen hat:

> »Eine große Halle – viele Gäste, die wir empfangen. – Unter ihnen Irma, die ich sofort beiseite nehme, um gleichsam ihren Brief zu beantworten, ihr Vorwürfe zu machen, dass sie die »Lösung« noch nicht akzeptiert. Ich sage ihr: Wenn du noch Schmerzen hast, so ist es wirklich nur deine Schuld. – Sie antwortet: Wenn du wüsstest, was ich für Schmerzen jetzt habe im Hals, Magen und Leib, es schnürt mich zusammen. – Ich erschrecke und sehe sie an. Sie sieht bleich und gedunsen aus; ich denke, am Ende übersehe ich da doch etwas Organisches. Ich nehme sie zum Fenster und schaue ihr in den Hals. Dabei zeigt sie etwas Sträuben wie die Frauen, die ein künstliches Gebiss tragen. Ich denke mir, sie hat es doch nicht nötig. – Der Mund geht dann auch gut auf, und ich finde rechts einen großen Fleck, und anderwärts sehe ich an merkwürdigen krausen Gebilden, die offenbar den Nasenmuscheln nachgebildet sind, ausgedehnte weißgraue Schorfe. – Ich rufe schnell Dr. M. hinzu, der die Untersuchung wiederholt und bestätigt ... Dr. M. sieht ganz anders aus als sonst; er ist bleich, hinkt, ist am Kinn bartlos ... Mein Freund Otto steht jetzt auch neben ihr, und Freund Léopold perkutiert sie über dem Leibchen und sagt: Sie hat eine Dämpfung links unten, weist auch auf eine infiltrierte Hautpartie an der linken Schulter hin (was ich trotz des Kleides wie er spüre) ... M. sagt: Kein Zweifel, es ist eine Infektion, aber es macht nichts; es wird noch Dysenterie hinzukommen und das Gift sich ausscheiden ... Wir wissen auch unmittelbar, woher die Infektion rührt. Freund Otto hat ihr unlängst, als sie sich unwohl fühlte, eine Injektion gegeben mit einem Propylpräparat, Propylen ... Propionsäure ... Trimethylamin (dessen Formel ich fettgedruckt vor mir

sehe)... Man macht solche Injektionen nicht so leichtfertig ... Wahrscheinlich war auch die Spritze nicht rein.«

Ich schlage vor, dass die große Halle, in der der ganze Traum stattfindet, einen psychischen Container darstellt, in dem der Träumer all seine inneren Objekte in Szene setzen und beleben kann: »viele Gäste, die wir empfangen«. Die Sorge Freuds um die Gesundheit von Irma (Emma) erscheint dort ausdrücklich, aber der verborgene Sinn des Traumes scheint mir sich nur so zu klären, wenn man Irma nicht als eine direkte Repräsentation von Emma, sondern als eine Personifizierung eines femininen Anteiles von Freud betrachtet, der sich passiv den Lösungen von Fliess unterwirft, und der damit sein tieferes Engagement in der psychoanalytischen Erforschung der Psyche hemmt. Freud wirft diesem femininen Irma-Teil vor, seine »Lösung« noch nicht akzeptiert zu haben. Das durch den Traum entstandene Problem könnte man so formulieren: »Wie löst man eine feminin-passive Übertragung zu Fliess?«

Die Ärzte, die im Traum intervenieren: M. (deutlich als Breuer zu identifizieren, von dem Freud uns sagt, dass er ihn an seinen Bruder Emmanuel erinnert), Otto, Léopold sind weitere männliche Identifikationsbilder. M. vertritt ein väterliches Bild, ein Bild der Autorität, das aber absurden Theorien anhängt; wäre dies nicht die Personifizierung von Fliess als einem väterlichen Übertragungsobjekt? Von Otto sagt uns Freud, dass er ein glänzender, aber oberflächlicher Freund sei; während Léopold ein besonnener und tiefer Freund sei. Gibt uns Freud hier nicht zwei Bilder von sich selbst? Eines ist von einem jungen, brillanten und ehrgeizigen Arzt, der aber oberflächlich ist, in dem er ernste Fehler vorwerfen muss, wie die, seinem Freund von Fleisch den Gebrauch des Kokains empfohlen zu haben, was so dessen Ende beschleunigte; oder seiner Patientin Mathilde zu viel Sulfonat verschrieben zu haben, was ihren Tod bewirkte. Die Person Otto scheint auch direkt mit Fliess verbunden zu sein, der einen therapeutischen Fehler machte und falsche Theorien über die Sexualität aufstellte (Fliess hatte kürzlich mit Freud über Trimethylamin als einer wichtigen sexuellen Substanz gesprochen). Dagegen würde Léopold die überlegten und tieferen Aspekte von Freud vertreten, der sich die Zeit nimmt, seine Patientin gründlich zu untersuchen, und der das internistische Leiden (die Dämpfung auf der linken [Lungen-, Anm. B.B.] Basis) dank einer geduldigen Beobachtungs- und Analysearbeit aufdeckt.

Mehrere Indizien verweisen auf die analytische Methode selbst. »Trotz der Kleidung« scheint auf die rein psychische Methode der Analyse ohne physischen Kontakt hinzuweisen; die Hautzone, die an der linken Schulter infiltriert wurde, ist mit Freud mit dessen eigenem Rheumatismus der Schulter verbunden, der am Vorabend durch die Arbeit beim Verfassen des Falles von Irma (Emma) wieder belebt wurde; dieses Indiz spielt auf die Notizeintragung als integrierendem Bestandteil der analytischen Arbeit an.

Infolgedessen scheint der Traum von »Irmas Injektion«, die Funktion gehabt zu haben, die stürmischen Übertragungsturbulenzen, die die Beziehungen von Freud zu Fliess aufwühlten, aber die, wie in jeder Übertragung, sicherlich tiefere Wurzeln hatten, zu containen. Diese Container-Funktion muss in dem später von Bion beschriebenem Sinn verstanden werden, das heißt als ein intimer Umwandlungsprozess, der es erlaubt, dass »undenkbare« Empfindungen und Emotionen »denkbar« werden, in einer Gedankenaktivität »contained« werden können, anstatt ganz einfach in Handlungen abgeführt oder in Richtung somatischer Reaktionen abgeleitet zu werden oder zwischen der inneren Welt und der Außenwelt in Form einer halluzinatorischen Aktivität auszubrechen. Ich werde auf diesen wesentlichen Punkt zurückkommen, aber ich unterstreiche hier, dass diese containende Funktion des Traumes durch einen Container dargestellt wird, der der Größe der zu bearbeitenden Gewalt der Gefühle und Konflikte entspricht, die »große Halle« enthält »viele Gäste«.

In dieser Hinsicht ist es interessant, den Kontrast zwischen dem Beginn und dem Ende des Traumes zu betrachten. Zum Beginn ist dieser breite Container der Ort, wo sich eine Szene voller Leben zwischen zahlreichen Personen abspielt, die sich als ebenso viele innere Objekte der psychischen Welt des Träumers betrachten ließen. Zum Schluss prägt sich eine chemische Formel in fetten Buchstaben ein. Alles ereignet sich, als ob etwas nicht seine Stelle im dreidimensionalen Container des Traumes gefunden hätte, wartend auf eine mit psychischem Leben gefüllte Konfiguration in Form einer abstrakten, zweidimensionalen Formel. Ich denke, dass dieses etwas ist, was vonseiten der mütterlichen Übertragung zu finden wäre.

Das Objekt und die mütterliche Übertragung erscheinen in der Erzählung des Traumes kaum und ebenso in der von mir vorgeschlagenen Interpretation. Obwohl man die Hypothese wagen könnte, dass der Ort des Traumes selbst, die große Halle, die Repräsentation davon sei. Sie erscheinen nicht direkt in den Kommentaren des Traumes, die Freud gibt, aber ein Vermerk dort unten auf der Seite macht eine rätselhafte Anspielung: »Jeder Traum, so schreibt Freud, hat wenigstens eine unergründliche Stelle, einen so genannten Nabel, das ihn mit dem Unbegreiflichen verbindet«. Ich schlage vor, dass es in diesem Vermerk eine implizite Referenz zu einem nicht gelösten Problem gibt, das nicht durch den Traum gelöst wurde: Wie soll man die passiv-feminine Übertragung entwirren, ohne sich von der Abhängigkeitsbeziehung zum mütterlichen Objekt, von der »ernährenden Brust« zu trennen, wie Melanie Klein sagen wird? Es ist meines Erachtens dieses nicht gelöste Problem, das die Ursache der Niederschrift »Projekt einer Psychologie« sein wird, einer der Texte von Freud, in dem es ausdrücklich um die Abhängigkeitsbeziehung des Babys zu seiner Mutter geht. Freud, wie D. Anzieu (1975) unterstreicht, braucht noch Fliess als mütterliches Übertragungsobjekt: »Das Unbewusste, dessen Corpus Freud beginnt aufzuwickeln, konzeptualisiert er als den »corpus delicti«, von dem er sich freisprechen muss, den er symbolisch darstellt und der metaphorisch den ersehnten Körper der nicht verfügbaren Mutter repräsentiert. »Der »Entwurf« erscheint mir als ein allerletzter Versuch, sich dem Wunsch von Fliess nach einer biologischen Lösung dafür zu beugen, die sich hier wie die Nabelschnur zum mütterlichen Objekt verhält.

d) In diesem Text definiert Freud zum ersten Mal eine begrenzende und containende Instanz der Psyche, das Ich. Hier die komplexe Definition, die er dazu abgibt:

»Das Urteilen ist also ein ψ Vorgang, welcher erst die Ichhemmung ermöglicht und der durch die Unähnlichkeit zwischen der Wunschbesetzung eines Er[innerungsbildes] und einer ihr unähnlichen Wahrnehmungsbesetzung hervorgerufen wird. Man kann davon ausgehen, dass das Zusammenfallen beider Besetzungen zum biologischen Signal wird, den Denkakt zu beenden und die Abfuhr eintreten zu lassen. Das Auseinanderfallen gibt den Anstoß zur Denkarbeit, die wieder mit dem Zusammenfallen beendet wird.«

Die Hüllenfunktionen des Ichs, so wie sie in dem »Entwurf« beschrieben wird, könnte sich in den folgenden Charakteristiken zusammenfassen lassen:

1. Das Ich ist durch Differenzierung von einem Teil der Psyche gebildet. In dem »Entwurf« handelt es sich um »eine Gruppe von permanenten

energiebeladenen Neuronen. Diese werden so zum Träger der Reserven von Mengen, die der Sekundärprozess braucht«. Später wird es in dem »Ich und dem Es« eine Differenzierung von dem Teil des Es, das mit der äußeren Welt in Kontakt tritt, geben.

2. Das Ich ist der Sitz der Funktion der »Realitätsprüfung«, die erlaubt, einen Einbruch des Psychischen von außen nach innen zu vermeiden: »Das *Urteilen* ist also ein Vorgang, welcher erst die Ichhemmung ermöglicht und der durch die Unähnlichkeit zwischen der *Wunschbesetzung* eines Er[innerungsbildes] und einer ihr ähnlichen Wahrnehmungsbesetzung hervorgerufen wird. Mann kann davon ausgehen, dass das Zusammenfallen beider Besetzungen zum biologischen Signal wird, den Denkakt zu beenden und die Abfuhr eintreten zu lassen. Das Auseinanderfallen gibt den Anstoß zur Denkbarkeit, die wieder mit dem Zusammenfallen beendet wird«.[4]

Diese Aktivität der Realitätsprüfung ist notwendig, um sowohl die unangebrachten und unwirksamen Energieentladungen als auch die Halluzination zu vermeiden:

> »Das Ich lernt zuerst, nicht die motorischen Bilder (mit der konsekutiven Abfuhr) zu besetzen, solange sich bestimmte Bedingungen noch nicht an der Seite der Wahrnehmung etabliert haben. Danach lernt es, ebenfalls nicht die Repräsentationen des Wunschs über ein gewisses Maß zu besetzen, weil es ohne diese Funktion das Opfer eines halluzinatorischen Irrtums werden würde; wenn es diese beiden Restriktionen einhält und seine Aufmerksamkeit auf die neuen Wahrnehmungen richtet, kann es hoffen, die gewünschte Befriedigung zu erlangen«.

3. Das Ich ist der Agent der »Verdrängung«, der die Psyche vor einem Einbruch von außen schützt. Die »Tendenz zur Verdrängung« erlaubt, den Einbruch der »Kontaktschranken« und die Übernahme der Psyche durch eine zu große Erregungsmenge zu vermeiden, deren gefühlsbetonte Konnotation der Schmerz ist. Das Ich kann ein Leiden bekämpfen, das mit einem externen Reiz zusammenhängt, genauso wie gegen die Erinnerung an einen solchen Reiz, der dieses Mal das System des Inneren erreicht, dank dessen was Freud die »seitlichen Besetzungen« nennt, so genannte ableitend operierende Bahnungen. Das Ich kann eine Erregungsmenge in eine

solche Bahnung umleiten, die zu einem »Schlüsselneuron« führt, also zu einem Spannungsaffekt, wobei es einem ausreichenden Teil der Erregung gelingt, den Spannungsaffekt zu vermeiden. So definiert Freud zu dieser Zeit die »Verdrängung«.

4. Das Ich ist mit der Aufmerksamkeitsfunktion ausgestattet. Freud beschreibt dies ähnlich dem, was Bion später als »Container« Funktion bezeichnen wird. Bion (1970) hat sich im Übrigen näher für die Aufmerksamkeit interessiert, aus der er eine der wesentlichen Funktionen des Analytikers in der analytischen Situation macht.

Freud führt zunächst die Aufmerksamkeit als eine Funktion des Ichs ein, die es erlaubt, rechtzeitig eine mühsame Wahrnehmung anzuerkennen, das heißt eine Wahrnehmung, von der eine zu große Erregungsmenge ausgeht, die Quelle der Unlust ist, um schließlich durch den Einsatz von Nebenbesetzungen die Unlust zu vermeiden. Es ist das, was er die »primäre Abwehr« nennt. Man kann in diesem Aspekt der »Aufmerksamkeit« die Anfänge sehen, aus denen später die Funktion des Reizschutzes wird, die darauf gerichtet ist, den psychischen Apparat vor einer traumatischen Überflutung zu schützen.

Dann sagt er, dass die »Aufmerksamkeit« eine aus dem Ich kommende Besetzung darstellt, die notwendig für die Befriedigung des Wunsches ist, denn sie erlaubt die Besetzung der Wahrnehmungen des begehrten Objektes. Die »Aufmerksamkeit« wird dann als Besetzung durch das Ich von Neuronen (oder Wahrnehmungsneurone) definiert, die realisieren, was er ein gedankliches Interesse nennt, etwa entsprechend dem gefühlsbetonten Interesse.

Aber die »Aufmerksamkeit« dient auch dazu, die gewaltigen Affekte zu containen:

»Es ist Sache des Ich«, schreibt Freud, »jede Auslösung des Affekts zu verhindern, die dann die Produktion eines primären Prozesses erlauben würde. Das beste Instrument, das es dafür besitzt, ist der Mechanismus der Aufmerksamkeit. Wenn die Unlust erzeugende Besetzung der Unlust in der Lage wäre, der Aufmerksamkeit zu entkommen, wäre die Intervention des Ich zu spät.«

Entsprechend dem neuronalen Modell des »Entwurfes« beschreibt Freud die »Aufmerksamkeit« als eine Besetzung aus dem Ich der Neuronen, den

»Wahrnehmungsneuronen«, die von einer vom äußeren Stimulus kommenden Energie besetzt worden sind. Die »Aufmerksamkeit« funktioniert also durch eine Überbesetzung der Neuronen. Hier wird die Aufmerksamkeit auf die von der Außenwelt kommenden Wahrnehmungen gerichtet, mit dem präzisen biologischen Ziel, das Objekt der Befriedigung zu erkennen. Aber die »Aufmerksamkeit« kann sich auch auf die Erinnerungen beziehen, das heißt auf die innere Welt; dies ist der Fall, wenn die Besetzung des Ichs sich von den ersten durch den Stimulus der äußeren Welt besetzten Neuronen abwendet, um sich in Richtung der letzten Neuronen zu bewegen, welche noch von Wahrnehmungserregung betroffen sind:

»Es ist sicher«, schreibt Freud, »dass eine größere Zahl von Neuronen – und von entfernteren Neuronen – nur besetzt werden, wenn der assoziative Prozess sich ohne die Teilnahme der Aufmerksamkeit realisiert. Aber in diesem Fall wird hier die Strömung in einer oder zahlreicher Endbesetzungen auftreten, die assoziativ mit den Anfangsneuronen verbunden sind«.

Hier haben wir einen neuen Aspekt des Ichs, der durch diese »Aufmerksamkeits«-Funktion definiert wurde: Das Ich ist in Kontakt sowohl mit der Außenwelt als auch mit der inneren Welt. Entspricht dies nicht dem charakteristischen Kennzeichen einer Grenze? Zusammenfassend: Das Ich des »Entwurfes« ist eine Instanz, die die freie Abfuhr der Energie verhindert und den Zusammenbruch der »Kontaktschranken« vermeidet, die durch ihre Urteilsfunktion die Wahrnehmungsaußenwelt von der inneren psychischen Welt abgrenzt; die durch ihre »Verdrängungs«-Funktion die Psyche vor einem vom außen kommenden traumatischen Überlaufen schützt; Sie stellt durch ihre »Aufmerksamkeits«-Funktion eine doppelte Empfindlichkeit dar, ein Teil ist auf die Wahrnehmungswelt (die Außenwelt) gerichtet, der andere auf die Welt der Erinnerungen (die innere Welt). Schließlich wird es aus einer Differenzierung einer Gesamtheit von Neuronen gebildet, welche von psychischer Energie vom Inneren des Körpers ständig oder zeitweilig besetzt bleiben.

e) Strachey[5] hebt hervor, dass Freud nach dem »Entwurf« die Theorie des Ichs aufgibt, um sie zwanzig Jahre später wieder aufzunehmen. Während dieser Zeit widmet er sich den Inhalten der Psyche, mehr als seinem Container. Für Strachey ist die strukturale Studie der Psyche des »Entwurfes« eine Abwehrbeschreibung, ein »Prae-Id«[6], das heißt eine Vorbedingung in der

Beschreibung ihrer triebhaften Inhalte, die Freud später das »Es« nennen wird. Das Wiederauftauchen der Theorie des Ichs ab 1914 nimmt nun eine neue Bedeutung an, jene einer Beschreibung des »Post-Id«. Ich denke, dass, wenn man das Auftauchen des Konzeptes des Ichs in dem »Entwurf« innerhalb der Dynamik der Freudschen Entdeckungen ansiedelt, die als Hintergrund die Quasi-Übertragungs-Beziehung von Freud zu Fliess hat, verblasst der Gegensatz zwischen dem Ich des »Entwurfes« und dem Ich des zweiten topischen Modells, abgesehen davon, dass die biologische Form des Modells des »Entwurfes« zum Teil ihre tiefe metapsychologische Bedeutung verdeckt. Wenn man annimmt, wie ich es vorgeschlagen habe, dass diese biologische Form größtenteils eine Konzession an Fliess ist, die von mir als dringende Notwendigkeit der Bewahrung eines Mutteraspekts der Übertragung diktiert wurde, einer Übertragungsmatrix, so begreift man, dass dieser Versuch ohne unmittelbare Zukunft blieb und ihn nur enttäuschen könne. Anstatt der großen Halle des Traumes von Irmas Injektion, die fähig war, alle seine internen Objekte zu containen und die die mütterliche Hülle darstellt, hat er eine ganze Maschinerie bauen müssen, wie er es an seinen Freund schrieb: » ... man hat den Eindruck, wirklich vor einer Maschine zu stehen, die nicht zögern würde, von allein zu funktionieren« (Brief an Fliess vom 20.10.1895). Sein Versuch ähnelt der Konstruktion eines »falschen Selbst«, wie Winnicott es beschrieben hat, das heißt eine nicht vom Inneren, sondern vom Äußeren her aufgebaute Persönlichkeit, dem Wunsch der Mutter entsprechend; Es ähnelt auch der »zweiten Haut«, die durch E. Bick als ein Ersatz der »psychischen Haut« beschrieben wurde, wenn der mütterliche Container unbefriedigend blieb. Sehr schnell gibt Freud das Modell des »Entwurfes« auf. Ab Februar 1896 ersetzt er den Begriff »Psychologie«, den er benutzte, um das Modell des »Entwurfes« zu bezeichnen, durch den Begriff »Metapsychologie«, und markiert dadurch die Aufgabe der biologischen Hülle, in die er geglaubt hatte, seine Gedanken gießen zu müssen. Diese Aufgabe darf jedoch nicht als ein Verzicht, sich auf den Körper zu beziehen, verstanden werden, sondern von nun an geschieht die Referenz zum Körper nicht mehr durch biologische Analogien, sondern sie geschieht durch die Anlehnungstheorie, was eine ganz andere Sache ist.

Es ist interessant festzustellen, dass das Wiederaufleben der metapsychologischen Theorie des Ichs 1914 in »Zur Einführung des Narzissmus« beobachtet wurde, der Text, den Freud als Antwort auf die Kritik von Jung zur Theorie der Libido schrieb. Es handelt sich erneut um einen gewaltigen Sturm in einer Beziehung mit einem seiner engen Mitarbeiter, der mit Übertragungs- und Gegenübertragungsbedeutungen belastet ist, die seine Aufmerksamkeit auf die verantwortliche Instanz zurückbringt, die die Psyche contained und abgrenzt. Von nun an wird dieses Anliegen ihn nicht mehr verlassen. 1915 entdeckt er den Teil der Identifikationen in der Bildung des Ichs (*Trauer und Melancholie*). In den zwanziger Jahren gibt ihm das zweite topische Modell die Gelegenheit, eine strukturelle Theorie des Ichs zu entwickeln, die, wie es Strachey herausgearbeitet hat, hauptsächlich die Basisdaten des »Entwurfes« wieder aufnimmt, indem sie sie in eine neue Sprache und ein neues und rein metapsychologisches Modell überträgt. Nehmen wir zur Kenntnis, dass er jetzt erneut die körperliche Ableitung des Ichs und auf seine Bedeutung als Oberfläche des psychischen Apparates besteht: »Das Ich ist vor allem ein körperliches, es ist nicht nur ein Oberflächenwesen, sondern selbst die Projektion einer Oberfläche«.[7]

f) Außer Nunberg und insbesondere Federn haben wenige zeitgenössische Psychoanalytiker Freuds die Studie des Ichs unter diesem Blickwinkel wieder aufgenommen. Es ist nur gerecht, in einer Studie des psychischen Hüllenkonzeptes das Werk von Paul Federn zu würdigen, der das Konzept der »Begrenzung des Ichs« einführte, und der dazu Veränderungen in den Psychosen, in den Träumen, sowie in den Einschlaf- und Aufwachzuständen untersuchte.

Die amerikanische Schule der *Ego Psychology* (Kris, Hartmann und Löwenstein) hat dem Ich nur seine Rolle in der Anpassung zugestanden und aus ihm eine unabhängige Instanz gemacht, die durch desexualisierte Energie versorgt würde. Es ist nicht notwendig auf den gesamten Bruch dieser Konzeption des Ichs mit jener von Freud und mit jener der Denkrichtung zu insistieren, die zum psychischen Hüllenkonzept führte.

Für Jacques Lacan lässt sich das Ich aus der Summe der Identifikationen des Subjekts zusammenfassen, wie Freud es in *Das Ich und das Es* beschrieben hat. Es sei, sagt er, als »... das Aufeinanderliegen verschiedener Mäntel, die aus dem Trödel eines Zubehörsgeschäfts entliehen worden sind, zu verstehen.« (Lacan 1978, S. 187). Aber seines Erachtens maskiert dieser imaginäre Trödel die Wahrheit des Subjektes, welches symbolischer Natur sei. Die Arbeit des Analytikers bestehe darin, diese imaginären Niveaus der Psyche aufzufinden, die Lacan als notwendigerweise entfremdend sieht, um die Wahrheit des Subjektes geschehen zu lassen. Er erkennt wohl die körperliche Basis des Ichs an, aber nur, um sie als Köder zu entlarven, was ihn dazu führt, dies in bewegenden Sätzen als eine tragisch zerrissene psychische Welt zu beschreiben:

> »Es ist das Bild seines Körpers, das die Grundlage jeder Einheit ist, die er in den Objekten wahrnimmt. Von diesem Bild nun nimmt er selbst die Einheit nur am Äußeren orientiert und auf vorzeitige Art und Weise wahr. Als Resultat dieser doppelten Beziehung zu sich selbst gibt es immer nur einen ruhelosen Schatten seiner Welt. Diese werden alle einen im Grunde anthropomorphen Charakter behalten, oder sogar egomorphen. In dieser Wahrnehmung wird für den Menschen jederzeit seine ideale Einheit evoziert, die aber nie als solche erreicht wird und sich ihm jederzeit entzieht. Das Objekt ist für ihn nie definitiv das letzte Objekt, außer in bestimmten außergewöhnlichen Erfahrungen. Aber es zeigt sich dann als ein Objekt, von dem der Mensch unheilbar getrennt ist, und das ihm gerade die Darstellung seiner Dehiszenz innerhalb der Welt zeigt – Objekt, das ihn durch seine Natur zerstört, die Angst, die er nicht meistern kann, wo er nicht wirklich seine Versöhnung, seine Verwurzelung mit der Welt finden kann, seine vollkommene Komplementarität in Bezug auf das Begehren. Das Begehren hat einen radikal zerrissenen Charakter.« (Ibid, S. 198).

Das, was uns Lacan vorschlägt, setzt sich offenbar in einen Gegensatz zur Konstituierung einer psychischen Hülle. Dies würde eher seinen Ankerpunkt bei einem unpersönlichen Verb finden, an welchem die ganze Organisation des Subjektes wie ein Mobile an seinem Fixierpunkt hinge. Es ist erstaunlich festzustellen, dass in seiner Lektüre des Traumes von Irmas Injektion genau ein entgegengesetzter Akzent gesetzt wird, als den, den ich vorgeschlagen habe. Dort, wo ich die innere Welt des Träumers mit lebendigen psychischen Objekten bevölkert sehe, sieht Lacan ein »imaginäres Chaos«. Dort, wo ich zweidimensionale, durch den Traum unbearbeiteter Elemente sehe, sieht Lacan das »Ich des Subjektes«, ein merkwürdiges »Ich«, da azephal und ganz unpersönlich:

> »Im Traum von Irmas Injektion«, schreibt er, »zu einem Zeitpunkt, an dem die Welt des Träumers in größtes imaginäres Chaos versinkt, schaltet sich der Diskurs ein, der Diskurs als solcher, unabhängig von seinem Sinn, da er ein unsinniger Diskurs ist. Es wirkt dann, als ob sich das Subjekt zersetzt und

verschwindet. In diesem Traum gibt es eine Wiederkennung nach einem gewissen Grad des grundlegend azephalen Charakters des Subjekts. Dieser Punkt wird durch das AZ[8] in der Formel des Trimethylamins bezeichnet. Es ist dort, wo sich zu diesem Zeitpunkt das Ich des Subjekts befindet. Und es ist weder ohne Humor, noch ohne Zögern, da dies fast ein Witz ist, den ich Ihnen vorschlage, dort das letzte Wort des Traumes zu sehen. An dem Punkt, wo Hydra ihre Köpfe verloren hat, eine Stimme, die nicht mehr als die Stimme von niemandem ist, tritt die Formel des Trimethylamins auf, als das letzte Wort um das es sich dreht, das Wort von allem. Und dieses Wort bedeutet nichts, denn es ist nicht nur ein Wort.« (Ibid. S. 202).

Das Modell von Lacan entfernt sich vom Modell der psychischen Hülle durch seine topologischen Eigenschaften; der Zweidimensionalität der in fetten Buchstaben eingetragenen chemischen Formel, widersetzt sich der Dreidimensionalität der großen Halle; die Kompaktheit der psychischen Hülle widersetzt sich der Struktur im Netz der Signifikanten der symbolischen Ordnung.

Melanie Klein schlägt keine Theorie der psychischen Hülle vor. Sie setzt die Existenz eines frühreifen Ichs, das von Geburt an fähig ist, Beziehungen zu äußeren Objekten aufzunehmen, diese zu introjizieren, um so eine innere Welt zu bilden. Man täte ihr jedoch Unrecht, ihre Gedanken auf die Container-Strukturen der Psyche als eine Theorie des von Geburt an existierenden frühreifen Ichs zu verkürzen, so wie Athena, die schon behelmt aus dem Kopf des Zeus geboren wurde. Melanie Klein beschreibt vielmehr ein schlecht integriertes, zerbrechliches, zu Spaltung und sogar Auflösung bereites, frühreifes Ich.

Es muss ein gutes Objekt verinnerlichen, um stabil und integriert zu werden: »Das Gefühl, eine intakte Brust und eine intakte Brustwarze zu haben – obwohl gleichzeitig Phantasien zur verschlungenen, d. h. zerstückelten, Brust bestehen – erzeugt die folgende Wirkung: Die Spaltung und die Projektion sind nicht vorherrschend an fragmentarische Teile des Es gebunden, sondern eher an zusammenhängendere Teilen. Das bedeutet, dass das Ich nicht mehr von einer verhängnisvollen Schwächung durch Fragmentierung bedroht wird, und dass aus diesem Grund es besser in der Lage ist, unaufhörlich wieder zu beginnen, die Auswirkung der Spaltung zurückzunehmen und dabei Integration und Synthese in seiner Beziehung zu Objekten zu realisieren« (über die Identifikation, 1955).

Andererseits ist die Beschreibung, die sie im Jahre 1946 vom Mechanismus der projektiven Identifikation macht (Bemerkung über einige schizoider Mechanismen) als eine Spaltung eines projizierten Teiles des Es in das Objekt, für uns ein wesentliches begriffliches Instrument, um sowohl die Entstehung der psychischen Hülle als auch ihrer Dehiszenzzustände zu verstehen.

Es bleibt jedoch wahr, dass ihre Konzeption des frühreifen Ichs ihr ermöglicht bestimmte Fragen zu umgehen, welche die Entstehung des psychischen Containers betreffen. Es scheint mir, dass Winnicott zum Teil gegen diese monadologische Position seine Konzepte des Übergangsobjekts und des Phänomens (1951), vom wahren und falschen Selbst (1960), vom Möglichkeitsraum (1971) vorschlug.

II. Die Eigenschaften der psychischen Hülle

1. Ihre Struktur

Das analytische Vorgehen ist nicht deduktiv. Es gründet sich auf eine sehr spezifische Erfahrung, die der Therapie, die eng mit dem analytischen Rahmen verknüpft ist. Die Gesamtheit der zu beobachtenden dynamischen Phänomene im Laufe einer Therapie bildet innerhalb dieses Rahmens die analytische Erfahrung. Die Theorie muss sich bemühen, diese Erfahrung mit der größtmöglichen Genauigkeit zu beschreiben. Das psychische Hüllenkonzept ist aus einer theoretischen Abstraktion der analytischen Erfahrung entstanden. Didier Anzieu hat kürzlich das Wechselspiel zwischen analytischem Rahmen und psychischer Hülle aufgezeigt, als ob hier der Patient, im Rahmen der Sitzung, gleichsam beiläufig seine eigene psychische Hülle[9] projizierte.

Um die Struktur hiervon zu verstehen, ist es unentbehrlich, sich auf diese analytische Erfahrung und insbesondere auf die Analyse des Rahmens zu beziehen, auf der Bleger bestanden hat. Die Analyse der Inhalte der Psyche hängt besonders von der Ausarbeitung der Übertragung ab, während die Analyse des Rahmens mehr von der Ausarbeitung der Gegenübertragung abhängt. Man muss hier die Gegenübertragung im Sinn einer primitiven Kommunikation von Elementen der Psyche des Patienten verstehen, die auf den Analytiker projiziert werden, wie es Paula Heimann beschrieben hat.[10]

Der Analytiker nimmt in der Analyse der Übertragung seines Patienten und seiner eigenen Gegenübertragung die psychische Hülle als eine

Struktur von großer Komplexität wahr, die sich nicht etwa auf einen einfachen Behälter reduzieren lässt, der die Elemente der Psyche enthielte. Seine eigene Hauterfahrung ist der beste Führer, ihm zu ermöglichen, sich in der Analyse dieser komplexen Struktur zurechtzufinden; dafür muss er jedoch diese Erfahrung unter einem sehr besonderen, aus dem nach innen gerichteten, Blickwinkel sehen. Es handelt sich nicht darum, Analogien zwischen der von den Histologen beschriebenen biologischen Haut und der psychischen Haut zu ziehen. Es handelt sich darum, empfänglich für die intimsten Aspekte unserer Haut-Erfahrung zu sein und sich zu bemühen, diese Erfahrung psychisch durchzuarbeiten.

In diesem Sinn kann man sagen, dass die psychische Haut sich auf die Körperhaut stützt. Die Haut, um die es sich handelt, ist wirklich die Haut, in der wir leben, aber in dem Sinn, »sich in seiner Haut wohl oder schlecht zu fühlen«. Es ist nicht die vom Anatomen gesehene Haut. Wie ich es bei einer anderen Arbeit[11] vertreten habe, ist die psychoanalytische Verbindung am Körper metaphorischer und nicht analoger Art.

Die allgemeinsten strukturalen Eigenschaften der psychischen Hülle, die wir, diesem Gedankengang folgend, wieder erkennen können, sind die folgenden: Zuordnung – Verbindung – Kompaktheit.

a. Zuordnung

Die psychische Hülle definiert die Zugehörigkeit der psychischen Elemente zu einem gegebenen Raum: innerer psychischer Raum – Wahrnehmungsraum – psychischer Raum des Anderen.

b. Verbindung

Die psychische Hülle ist zusammenhängend, was bedeutet, dass man zwei beliebige ihrer Punkte durch eine in ihr komplett umschlossene Strecke verbinden kann.

c. Kompaktheit

Das Konzept der Kompaktheit ist durch intuitive Beispiele nicht einfach zu illustrieren. Die wesentliche Idee ist hierbei die Möglichkeit, den besagten kompakten Raum durch eine begrenzte Zahl von Konstruktionsteilen, die als »die offenen Stellen«, betrachtet werden können, zu überziehen. Ein diskreter unendlicher Raum ist nicht kompakt. In dieser Hinsicht, wie ich es vorher beschrieben habe, unterscheidet sich die psychische Hülle vom Netz der Signifikanten [*signifiants*], das von Lacan beschrieben wurde.

Die Verbindungs- und die Kompaktheitseigenschaften geben der psychischen Hülle die für ihre Funktionen erforderliche Kontinuität in der Form. Diese kontinuierliche Struktur muss gleichzeitig Räume begrenzen und Kommunikationen zwischen diesen Räumen erlauben; das heißt, dass sie die Qualität der Durchlässigkeit haben muss.

Die psychische Hülle darf nicht als zu statisch verstanden werden, sondern eher als ein dynamisches System, welches die Synthese der dynamischen und topischen Gesichtspunkte erlaubt, das heißt, der Kraft- und Formkonzepte. Es gibt keine psychische Kraft, die nicht eine gegebene Form annähme, keine Form, die nicht eine Dynamik begrenzte. Die psychische Hülle könnte mit einem Kraftfeld verglichen werden, wie jenem, das sich um einen Magneten entwickelt, der in präzisen Formen, nach den Kraftlinien, die umliegenden Eisenfeilspäne organisiert. Das Konzept des »Anziehungspunktes« scheint mir auf diesen Aspekt der psychischen Hülle anwendbar: Wenn ein dynamisches System durch einen Raum dargestellt wird, in dem jeder Punkt mit einem Vektor ausgestattet ist, in dem an diesem Punkt jeweils eine Kraft ihr t-Moment entfaltete, so wird der Anziehungspunkt ein invariater Teilraum des dynamischen Systems sein. Es ist gewissermaßen eine Form, in der sich die arbeitende Kraft entsprechend ihrer Biegung und ihres Wendepunktes einbettet. Zum Beispiel ist ein Tal ein Anziehungspunkt für den Abfluss des Wassers.

Das Konzept vom Anziehungspunkt erleichtert das Begreifen der Beschreibungen von Bion und Bick, die aus der Brustwarze / Brust den Container der primitiven oralen Triebe machen. Die Brustwarze / Brust *erhält* nicht den Sinn eines Gefäßes, aber erlaubt, eine stabile Form zu geben, also eine Bedeutung zu den oralen Trieben des Babys; Sie ist ein Anziehungspunkt für das dynamische System dieser Triebe, in diesem Sinn *enthält* [Hervorhebungen B. B.] sie sie. Das stellt das Problem der Präkonzepte des Objektes dar, hier von der Brust, wie Bion sie postuliert. Das Anziehungsobjekt ist in der Tat nicht als inneres Bild vorgedacht, sondern als Objekt, das den dynamischen Ablauf der Triebe ergänzt und stabilisiert, und somit eine psychische Explosion vermeidet (eine Grundkatastrophe in der Sprache von René Thom).

Die durch die Säuglingsbeobachtung ermöglichte Studie der ersten Objektbeziehungen, so wie die psychoanalytische Behandlung sehr archaischer Zustände wie die des kindlichen Autismus, haben mich veranlasst, die Hypothese von der Konstituierung dreier Schichten der psychischen Hülle zu formulieren, die ich »Film«, »Membran« und »Lebensraum« nennen möchte.[12]

Der Film

Ich nehme an, dass der Trieb durch unverstellbare Variationen repräsentiert werden kann. Man kennt die Konstruktion der Möbiusbänder gut; Es ist möglich, sich dieselbe Art von Konstruktion mit einer größeren Anzahl an Dimensionen vorzustellen, zum Beispiel als 3-dimensionierter Kubus: Stellen wir uns einen Würfel vor, den wir an seiner oberen und unteren Seite, ebenso an seiner rechten und linken Seite bekleben, und wir erhalten einen Kubus mit 3 Dimensionen oder einen 3er-Kubus, welcher in einem 4-dimensionierten Raum eingebettet wird. In einer solchen Abwandlung geht alles, was durch die obere Seite (vom Anfangswürfel) herauskommt, sofort durch die untere Seite hinein, alles was durch die rechte Seite herauskommt, geht sofort wieder durch die linke Seite hinein. Für einen Einwohner einer solchen Welt ist es unmöglich, zwischen innen und außen zu unterscheiden. Jedoch ist es keine Welt ohne Grenzen.

Ich nehme an, dass die primitive psychische Hülle, die ich »Film« nenne, durch eine unverstellbare Variation gebildet wird. Kürzlich habe ich ein auf der Konzeption des kindlichen Autismus basierendes Modell vorgeschlagen: das autistische Kind wäre mit unvorstellbaren Ängsten konfrontiert, verbunden mit einer in ihm selbst gekrümmten und somit unbeherrschbaren Welt. Die Möglichkeit, durch Psychoanalyse solche Kinder zu behandeln, würde von der Fähigkeit des Analytikers abhängen, sich in die stürmische autistische Welt mitreißen zu lassen, ohne sich dort zu verlieren, und allmählich den Ängsten des Kindes einen Sinn zu geben; dies würde die psychische Hülle öffnen, ihr eine Orientierung geben, sodass eine Differenzierung zwischen drinnen / draußen möglich wäre.[13]

Was, solange diese Öffnung nicht erfolgt ist, kann man dann vom »Film« sagen, den ich so nenne, um damit dessen Konstitution durch die Wirkung der Oberflächenspannung der Triebdynamik[14] zu unterstreichen? Nichts. Es ist notwendig, dass sie mit einem Minimum von Repräsentanzen beladen wäre, damit sie vorstellbar sein könnte. Der Trieb, sagt Freud, »erscheint uns als ein Grenz-Konzept zwischen Psychischem und Somatischem«. Der »Film« ist auch ein in sich unvorstellbares Grenz-Konzept. Die ersten mit dieser Schicht der psychischen Hülle zu verbindenden Repräsentanzen ähneln sehr den Funktionen des Körpers, so wie die Phantasie einer Patientin, endlos und unerschöpflich zu urinieren. Aber man kann auch die Spuren der stürmischen Funktionen der im »Film« eingesperrten Welt in manchen Übertragungsphantasien wieder finden, zum Beispiel in Form der Phantasie derselben Patientin, ich sei während der Sitzungen durch eine hinter ihr versteckte Tür hinausgegangen, um bedrohlich auf einem Gemälde vor ihr an der Wand wiederzuerscheinen.

Die Membran

Mit M. Mahler und F. Tustin nehme ich an, dass die erste Beziehungsform zum Objekt von symbiotischer Natur ist. Subjekt und Objekt sind in der gleichen symbiotischen Membran eingeschlossen. Aber schon innerhalb dieser gemeinsamen Membran gäbe es eine bevorzugte Richtung, die durch eine verbindende Subjekt-Objekt Achse dargestellt würde, die in der primitiven Beziehung des Babys zur Mutter durch die Achse Zunge-Brustwarze-Brust verwirklicht wird.

Kürzlich brachte David Rosenfeld[15] die Hypothese einer Vorform des Körperschemas, das er »primitives psychotisches Körperschema« nennt, in dem das Selbst als ein System von mit Flüssigkeiten und Gas gefüllten Leitungen dargestellt wäre, dem arteriellem oder venösem System nachempfunden; Abfluss-, Blutungsphantasien sind mit dieser Repräsentanz verbunden; das Durcharbeiten dieser Phantasien äußert sich in einem Gefühl einer immer größeren Konsistenz des psychischen Inhalts. Frances Tustin hat dieses Modell[16] wieder aufgenommen, um eine Entwicklungsphase der autistischen Kinder in der Konstruktion ihrer Identität zu beschreiben. Sie nimmt an, dass es sich um eine elementarere Stufe des Körperbildes handelt, als der von Bick beschriebenen, d. h., das Körperbild sei in einer Haut enthalten. Ich denke, dass dieses primitive Körperbild mit den ersten Etappen der Konstruktion der »Membran« verbunden ist: jede Öffnung, einer Richtung des »Films« folgend, ließe ein röhrenförmiges System entstehen, bei dem jeder Ast durch die Beziehungsachse an einem Partialobjekt ausgerichtet wäre. Eine zweite Etappe würde in der

Zusammenlegung all dieses röhrenförmigen Systems zu einem einmaligen Container bestehen. Das Weben der Membran hebt die Bedeutung der Spur und der Funktion der psychischen Haut als Einschreibungsoberfläche hervor, auf die D. Anzieu bestanden hat. Die Spur ist die Darstellung der Öffnung einer unverstellbaren Welt und der Abgrenzung eines psychischen Raums; sie ist der Beginn der Symbolbildung, die über das ganze Leben hinweg weiterhin die psychische Welt und seine Hülle konsolidieren wird. Man muss annehmen, dass die Öffnung der psychischen Welt des Kindes zu zwei Perioden erfolgt: Erst [ist es, Anm. B. B.] eine Zeit der Mutter, in der der Faktor der Öffnung die Fähigkeit der Mutter zu träumen ist; und [dann, Anm. B. B.] eine zweite väterliche Zeit, in der der Faktor der Öffnung das väterliche Objekt ist, das die Symbiose Mutter/Baby eröffnet, die Identität von beiden garantiert, ohne trotzdem weder das Kind von der Mutter herauszureißen, noch es von seinen symbiotischen Wurzeln zu trennen.

Der Lebensraum

Um den »Lebensraum« [habitat] von der »Membran« zu unterscheiden, werde ich von Physiker Nicolia Cabido[17] die Differenzierung zwischen einer »Theorie der Felder« und der »Konstruktionstheorie« übernehmen. In dem ersten Theorietypus wird ein Phänomen nicht durch die Elemente, die es bilden, beschrieben, sondern durch ein Vektorfeld, wobei jeder Punkt des Raums dabei mit einer orientierbaren und bestimmbaren Größe assoziiert wäre. Im Gegensatz dazu beschreiben die Konstruktionstheorien ein Phänomen durch seine konstituierenden Elemente, die als stabil und unveränderlich, je nach ihrer Lokalisierung im Referenzraum, angesehen werden. Der »Lebensraum« ist der Aspekt der psychischen Hülle, der mit dem Begriff Konstruktionstheorie beschrieben werden kann.

Ich definiere den »Lebensraum« als eine Schicht der psychischen Hülle, die methodisch aus einem Wahrnehmungs- und dem motorischen Material aufgebaut ist, gemäß den zeitlichen und räumlichen Bezugspunkten unserer euklidischen Welt; dies in einer zusammenhängenden und stabilen Anordnung, deren Struktur und Form genau mit diesen Stabilitäts- und Kohärenzqualitäten verbunden sind.

Unter einem genetischen Gesichtspunkt müsste man, um die Konstruktion des Lebensraums zu beschreiben, die Beschreibungen von Piaget wieder aufnehmen, welche die Entwicklung der Intelligenz von der sensumotorischen Phase bis zur hypothetisch-deduktiven Phase betrifft. Der »Lebensraum«, die äußerste Schicht der psychischen Hülle, enthält die Membran in einer Tangentialbeziehung. Diese Einbettung der Membran im »Lebensraum« ist für die Kohärenz der psychischen Hülle notwendig. In der analytischen Therapie wird der »Lebensraum« durch die Raum-Zeit-Dimension der Sitzung, den Rhythmus der Sitzungen, die Grundregel usw. repräsentiert, einem notwendigen Rahmen, um das Weben der Membran zu ermöglichen.

Aber der »Lebensraum« kann mehr oder weniger leer sein, ohne Kontakt mit der Membran und folglich ohne Kontakt mit dem Trieb- und Gefühlsleben. Winnicott hat in diesem Kontext das »Falsche Selbst« beschrieben, Helene Deutsch die »Als-ob-Personalität«, Meltzer die »Oberflächlichkeit«, E. Bick die »Zweite Haut«, die multiple Formen des »leeren Lebensraums« darstellen.

Diese dreischichtige psychische Hülle grenzt eine dreifache Grenze[18] (ab: eine Grenze zum inneren Raum der externen Objekte – eine Grenze zum inneren Raum der internalisierten Objekte – und eine Grenze zur Wahrnehmungswelt. Ich habe bereits auf den Grenzen zu den externen Objekten und zu der Wahrnehmungswelt beharrt. Nach Meltzer füge ich die Grenze zwischen dem inneren Raum des Selbst und dem inneren Raum der internalisierten Objekte hinzu, welches anzunehmen notwendig ist, um eine Form narzisstischer Introjektion von »Selbst-Objekten« zu spezifizieren, mit denen das Selbst sich durch die projektive Art der Identifikation mit den inneren Objekten identifiziert, was sich von echter introjektiven Identifikation, die den inneren Objekten ihren Teil an Geheimnis, am Unbekannten und Unerforschten belässt, unterscheidet.

2. Ihre plastischen Qualitäten

Ich formuliere die Hypothese, dass eine adäquate Qualität der psychischen Hülle, jene die das Zusammenhalten der verschiedenen Teile des Selbst und dann die Förderung deren Integration ermöglicht, von den primitivsten Stufen der psychischen Bisexualität abhängt. Alles verhält sich so, als ob die Aufnahme- und Flexibilitätsqualitäten der psychischen Hülle sich am mütterlichen Pol, ihre Konsistenz- und Beständigkeitsqualitäten am väterlichen Pol lägen. Ich nenne diese Qualitäten »plastische« Qualitäten. Eine angemessene Allianz der mütterlichen und väterlichen Aspekte wäre notwendig für die Konstitution einer mit den erforderlichen plastischen Qualitäten bestückten psychischen Hülle. Die zwei Polaritäten können in einen harten, aufnahmeunfähigen, undeformierbaren Aspekt und in einen weichen, formlosen und inkonsistenten Aspekt gespalten werden. Diese können auch in zerstörerische Konflikte geraten, entweder verschlingt die mütterliche Komponente die väterlichen Komponente, die sie erfolgreich zerstört und ausradiert; oder die väterliche Komponente greift gewaltsam die Mutterkomponente an und fügt ihr Risse zu. In allen Fällen wird die psychische Hülle mit demselben Siegel markiert, sie wird in harte und weiche Aspekte, ohne eigene Form oder zerrissen, aufgespalten.

Der Prototyp des »Containers« nach Bion ist die Mutterbrust, »Brust«, gesehen als Vertreter der gesamten Kommunikation zwischen dem Baby und der Mutter. Die Erfahrung der Fütterung funktioniert wie eine Referenzachse zu dieser primitiven Kommunikation, von der die Brust der bildhafte Teil ist. Aber die Kommunikation Mutter/Baby umfasst mehr Aspekte als die einfache Befriedigung von Hunger. Wie Esther Bick es ausdrückt: »Das optimale Objekt (Container) ist die Brustspitze im Mund, verbunden mit der Art und Weise, wie die Mutter das Kind hält, wie sie riecht und spricht«.[19] Unter psychischen Gesichtspunkten umfasst die Erfahrung der Brust die Verinnerlichung eines guten Objektes in der inneren Welt, eines guten Basisobjekts der Kohärenz des Selbst und der Quelle des psychischen Lebens, aber sie umfasst auch und vor jeder Verinnerlichungsmöglichkeit die Konstitution der psychischen Hülle. Man kann metaphorisch sagen, dass die plastischen Qualitäten der Brust als »Container« von den plastischen Qualitäten der psychischen Hülle abhängen. Je nach dem, ob das Kind einen Kontakt mit einem weichen aber konsistenten Container, oder, im Gegenteil, mit einem endlos verformbaren Container, oder weiterhin mit einem brüchigen oder zu verspannten und unelastischen Container erfährt, wird sich eine psychisch weiche und konsistente oder eine inkonsistente und ohne eigene Form existierende, oder zerrissene oder starre Hülle für es bilden. Dies ist der Punkt, wo ich die Ansiedlung der ersten Elemente der Bisexualität und die Integration der mütterlichen und väterlichen Polaritäten sehe.

Alles geschieht in der Tat, als ob die Aufnahme- und Anpassungsqualitäten des Containers am mütterlichen Pol, während seine Konsistenz- und Robustheitsqualitäten am väterlichen Pol lägen. Frances Tustin hat den Zusammenhang zwischen diesen beiden männlichen und weiblichen

Aspekten des ersten Containers und deren jeweiligen Darstellungen der Brustwarze und der Brust vorgestellt. Die Brustwarze ist der Phantasieträger der väterlichen Komponenten des Containers, die Brust jener der Mutterkomponenten. Die feste, erektile Brustwarze stellt sich als Vermittler zwischen den Trieb des Kindes und seinem Objekt; sie zögert die Befriedigung heraus und verhindert die Zerstörung der Brust und ihre vollständige Bemächtigung; sie zwingt das Kind, aktiv an seiner Befriedigungssuche teilzunehmen. In all diesen Funktionen ist sie eine Vorläuferin der väterlichen Funktionen, sie markiert damit gewissermaßen die Vermittlerstelle zwischen dem Trieb und dem Objekt, dem Bedürfnis und der Befriedigung. F. Tustin hat die tiefe Spaltung dieser beiden Aspekte im frühen kindlichen Autismus, als Spaltung bedingt durch eine gebrochene, aus der Brust heraus gerissene Brustwarzen-Phantasie dargestellt. Diese Spaltung verhindert die Konstitution einer echten psychischen Haut und blockiert die Verinnerlichungsvorgänge. Sie hat die Bedeutung der Integrationsarbeit in der Behandlung dieser Kinder, zwischen den kontrastierenden sinnlichen Qualitäten, trocken und nass, rau und zart, hart und weich usw. betont, kontrastierenden Qualitäten, die sie mit einer doppelten väterlichen und mütterlichen Polarität verbindet.

Ich denke, dass es nützlich wäre, die Integration der Bisexualität der psychischen Hülle nicht nur in ihren ökonomischen Aspekten, das heißt im Sinne der gegenseitigen Dosierung der väterlichen und mütterlichen Aspekte, sondern auch in ihren topischen Aspekten in Betracht zu ziehen; alles vollzieht sich so, als ob der Muttercontainer verstärkt werden müsste, ohne Verhärtung durch die Einbeziehung der väterlichen Komponenten in ihre Struktur. Ein wenig, wie unter einem anatomischen Gesichtspunkt, werden die Integumente, die die Brust umhüllen, durch faserige, auf die Brust gerichtete Strukturen verstärkt, deren Form und Konsistenz dadurch gesichert wird.

3. Ihre Funktionen

Die Formulierungen des »Entwurfes«, die ich wachgerufen habe, sind hauptsächlich energetischer Art. Das Konzept der Hülle ist ein geometrisches[20] oder topisches Konzept. Man muss also eine Umwandlung der Energiefunktionen des Ichs des Entwurfes durchführen, um die psychischen Hüllenfunktionen wieder zu finden. Ich schlage die folgenden Äquivalenzen vor:

1. Das Ich stört den freien Abfluss der psychischen Energie; dies entspricht der psychischen Hülle, die die inneren Objekte enthält, der »Container«-Funktion, bei der man sowohl die Kapazität der psychischen Hülle, die den Verlust der inneren Objekte in einem grenzlosen Raum vermeidet, als auch ihre Kapazität, die inneren Objekte in einer kohärenten Gesamtheit untereinander zu binden, sehen muss.

2. Das Ich schützt die Psyche vor einem Zerbersten durch eine zu große Quantität der von der Außenwelt kommenden Energie; dies entspricht der Funktion »Reizschutz« der psychischen Hülle.

3. Das Ich grenzt durch seine »Urteils«-Funktion die Wahrnehmungswelt und die imaginäre Welt ab; dies entspricht der Rolle der psychischen Hülle als Grenze zwischen Außenwelt und innerer Welt.

4. Das Ich ist durch seine »Beachtungs«-Funktion empfänglich für die Reize, die aus der Wahrnehmung und aus den durch die Wahrnehmung erweckten Erinnerungen kommen; dies entspricht den Verbindungen der psychischen Hülle mit den Objekten der Wahrnehmungswelt durch ihre externe Seite und mit jenen der inneren Welt durch Ihre interne Seite.

5. Das Ich ist das Ergebnis einer Besetzung bestimmter Neurone durch eine vom Inneren des Körpers kommenden Energie, dies entspricht der Konstituierung der psychischen Hülle in Form einer Differenzierung der Oberfläche der Psyche im Kontakt zur Außenwelt. Somit kann man aus dem Ich des »Entwurfes«, einmal seiner neuronalen »Maschinerie« befreit, fünf Funktionen extrahieren: Container – Reizschutz – Abgrenzung der inneren psychischen Welt und der Wahrnehmungswelt – doppelte Verbindung mit der inneren Welt und mit der externen Welt – Oberflächendifferenzierung des Selbst. Man findet diese Funktionen in den Beschreibungen der Autoren wieder, die seit den sechziger Jahren die Konzepte des Containers (Bion), der psychischen Haut (Bick), dem »Haut-Ich« und der »psychischen Hülle« (D. Anzieu) eingeführt haben. Bion besteht auf die Container-, Verbindungs- und Abgrenzungsfunktionen. Indem er das Studium der »projektiven Identifikation« wieder aufnimmt, wird er dazu veranlasst, eine von ihm so genannte »Container / Contained« Beziehung (Learning from experience, 1962) zu defi-

nieren, die er als (♀/♂) notiert. Der Prototyp davon ist die psychische Beziehung des Babys zu seiner Mutter, welche durch die Beziehung zwischen dem Mund und der Brustwarze / Brust übertragbar werden kann. Das Kind projiziert in den psychischen Apparat seiner Mutter Elemente sensorischen Ursprungs, die Bion »ß-Elemente« nennt, es sind unvorstellbare Elemente, unfähig sich untereinander zu binden, gerade imstande sich zusammenzuballen, was der Autor den »ß-Schirm« nennt. Diese Elemente werden durch die Psyche der Mutter und ihre Fähigkeit zur rêverie modifiziert, sodass sie vorstellbar werden, sodass sie einen Sinn bekommen und sich untereinander binden können, um eine von Bion so genannte »Kontaktschranke« zu bilden, indem er einen Begriff des »Entwurfes« übernimmt, welcher eine halb durchlässige Membran bezeichnet, die die psychischen Phänomene in zwei, bewusste und unbewusste, Gruppen aufteilt.

Ohne die Theorie des Denkens von Bion weiterhin zu erläutern, unterstreiche ich die dynamische und organisatorische Rolle des Containers, der sich nicht mit einer passiven Funktion zufrieden stellt, sondern eine echte Umwandlung der psychischen Elemente durchführt. Der erste Container ist ein externes Objekt, die Brustspitze / Brust im Sinn von Klein; oder auch die »Fähigkeit zur rêverie« der Mutter. Die Umwandlung der ß-Elemente durch diesen externen Container ist eine Vorbedingung, damit das Kind in einen psychischen Raum vorstellbare Elemente projizieren kann. Die durch die α-Funktion gebildete Membran spielt eine ähnliche Rolle, wie die des Vorbewusstseins im ersten topischen Modell, aber Bion lässt uns dessen Entstehungsprozess verstehen, der notwendigerweise durch die Vermittlung eines haltenden äußeren Objektes geschieht. Er zeigt uns die dynamische Rolle der »geistigen Haut«, wie er sie im Jahre 1967 (*Second Thoughts*) nennt, das heißt eine Organisationsfunktion der Elemente der Psyche, während dessen das Vorbewusstsein Freuds eine hauptsächlich ökonomische Definition hatte.

Esther Bick definiert die »psychische Haut« in einem 1968 erschienenen Artikel. Das folgende Zitat fasst die ihr zugeteilten Funktionen zusammen:

> »Die These ist, dass die Teile der Persönlichkeit in ihrer primitivsten Form, gleichsam ohne innerlich-verbindende Kraft, empfunden werden, und folglich zusammen gehalten werden müssen, was sie durch die Haut als eine funktio-

nierende Grenze passiv erleben können; aber die innere Grenze, welche die Teile des Selbst beinhaltet, hängt ursprünglich von der Introjektion eines, zu dieser Funktion fähigen, äußeren Objektes ab. Später ersetzt die Identifikation mit dieser Funktion des Objektes den nicht integrierten Zustand und gibt zu der Phantasie von inneren und äußeren Räumen Anlass. Nun ist die Phase erreicht, in der die erste Spaltung und Idealisierung von Selbst und Objekt, wie von Melanie Klein beschrieben, erfolgt. Solange die enthaltenden Funktionen nicht introjiziert wurden, kann das Konzept eines Raumes innerhalb des Selbst nicht erscheinen. Die Introjektion, d. h. die Konstruktion eines Objektes in einem inneren Raum, ist folglich gestört. Ohne diesen Raum wird die Funktion der projektiven Identifikation notwendigerweise und unablässig weiter bestehen (unter der Annahme, dass das Konzept eines Raumes innerhalb des Objektes sich entwickelt hätte), und alle sich daraus ergebenden Identitätsverwirrungen werden offenbar. Gegenwärtig kann man feststellen, dass diese Phase der primären Spaltung-und-Idealisierung des Selbst und der Objekte auf diesem Prozess der Anspannung des Selbst und des Objektes durch ihre ›jeweiligen Haut‹ beruht«.

Dieses Zitat definiert mehrere sehr verdichtete Funktionen »der psychischen Haut«:

– Sie enthält psychische Objekte sowohl im Sinne, sie daran zu hindern, sich unbeschränkt im Raum zu verbreiten als auch im Sinne, ihnen Verbindungen untereinander zu erlauben. Dieser letzte Aspekt der psychischen Haut differenziert die wahre psychische Haut von »der zweiten Haut«, die nur eine Sammlungsmacht der Teile der Persönlichkeit hat, ohne diesen Verbindungsaspekt zwischen diesen Teilen aufzuweisen.

– Die Funktion des Reizschutzes wird von Bick nicht eindeutig erklärt. Jedoch kann man darin ein Äquivalent in der Rolle der psychischen Haut für die Schaffung der ersten Spaltung-und-Idealisierung des Selbst und des Objekts sehen, die in der Theorie von Melanie Klein die Rolle des Schutzes der inneren Welt gegenüber jedem nicht assimilierbaren Eindringling spielt.
– Die Abgrenzungsfunktion zwischen innerer Welt und Außenwelt wird durch den Satz deutlich beschrieben: »Solange die containenden Funktionen nicht introjiziert wurden, kann das Konzept eines Raums innerhalb des Selbst nicht erscheinen«.

– Es erscheint mir, dass die beiden letzten Aspekte des Ichs im »Entwurf«, die ich hervorgehoben habe: nämlich die Verbindung des Ichs durch seine interne Seite mit der intra-psychischen Welt und durch seine externe Seite mit der Wahrnehmungswelt und der Bildung des Ichs durch Differenzierung der Oberfläche der Psyche, von Esther Bick zusammengefasst werden, indem sie sagt, dass der früh entwickelte Prozess der Anspannung des Selbst und des Objektes durch ihre jeweiligen Häute erfolge.

D. Anzieu hat in seinem Hauptartikel von 1984 dem »Haut-Ich« zunächst drei Funktionen zugestanden: »Eine containende und vereinheitlichende Hüllenfunktion des Selbst, eine Reizschrankenfunktion der Psyche, eine Filterfunktion bezüglich der Austausche und die Einschreibungsfunktion der ersten Spuren ...«. Er hat später andere Funktionen differenziert. So gesteht er 1984 dem »Haut-Ich« sieben Funktionen zu:

1. Eine Halte-Funktion der Psyche, dies entspricht dem, was Winnicott »Holding« genannt hat: Das »Haut-Ich« ist ein Teil der Mutter – insbesondere ihre Hände – die verinnerlicht worden ist, und die das Funktionieren der Psyche wenigstens im Wachen aufrechterhält, genauso wie die Mutter in dieser selben Zeit den Körper des Babys in einem Einheits- und Festigkeitsstand aufrecht erhält.
2. Eine Containerfunktion: »Ebenso wie die Haut den ganzen Körper einhüllt, zielt das Haut-Ich darauf ab, den ganzen psychischen Apparat einzuhüllen, ein Anspruch, der sich später als missbräuchlich erweist, jedoch zu Beginn notwendig ist. Das Haut-Ich wird als Rinde dargestellt, das Es als triebhafter Kern: Jeder der beiden Begriffe benötigt den anderen. Das Haut-Ich ist nur dann ein Container, wenn er Triebe beinhalten kann, um diese in Körperquellen zu lokalisieren und später zu differenzieren«.
3. Eine Reizschutz-Funktion.
4. Eine Individuations-Funktion: »Das Haut-Ich gewährleistet eine Individuationsfunktion des Selbst, die diesem das Gefühl gibt, ein einmaliges Wesen zu sein.«
5. Eine Intersensorialitätsfunktion, die zur Konstitution eines »gemeinsamen Sinns« führt: »Das Haut-Ich ist eine psychische Oberfläche, die Empfindungen verschiedener Natur untereinander verbindet, und die

sie als Darstellungen auf dem primären Grund der Tasthülle erkennen lässt«.
6. Eine Funktion in der Unterstützung der sexuellen Erregung: »... auf deren Grund sich die erogenen Zonen lokalisieren lassen und der Geschlechtsunterschied wichtig wird«.
7. Eine libidinöse Auffüllfunktion, die Anzieu mit einer Funktion der Einschreibung der sensorischen Tastspuren verbindet. In seinem 1985 erschienen, neuen Werk über das Haut-Ich differenziert er noch zwei andere Funktionen:
8. Eine Funktion der Einschreibung der sensorischen Tastspuren, die von nun an deutlich von der libidinösen Auffüllungsfunktion differenziert wird. Er bringt diese Funktion mit dem von P. Castoriadis-Aulagnier 1975 vorgeschlagenen »Piktogrammskonzept« und mit dem von F. Pasche 1971 vorgeschlagenen »Gedankenschild« in Verbindung, so wie mit der von Winnicott 1962 beschriebenen Funktion vom Übergangsobjekt.
9. Eine Selbstzerstörungsfunktion: »... negative Funktion des Haut-Ich, eine Gegenfunktion gewissermaßen im Dienst von Thanatos ...«.

III. Schlussfolgerung

Um Genauigkeit bemüht, erschien es mir notwendig, die Studie des Konzeptes der psychischen Hülle auf eine möglichst formale Art zur Sprache zu bringen. Jedoch wünsche ich mir, dass dieser Formalismus den Reichtum und die Reichhaltigkeit dieses Konzeptes nicht verbirgt. Es ist oft so an den Schnittstellen mehrerer Erfahrungsfelder oder mehrerer Wissensgebiete, dass neue Tatsachen oder neue Ideen auftauchen. Die psychische Hülle ist von Natur aus an den Grenzen verschiedener individueller psychischer Räume angesiedelt, was aus ihr eine komplexe und reiche Struktur macht. Das Konzept selbst liegt ja auch an der Kreuzung verschiedener analytischer und epistemologischer Felder, was zweifellos ihre Reichhaltigkeit ausmacht. Ich werde nur diese verschiedenen Felder ansprechen.

In der Einzelbehandlung, sei es bei Kindern, Jugendlichen oder Erwachsenen, subsumiert das psychische Hüllenkonzept sowohl die analytischen Aspekte der mentalen Funktion des Analysanden, die Aspekte des analytischen Rahmens, als auch die Aspekte der Gegenübertragung.

Die Ausdehnung der Psychoanalyse auf die Gruppensituation, auf Familientherapie, auf Institutionen, konfrontiert den Analytiker mit neuen Aspekten des psychischen Funktionierens, die dazu führen, überindividuelle, Gruppen-, familiäre, institutionelle psychische Hüllen zu definieren. Es ist zweifellos kein Zufall, wenn wir eine allgemeine Strömung des modernen Denkens erleben, die gewissermaßen an eine vorsokratische Philosophie anknüpft, indem sie sowohl die positivistische Einstellung des letzten Jahrhunderts als auch den starren Strukturalismus in der ersten Hälfte dieses Jahrhunderts wieder in Frage stellt. Indem man sich für die Fluktuationen der psychischen Phänomene, für die sie begrenzenden Wellenkämme der dynamischen Systeme, und für die Verformungen der Schnittstellen zwischen psychischen Räumen, die daraus entstehen, interessiert, folgt die Psychoanalyse nur dieser Strömung. Es handelt sich um eine Bewegung des Verzichts, in der der Geist akzeptiert, die Beherrschung seines Kenntnisobjektes zu verlieren, um sich durch das Unerwartete überraschen und durch die Änderung befragen zu lassen.

Das deduktive Ideal im Programm von Hilbert (1917), das durch das Gödelsche Theorem von 1931 zerstört wurde, wurde durch theoretische Modelle, öfter mehr beschreibender als erklärender Art, ersetzt, die jedoch die unendliche Vielfalt der Formen und der Ereignisse aufblitzen lassen, ohne sie in einem engen Determinismus einzuschließen: Die Chaos-Theorien[21], die Theorie der Turbulenzen mit ihren seltsamen Anziehungspunkten[22], die Theorie der fraktalen Objekte[23], die Ordnungstheorie durch Fluktuation[24]. Psychoanalyse hat dazu beigetragen, die Menschen auf diese epistemologischen Erschütterungen vorzubereiten, es ist nur gerecht, dass sie jetzt deren Früchte erntet.

Anmerkungen

1   »Ein Fall von hypnotischer Heilung«, »Einige Betrachtungen für eine Vergleichsstudie der motorischen, organischen und hysterischen Paralysen«, »Charcot«.
2   »Die Abwehrpsychoneurosen«.
3   Im französischen Originaltext »contenir« = »beinhalten«, »zurückhalten«, »beherrschen«, »in Zaum halten«. Hier parallel zum Bionsches Konzept des Containers übersetzt.

4 Freud, S. (1885): GW, Nachtragsband S. 423, 2. Absatz.
5 In the standard Edition of the complete psychological works of Sigmund Freud, Vol. 1. 1981, S. 283–293. London (The Hogarth Presse).
6 In der englischen Übersetzung von Freud wird der Begriff »Es« mit »Id« bezeichnet. Die Begriffsverwendung erfolgt hier parallel zu Strachey.
7 Freud, S. (1923): Das Ich und das Es. G.W. XIII, S. 253.
8 Lacan bezeichnet mit AZ den Stickstoff als chemische Formel, von der man weiß, dass das Symbol N ist.
9 »Cadre psychanalytique et enveloppes psychiques«. In: Journal de la Psychoanalyse de l'enfant 2, 1986, S. 12–24.
10 »On countertransference«. In: Int. J. Psycho-Anal 31, 1950.
11 »Interprétation: métaphore ou analogie«. In: Journal de la Psychoanalyse de l'enfant 1. 1986, S. 159–173.
12 »Le monde tourbillonaire de l'autisme. In: Lieux de l'enfance 3. 1985. S. 169–183.
13 »Le monde tourbillonaire de l'autisme« (op.cit.).
14 D. Anzieu hat kürzlich das Haut-Ich als sensible Oberfläche beschrieben, fähig Spuren und Eintragungen unter dem Namen »Traumfilm« zu speichern. In: Das Haut-Ich. 1985. Paris (Dunod).
15 »Esquema corporal psycotico«. In: Psicoanalisis 4. 1982, S. 383–404. »Hypochondrias somatic delusion and body scheme in psychoanalytic practice«. In: Int. J. Psycho-Anal 65. 1984, S. 377–387.
16 The development of »I ness« in Autistic barriers in neurotic patients. London,1986, (Karnac Books), S. 215–236.
17 »L'unification des forces fondamentales. In: La Recherche 148. 1983, S. 1216–1224.
18 D. Houzel, L'évolution du concept d'espace psychique dans l'œuvre de Mélanie Klein et des ses successeurs. In: Mélanie Klein aujourd'hui. Lyon (Cesura Press) 1985, S. 123–138.
19 »The experience of the skin in early objects relations«. In: Int. J. Psycho-Anal 49. 1968, S. 484–486; übersetzt fr. Haag, G. & M.; Iselin, L.; Maufras du Chatellier, A. & Nagler, G. (1980). In: Explorations dans le monde de l'autisme. D. Meltzer und Kollegen. Paris (Payot).
20 In der differenziellen Geometrie beschreibt man als Hülle eine Familie von Geraden, die, von einem Parameter abhängig, von einer gemeinsamen Tangente berührt werden.
21 Thom, R. (1972): Stabilité structurelle et morphogenèse. Paris (Ediscience). Modèles mathématiques de la morphogenèse. Paris (Christian Bourgeois) 1980.

22 Ruelle, D. & Takens, F. (1971): On the nature of turbulence, communications in mathematical physics 30. S. 167.
23 Mandelbrot, B. (1985): Les objets fractals: forme, hasard et dimension. Paris, (Flammarion), 2. Ausgabe.
24 Prigogine & Stengers, I. (1979): *La nouvelle alliance*. Paris (Gallimard).

Literatur

Anzieu, D. (1975): L'auto-analyse de Freud. Paris (P. U. F.).
Anzieu, D. (1976): L'enveloppe sonore du Soi. In: Nouvelle Revue de Psychanalyse 13, S. 161–179.
Anzieu, D. (1985): Le Moi-Peau. Dt.: Das Haut-Ich. Übs. v. Meinhart Korte u. Marie-Hélène Lebourdais-Weiss. Frankfurt a. M. (Suhrkamp) 1991.
Bick, E (1968): The experience of the skin in early object-relations. In: International Journal of Psycho-Analysis 49, S. 484–486.
Bion, W. R. (1962): Learning from Experience. Dt. Lernen durch Erfahrung. Frankfurt (Suhrkamp) 1990.
Bion, W. R. (1970): Attention and Interpretation. London (Tavistock).
Castoriadis-Aulangnier, P. (1975): La violence de l'interprétation. Paris (P.U.F.).
Lacan, J. (1978): Le séminaire, livre II, Le Moi dans la théorie de Freud et dans la technique de la psychanalyse. Paris (Le Seuil).
Schur, M. (1966): Some Additional »Days Residues« of the »Specimen Dream of Psychoanalysis« In: Loewenstein, R. M.; Newman, L. M.; Schur, M. & Solnit, A. T.: Psychoanalysis – a General Psychology. New York (International Universites Press).
Winnicott, D. W. (1953): Transitional objects and transitional phenomena: a study of the first not-me possession. In: I J Psycho-Anal 34. S. 89–97.
Winnicott, D. W. (1960): Ego distortions in terms of true and false self. In: Winnicott, D. W.: The Maturational Process and the Facilitating Environment. London (Hogarth Press).
Winnicott, D. W. (1971): Playing and Reality. London (Tavistock).

Die Hysterie als Erregungshülle

Annie Anzieu

Zu den Merkmalen der Hysterie gehört die Erregbarkeit. Ein anderes ist die Verdrängung des Sexualtriebs. Diese Situation könnte widersprüchlich erscheinen, wenn Freud und seine Nachfolger nicht immer neue Erklärungen dazu geliefert hätten. Der Hysteriker präsentiert sich gewissermaßen wie eine erregbare Oberfläche, deren Inhalt nicht der Erregung zu entsprechen vermag, obwohl dieser Inhalt selbst eine Quelle intensiver Erregung ist. Die Wirkung der früh eingetretenen Verdrängung ist eine Spaltung zwischen diesen beiden Erregungsformen. Das Innere kommuniziert nicht mit dem Äußeren. Der Körper des erwachsenen Hysterikers funktioniert wie sein psychischer Apparat: die Kommunikationen zwischen den Sinnesempfindungen und der Lust [*plaisir*] sind abgeschnitten. Die Oberfläche ist vom Inneren durch eine Leere getrennt. Diese wird sowohl durch die Verdrängung als auch durch die infantile Amnesie und durch schlecht in das Ich integrierte Differenzierungsprozesse erzeugt. Bekanntlich ist der Säugling ganz von seinen Identifizierungen mit der Mutter eingenommen, also von der Dialektik der Projektionen und der Objektverinnerlichungen. Nach Melanie Klein entstehen in den ersten drei Lebensmonaten bei beiden Geschlechtern ausschließlich weibliche Identifizierungen.

Meine klinische Erfahrung hat mir folgenden Gedanken nahe gelegt: Wenn die Mutter depressiv ist, wird der Charakter eines ihren Projektionen ausgesetzten Säuglings in seiner Struktur davon beeinflusst, wie die Mutter auf ihre Depression reagiert. Vor allem kann die Form der mütterlichen Abwehr gegen die Depression beim Baby eine übermäßige Besetzung der mit den inneren Erregungen verwechselten Sinneserregungen hervorrufen, ohne dass das noch nicht genügend reife Ich dieses Übermaß an Erregung zu integrieren vermag. In diesem Fall kann das Kind eine Erregungshülle herausbilden, in der es gefangen ist und sich getrennt entwickelt. Freud sagt, dass die vergeblichen Erregungen »eine allgemeine Angstbereitschaft erzeugen« (Freud 1926, Kap. IV [G. W. XIV, 138]).

1. Der Hysteriker und seine Mutter

Ursprünge der hysterischen Abwehr

Wenn bei einer analytischen Behandlung Assoziationen auftreten, die anzeigen, dass zwischen dem Körper und dem Denken eine unkontrollierbare Kommunikation stattfindet, die oft abgeschnitten, unangemessen, sprunghaft und scheinbar unlogisch ist, kann ein Teil dessen ausgemacht werden, was die hysterischen Abwehrmechanismen bildet. Die von den ersten Einsichten in Gang gebrachte Rekonstruktionsarbeit und die darauf folgende teilweise Aufhebung einiger Verdrängungen erlauben es, eine erste Vorstellung von der dynamischen Strukturierung der hysterischen Abwehrvorgänge ausgehend von ihren psychogenetischen Ursprüngen zu gewinnen. Gegen was, gegen welche Angst hat der Hysteriker seine Abwehrhaltungen aufgebaut? Wie kann eine »Erforschung der Mechanismen, die die klinischen Phänomene erzeugen« (Meltzer 1980) aussehen? Welche Energiequelle verschafft diesen Kranken ihre offensichtliche Lebenskraft?

Freud (1913) vermutet, dass bei der Zwangsneurose die Ich-Entwicklung der Libidoentwicklung vorauseilt. Ich will diese Perspektive aufgreifen und mit S. Lebovici (1974) annehmen, dass man beim Hysteriker ein Vorauseilen der Libidoentwicklung gegenüber der Ich-Mechanismen feststellen kann. Man kann übrigens statt vom Vorauseilen auch vom Überwiegen sprechen, wenn man bedenkt, dass genetisch frühe Prozesse (frühe Identifizierungen, primäre narzisstische Besetzungen) in der ödipalen Phase wieder aufgegriffen und in der Pubertät erneut besetzt werden.

Meine Neugier und mein Wunsch, zu rekonstruieren und, wenn möglich, zu heilen, lassen mich danach suchen, welche Wurzeln sich an der Basis des hysterischen Charakters und seines Leidens verflochten haben. Vielleicht ist es einfach schwer vorstellbar, dass es beim Hysteriker keine psychische Vermittlung zwischen der Erregung und dem Symptom gibt. Man kann deshalb vermuten, dass die Erregung direkt das Symptom erzeugt, das deren ausagierte Abfuhr ist. Als Freud versuchte, die Ursprünge der Hysterie zu verstehen, maß er der Angst eine besondere Wichtigkeit bei. Er stellte fest, dass die vom Hysteriker aufgebaute Abwehr zwei Modalitäten kennt: Die Verschiebung der Angst kann entweder im Körper stattfinden, dann handelt es sich um eine Konversionshysterie; oder sie kann sich auf äußere Objekte beziehen, dann handelt es sich um eine Phobie oder Angsthysterie.

Der Hysteriker bietet deshalb das Bild einer Person, die an Symptomen leidet, welche eine große Angst anzeigen, deren Ursprung jedoch verdrängt ist. Die Verdrängung schützt das Ich davor, sich der Unzufriedenheit oder der Misserfolge bewusst zu werden, die mit der Verwirklichung der Libido zusammenhängen. Das Symptom leitet die Libido um und führt zu einer Unlust [*déplaisir*], welche die Libidolust [*plaisir libidinal*] ersetzt und beschützt. Das Symptom bleibt also die Befriedigungsquelle aufgrund des Umwegs über die Verführung, die zu der – natürlich mehr oder weniger illusorischen – Beherrschung eines Wunschobjekts führt [*objet de désir*].

Trotzdem gilt: »Die Angst hat eine unverkennbare Beziehung zur Erwartung, sie ist Angst vor etwas. Es haftet ihr ein Charakter von Unbestimmtheit und Objektlosigkeit an« (Freud 1926, Zusätze, [G. W. XIV, 197–198]). Wir können deshalb versuchen, genauer zu bestimmen, was das abwesende Objekt sein kann und welche Formen es beim Hysteriker annimmt, um uns dem Ursprung der Verdrängung und der Geburt des Symptoms zu nähern.

Frau G.

Der Bezug auf die klinische Praxis erlaubt es uns zuweilen, gewisse Anfangsmomente der Neurose zu erfassen. So ist die noch nicht dreißigjährige Frau G. das, was man früher eine große Hysterikerin genannt hätte. Dennoch zweifle ich oft, ob ich sie nicht eher für psychotisch halten sollte. Ihr jüngerer Bruder hat nicht die Chance gehabt, dieses Risiko vermeiden zu können. Mit ihrem infantilen und mysteriösen Charme, ihrer Ponyfrisur, ihren sehr langen Haaren, langen und engen Röcken, ihren luftigen Mänteln und Schals und ihrem Gebaren als kleines Mädchen deklamiert sie, mit ihrer etwas schrillen Stimme, ihre somatischen Beschwerden jeder Art lächelnd und unter ständigen Vorwürfen; nach einiger Zeit spricht sie vor allem von der massiven Angst, die sie bei der Vorstellung irgendeines Kontakts befällt.

Soweit ich es habe verstehen können, ist ihre Mutter manisch-depressiv oder melancholisch. Frau G. erinnert sich an den Blick ihrer Mutter in ihrem Krankenbett: ein leerer Blick, der sich auf nichts fixierte und das Kind bestürzte. Das Hauptmerkmal ihres Vaters ist es, abwesend zu sein und andere Frauen zu haben. All ihre Erinnerungen zeigen an, dass sie seit ihrer Geburt gelitten hat, und zwar sowohl wegen der tiefen Depression als auch wegen der manischen und erotischen Abwehrmechanismen ihrer Mutter. Von der allerfrühesten Kindheit an wurde sie von dieser Mutter gezwungen, sich nicht zu bewegen. Ihr wurde brutal gesagt, dass sie ihre Mutter ins Grab bringe. Ihr wurde vorgeworfen, sie sei nur auf die Welt gekommen, um ihre Mutter zu quälen. Die seltenen Aufenthalte ihres Vaters zu Hause haben das innere Feuer, das sie stets verspürte, nur noch weiter angefacht. Sie hat sich trotzdem von verschiedenen Hautausschlägen befreit. Jedes Mal, wenn sie zu mir kommt, findet sie »ihre« Kolopathie wieder, von der sie mit aggressiver Lust [*jouissance*] spricht. Sie ist arbeitslos, da sie nicht in der Lage ist, sich an einem Arbeitsplatz vorzustellen. Niemals kann sie selbstsicher auftreten. Alles ist schwierig und verlangt große Anstrengung von ihr, sie zittert oft, ihre Hände werden lahm und sie lässt fallen, was sie in der Hand hat.

Sie ist verheiratet und behauptet, dass ihr Mann meistens impotent sei. Aber sie widerspricht sich oft, denn wenn sie genug kritischen Geist aufweist, erkennt sie ihre Verweigerungshaltung und ihre Frigidität an. Nach einiger »Analyse«-Zeit (ich empfange sie von Angesicht zu Angesicht) schwankt sie zwischen dem Wunsch, etwas zu ändern und aktiv zu sein und dem Widerwillen oder dem Nicht-Wunsch, sich in irgendetwas einzubringen. Trotzdem ist sie intelligent, feinsinnig, gebildet und hat studiert. Aber sie hat es nicht vermocht, den Wandel zu akzeptieren, den der Studienabschluss und die Ehe in ihrem Leben bewirkt haben. Sie kann sich nicht vorstellen, ein Kind zu bekommen, das bei ihr Objekt vieler Verfolgungsprojektionen ist. Sie ist sichtlich identifiziert mit dem die Mutter zerstörenden Kind, mit dem ihre eigene Mutter sie, wie sie selbst sagt, »gezeugt« [*inséminé*] hat. In ihrer Übertragungsbeziehung zu mir ist die sichtbarste Äußerung die starke Angst, die sie bei jeder Trennung verspürt (sogar in der Pause der Stunden): Sie befürchtet, die Stütze und das Wunschobjekt [*objet de désir*] zu verlieren, zu dem ich werde und das sie nach und nach verinnerlicht. Nicht weniger offensichtlich ist das erneute Auftreten der somatischen Beschwerden, wenn sie mir wieder begegnet und voller mehr oder weniger direkter Vorwürfe ist. Nach und nach erscheint auch die unbewusste Befürchtung, mit mir von einer möglichen sexuellen Lust [*jouissance*] sprechen zu müssen, die vielleicht unbewusst mit mir geteilt wird. Eine primäre homosexuelle Übertragung tritt auf, die mir fundamental scheint, um dieser Frau zu helfen, ihre inneren Empfindungen neu zu besetzen. Es steht zu hoffen, dass sie bis zu frühen weiblichen Identifizierungen regredieren kann, was aber keineswegs sicher ist, denn die Adoleszenz scheint bei ihr solide phobisch-zwanghafte Abwehrmechanismen strukturiert zu haben.

Frau G. weist, wenn man die Freudsche Nosologie benutzt, die Symptome einer Konversionshysterie auf. Sie drückt sehr gut eine gewisse Beziehung zwischen ihren körperlichen Beschwerden und dem von ihr so oft verspürten Gefühl unüberwindbarer Angst aus, ihrer geringen Lust, außer Haus zu gehen, gewisse Sachen zu essen und Geschlechtsverkehr zu haben. Sie sorgt sich pausenlos um das Leben ihrer Eltern und verknüpft nach und nach Momente ihrer Angst mit den Sorgen, die ihre Mutter ihr stets bereitet hat. Sie ahnt und drückt es klar aus, wie grausam und beklemmend die Unterdrückung ihres kindlichen Bewegungsdrangs und ihrer ersten Wunschäußerungen gewesen ist.

Sie entspricht genau dem, was Éric Brenman (1985) als Hysterie beschreibt. Frau G. wirkt »extrem verrückt«, »plastisch«, »hysterisch«. Sie sagt von sich selbst, ein »schwammiges« Kind gewesen zu sein.

Hysterische Charakterzüge

Eine von Frau G.s Merkmalen ist in der Tat ihre Kontaktphobie. Das kann den leeren Blick der Mutter wachrufen, einen todbringenden Raum, vor dem das Baby sich schützt, indem es sich mit seiner ganzen Lebenskraft entfernt. Brenman spricht von der »hysterogenen« Mutter. Die so übermittelte Angst nimmt die Gestalt der Erwartung einer Katastrophe an, und das stimuliert eine muskuläre Bewegung, welche die Lebensgefühle wach hält. Freud hatte die Schwere der den Hysteriker erdrückenden Angst unterstrichen.

So kann man bei diesen Kranken ein Wechselspiel von mit Katastrophenbefürchtungen zusammenhängenden Verfolgungsängsten und physischen Todesängsten beobachten, die sich durch schmerzhafte Körperempfindungen äußern. Diese aus der Verinnerlichung der mütterlichen Depression hervorgegangene Angstbeziehung wird als die Hauptbeziehung zum Mutterimago bewahrt. Sie ist unter einer fiktiven Hülle aus manischer Erregung versteckt, die nach außen täuscht und oft ein falsches Selbst bildet. Das fröhliche Wesen, das ununterbrochene Sprechen, die mehr oder weniger erträgliche motorische Unruhe und die überschwänglichen Gefühlsbezeugungen sind spezifische Züge des hysterischen Charakters. Diese Charakterzüge werden benutzt, um das Gegenüber zu verführen und der hysterischen Person einen äußeren Charme zu verleihen, der die tiefe Depression maskiert, von der die Oberfläche gespalten ist. Es ist der Blick des anderen, der diese künstliche Ansammlung aufrechterhält. Wenn dieser Blick ausbleibt oder nicht der Erwartung entspricht, bricht der Hysteriker zusammen. Seine Pathologie kann sich dann häufig der Psychose nähern.

Bei Frau G. bemerke ich, wie bei den Personen mit klar ausgeprägtem hysterischen Charakter, einige gängige Züge:

- die intensive Sensorialität und die große affektive Sensibilität;
- die Erinnerung, im Lauf der Behandlung, an den mehr oder weniger ausgeprägt depressiven Charakter eines der Eltern, häufiger der Mutter, vor allem in den ersten Lebensmonaten des Kindes;
- das Gefühl, dass diese Personen eine besondere Schwierigkeit haben, ihre Triebimpulse zu verarbeiten;
- schließlich das frühe Auftreten von Beziehungsschwierigkeiten zwischen dem Subjekt und seiner mütterlichen Umgebung. Die Erregung ist aufgestachelt und dann unterdrückt worden, was einen starken Druck des Über-Ichs erzeugt, der in seinen positiven Anteilen die Erregung wie eine Notwendigkeit zu unterhalten, aber ansonsten dem Ausdruck dieser Erregung einen paradoxen Zwang aufzuerlegen scheint.

Aus all diesen Schwierigkeiten zusammen erwächst eine globale Übererregung, deren ödipale Besetzung meiner Meinung nach die hysterische Symptomatologie erzeugt, die man im Erwachsenenalter feststellen kann.

Das von einer liebenden, aber depressiven Mutter empfangene Neugeborene befindet sich in einer Situation, die direkt auf die Entstehung und die Art seines Narzissmus einwirkt. Es sind deshalb besonders die depressiven Bewegungen der Mutter bei der Geburt eines Kindes, welche die Entstehung der hysterischen Ängste beeinflussen. Die Formen und die Intensität dieser depressiven Bewegungen variieren je nach der psychischen Struktur der Mutter. Es scheint, dass die Mutter des Hysterikers ihre Weiblichkeit und ihre Verführungswünsche intensiver als ihre Mutterrolle besetzt hat. Für eine Mutter mit einem solchen Charakter ist ihr Baby ein Lustobjekt [*objet de jouissance*], das ihr vor allem ein taktiles Vergnügen bereitet und eine Art Phallusersatz darstellt. Der Körper des so besetzten Babys erfährt also die diffuse und sehr erotisierte Erregung, die ihm seine Mutter übermittelt. Das Kind antwortet darauf im Allgemeinen mit einer unbezähmbaren Unruhe, die sich in Angstkrisen entlädt, und dann, einige Monate später, in einer Depression. Es liegt an den Qualitäts- und Intensitätsunterschieden dieser Depression, ob das Identifikationssystem des Babys dieses vielleicht zum hysterischen Charakter oder zur Hysterieneurose führen wird.

Wenn man auf die Theorien der Klein-Schule zurückgreift, kann man annehmen, dass der Projektions-, Introjektions- und Identifikationsprozess von den ersten Lebensmonaten an als Initialmoment der Ich-Bildung funktioniert. Das Kind, dessen Mutter depressiv ist, findet seine Anhaltspunkte in dem Spiegel, der laut Winnicott (1971) die Augen dieser Mutter sind, ein Spiegel ohne Wunsch [*désir*], da die Mutter depressiv ist. So geschieht es, dass die schwere mütterliche Depression beim Kind eine Psychose hervorrufen kann, und das ist es, was ich manchmal befürchte, bei Frau G. auftreten zu sehen. Im Falle einer minder schweren und von ausreichenden manischen Abwehrmechanismen kompensierten mütterlichen Depression hingegen sind gewisse Neugeborene vielleicht dazu veranlagt, hysterisch zu werden. Das Baby ist ein erregendes Objekt geworden und hat die Fürsorge für seine Mutter übernommen, die es durch seine Erregung am Leben erhalten hat.

2. Die mütterliche Depression

Céline

Céline ist zweieinhalb Jahre alt. Sie ist hübsch, lockig und spricht gut; ihr Blick ist lebhaft. Sie ist stets nervös und unruhig gewesen und gerät in Wut, sobald man ihr widerspricht. Seit jeher schläft sie nachts wenig, was für ihre Eltern eine Qual ist. Seit einiger Zeit schreit sie, wenn man sie auf den Topf setzt, wobei sie sehr gut erklärt, Angst vor den regelmäßigen Mustern des Fliesenfußbodens oder vor ein paar Wassertropfen auf dem Boden zu haben. Sie hat auch Angst vor den Wasserlachen draußen. Sie fürchtet sich davor, auszugehen. Gleichfalls seit einiger Zeit weigert sie sich oft zu essen, vor allem Fleisch. Die Mutter sagt mir errötend, dass sie, da sie vorher schon einen Sohn hatte, mit dem Baby Céline Puppe gespielt habe.

Während sie mir das erzählt, holt sie aus ihrer Tasche ein enormes Schinkenbrot, das sie ihrer Tochter reicht. Diese lehnt es ab und wendet den Kopf ab. Dann besinnt sie sich anders, nimmt das Brot und führt es zu meinem Mund. Ich beiße ab. Céline ist sehr überrascht und guckt mich tief an. Dann reißt sie zwei oder drei kleine Schinkenstücke heraus, die sie nacheinander zwischen meine Lippen steckt. Auf einmal lächelt sie, schmiegt sich stehend an mich, die sitzt, und isst das Brot ganz auf, wobei sie mir sagt: »Es schmeckt gut, nicht wahr?«. Offensichtlich bin ich keine Giftmörderin und das Brot nicht tödlich.

Ihre Mutter zeigt bei dieser Szene, so wie bei jedem unserer Gespräche, eine pathologische Besorgnis. Sie ermüdet mich mit ihren Klagen, ihrer Passivität, ihrer Lustlosigkeit, ihren Hemmungen und ihren zahlreichen somatischen, vor allem gynäkologischen Beschwerden, die sie einer Vielzahl von Ärzten vorträgt.

Célines Vater war mir schon beim ersten Besuch, den er mir abstattete, durch sein feminines und asthenisches Aussehen aufgefallen. Im Verlauf von Célines Psychotherapie entwickelte er eine Art Melancholie mit mystischen Zügen und verließ seine Familie, um in entfernte Länder zu reisen. Die Art und Weise, wie er damals sein Töchterchen streichelte, kam mir seltsam »unpassend« vor, aber ohne dass ich dabei irgendetwas Unziemliches feststellen konnte. Célines Erregung machte mir jedoch den Eindruck, dass sie wie eine Puppe reagierte, deren Mechanismus durch die von ihrem Vater hervorgerufene Erregung aufgezogen worden war. Sie wurde so ein Objekt aktiven Vergnügens für ihre Mutter, die ihr den Ort des phallischen Phantasmas zuwies.

Freud hätte im Falle Célines zweifelsohne von Angsthysterie gesprochen. Hier sprechen wir, mit Bezug auf die Eigentümlichkeit des Symptoms, von Phobie.

Wenn ein Kind Angst im Dunkeln hat, ist es dann nicht schon ein wenig hysterisch? Céline schläft nicht und stört den Schlaf ihrer Eltern. Ihre phobischen Ängste treten offen anlässlich von Flüssigkeiten auf, vor allem des Wassers, das aus ihrem sexualisierten Körper strömt, dessen so erregte erogene Öffnungen noch nicht differenziert sind. Es scheint, dass das Auftreten von Wünschen [*désirs*] und Befürchtungen ödipaler Art dabei ist, Symptome auf einem Terrain besonderer Erregbarkeit entstehen zu lassen, das von der Beziehung zwischen dem Kind, einem allzu weichen Vater und einer depressiven Mutter gebildet wird. Aufgrund der erogenen Konzentration der Erregung zwischen dem Kind und seiner Mutter wird diese nunmehr Schrecken erregend und kann ihrem Töchterchen weder als Erregungsschutz dienen noch als »Behälter« für ein psychisches Leben, das in Gestalt von Phantasmen auftaucht. Das neurotische Verhalten der Eltern erzeugt beim Kind eine Erregungshülle, die die Furcht vor dem toten Objekt und die Lust [*plaisir*] am erogenen Kontakt bedeutet.

Céline wirkt auf mich in gewissem Grade so, wie man sich Frau G. als Kind vorstellen kann: Das den Wünschen [*désirs*] einer Mutter und eines Vaters, die depressiv sind, unterworfene Mädchen kämpft mit all ihren Mitteln gegen diese Unterwerfung. Das Kind zeigte im Verlauf der Behandlung, dass der solide Teil seines Ichs sich um die mütterlichen Schwächen während der Abwesenheit des Vaters kümmerte, von dem sie jedoch ein genügend phallisches Imago [*image*] verinnerlicht hatte, um ihr als teilweise Stütze zu dienen.

Die mütterliche Depression tritt in zahlreichen Formen und mit vielen unterschiedlichen Merkmalen auf. Es ist offensichtlich, dass Célines Elternpaar und das von Frau G. nicht dieselbe Verteilung der Neurosesymptome zwischen den beiden Eltern aufweisen. Aber beide Mütter sind depressiv, Frau G.s Mutter bis hin zur Notwendigkeit mehrerer Krankenhausaufenthalte, während Célines Vater sich als melancholisch herausstellen sollte.

Meine Überlegungen lassen es mir als notwendig erscheinen, Quantität und Qualität der Depression zu unterscheiden, die das Kind verinnerlichen wird. Man qualifiziert gewöhnlicherweise die Depression als schwer oder leicht und schreibt so einem psychischen Zustand ein quantitatives Äußeres zu, obwohl er mir auf diese Weise ungenügend definiert scheint. Wenn ich versuche, die Beobachtungen zu systematisieren, die ich in der klinischen Praxis gemacht habe, kann ich sagen, dass die mütterliche Depression bei der Geburt eines Kindes gemäß drei Intensitäts- oder Schweregraden charakterisiert werden kann, die sehr unterschiedliche qualitative Merkmale einschließen. Diese Merkmale hängen im Wesentlichen von der Objektbeziehung ab, in die das Neugeborene von seiner Mutter eingefügt wird.

Die psychotische Depression

Bei der psychotischen Depression scheint die Angst den gesamten psychischen Raum der Frau eingenommen zu haben und nicht einmal mehr den für die Erwartung nötigen Raum frei zu lassen, von der Freud als dem Inhalt der Angst spricht. Im psychischen Raum der Mutter ist kein Zwischenraum frei für dieses kommende Objekt, das das Kind ist. Es bleibt »etwas« Abwesendes, das höchstens in einen Raum eingeschlossen ist, dessen Repräsentanz es hartnäckig intrauterin hält.

Die Depression dieses Typus von Mutter bietet das Bild einer anaklitischen Depression. Das Kind bleibt im mütterlichen Selbst wie eine Parzelle eingeschlossen und von diesem Selbst undifferenziert. Es ist von den Lebens- und Realitätsrepräsentanzen seiner Mutter als differenziertes Objekt ausgeschlossen. Das von einer Mutter in einer solchen Situation empfangene Kind läuft Gefahr, psychotisch zu werden. Es sieht sich mit der Notwendigkeit konfrontiert, sich von den mütterlichen Identifizierungen abzulösen, die aus ihm ein falsches verlorenes Objekt macht, ein Objekt, das keins ist und höchstens mit einer Parzelle eines schlecht umrissenen und unzentrierten Ichs identifiziert wird. Das bedeutet, hier das zu finden, was André Green später als Konzept der toten Mutter definiert hat. »Das Hauptmerkmal dieser Depression ist es, dass sie in Gegenwart des Objekts stattfindet, das selbst von einer Trauer eingenommen ist« (Green 2004).

Dem Kind wird es deshalb unendlich schwer fallen, ein eigenes Ich zu konstruieren, da es nach und nach dazu gelangen würde, sich von diesem eingeschlossenen Partialobjekt zu differenzieren, mit dem seine Mutter es ständig verwechselt. Deshalb werden seine frühen Abwehrmechanismen eher narzisstisch oder sogar psychotisch als hysterisch sein, weil es für das Kind, um zu überleben, notwendig ist, einen wesentlichen inneren Kern herauszubilden. Es handelt sich um Abwehrmechanismen zum psychischen Überleben; sie schließen das Ich in eine hypertrophische sensorische Hülle ein, die sich in Verfolgungsgefühle verwandeln kann.

Frau G. ließ mich diese Schwierigkeit befürchten, als sie sich fragte, ob sie nicht manchmal gewisse Bilder, die sie von ihrem Vater hatte, halluziniere. Oder als sie mir einen sehr einfachen Traum erzählte: Sie befand sich im Inneren einer undurchlässigen Kugel. Mich machte das sehr perplex, und erinnerte mich an Bions Ideen (1967, Kap. 4) zur Psychose: Spaltung und projektive Zerstückelung in der Identifizierung. Bei Frau G. bleiben die Identifizierungen partiell und voneinander gespalten in einem Ich, das geschlossen wie ein Ei ist und keine andere Beziehung zur Außenwelt hat als die Vision seiner Integrität. Etwas für das Ich Unheilbares. Aber zweifelsohne bewahrt Frau G. anderswo einen nicht-psychotischen Teil ihrer Persönlichkeit auf, der imstande ist, den am schwersten erkrankten Teil einzubeziehen und ihm zu helfen. Dass sie »ein Stück des Es (Trieblebens) unterdrückt« unterscheidet sie, Freud (1924 [G. W. XIII, 363]) zufolge, vom Psychotiker.

In dem Falle, dass die Mutter unfähig ist, die körperliche Trennung bei der Geburt zu verarbeiten und sie das Kind mit einem unersetzbaren Inhalt identifiziert, ohne Distanz und ohne Fügungsraum, bleibt das Kind in derselben Weise in die mütterlichen Vorstellungen eingeschlossen. Die Trennung wird verleugnet. Das psychotische Kind hat keinen eigenen psychischen Raum, weil seine Mutter das in ihrem inneren organischen Raum enthaltene Objekt nicht von dem Objekt hat unterscheiden können, das sie nach außen evakuiert hat. Die intrauterine Bewohnung hat sich nicht in mütterliche Fürsorge verwandeln können. Ein achtjähriges Mädchen machte bereits diesen Unterschied im Lauf seiner Therapie und sprach vom Bauch ihrer Mutter als einer »Babyschachtel«, während sie dem Kopf den Ausdruck »Denkschachtel« vorbehielt.

Die narzisstische Depression
Mireille und die kleine K.

Mireille ist noch nicht dreißig. Sie hat eine lange Magersucht hinter sich, bei der man Spuren eines Verlassenheitssyndroms sieht und die ihr den Geschmack des Lebens sehr bitter erscheinen lässt. Verheiratet, lustlos, ohne großen Einsatz in ihrem Beruf, macht sie ihre permanente Amenorrhö für ihre Sterilität verantwortlich, die sie noch mehr entwertet: Ihre Brüder und ihre Schwester haben alle Kinder.

Nach einigen Analysejahren, im Lauf einer langsamen Evolution hin zu positiveren narzisstischen Gefühlen, wird Mireille schwanger. Sie kann kaum daran glauben, und ich genauso wenig.

Als die kleine K. geboren wird, wird sie von Mireille mit einem leidenschaftlichen Enthusiasmus empfangen, bei dem ich zu bemerken glaube, dass die junge Mutter völlig mit diesem Kind identifiziert ist, das sie sehr schnell exzessiv erotisiert. Sie vertraut mir nach einiger Zeit an, sehr depressiv zu sein, weil ihr Mann sich sowohl von ihr als auch von der kleinen K. zurückgezogen habe. Es fällt ihr ausgesprochen schwer, ihre bereits vorher nur schwach ausgeprägte weibliche Identität wieder aufzugreifen, die nunmehr in der primären und unbegrenzten Liebe verloren ist, die sie mit K. austauscht.

Viele Monate lang ist und bleibt K. das einzige Libidoobjekt, für das sich Mireille wirklich interessiert.

Ich hatte zwei Jahre lang häufig Gelegenheit, K. zu begegnen, denn Mireille zwang mir lange ihre Gegenwart während der Stunden unter dem Vorwand auf, sie zu stillen und sich deshalb nicht von ihr trennen zu können, »aufgrund der Uhrzeiten, die ich ihr für ihre Stunden auferlegte«. Dann kam die unmögliche Entwöhnung; K. lehnte jede andere Nahrung als die Mutterbrust ab. Schließlich weigerte sich K., sich von ihrer Mutter zu trennen und zu laufen, während die Mutter abwesend war – als ob ihr schwindlig wäre. Beinah zwei Jahre waren nötig, um Mireille dazu zu bewegen, etwas Abstand von ihrer Tochter zu gewinnen und ihre Ehebeziehung wieder zu besetzen. Während dieses Zeitraums schien mir die kleine K. bei unseren Begegnungen und durch ihr Lächeln, ihre Seitenblicke und ihre Provokation mir gegenüber eine gewisse Zahl von Symptomen zu entwickeln, die mich an eine frühe Hysterie denken ließen: Nahrungsverweigerung, Erbrechen, Angst vor dem Vater und gleichzeitig aktive Suche nach ihm, dann Schwindelanfälle und wiederholte Mittelohrentzündungen. Die Libidolust [*plaisir libidinal*] wurde schmerzhaft bei ihrem Austausch mit der Mutter. Zum Glück gelang es dieser, ihre Depression, die ich narzisstisch nenne, zu überwinden.

Ich glaube in der Tat, dass ich, dank Mireilles Mutterschaft während ihrer Analyse bei mir, eine Art von Depression habe charakterisieren können, die bei der narzisstischen Frau anlässlich der Geburt eines Kindes auftritt. Dass es in diesem Fall eine Tochter war, ist zweifelsohne nicht unwichtig, aber andere ähnlich gelagerte Fälle haben diese Beobachtung schließlich bestätigt.

Die Mutter leidet, je nach der Brüchigkeit ihrer narzisstischen weiblichen Struktur, mehr oder weniger schwer unter der Trennung von einem phallischen Objekt, dessen fleischlichen Besitz sie monatelang besetzt hatte. Es ist also nicht weiter erstaunlich, dass diese Trennung eine Depression hervorruft, die man als reaktionell oder auch als reaktiv bezeichnen kann, eine infantile präödipale Depression, die mit entwertenden Kastrationsgefühlen einhergeht: der Verlust eines Teils ihrer selbst, der eine beschützende Megalomanie aufrechterhielt.

Diese Elemente der Depression hängen eng mit den Aspekten des bereits eingehend studierten weiblichen Ödipuskomplexes zusammen sowie mit der Unterscheidung zwischen weiblichen und mütterlichen Anteilen in der Persönlichkeit der Frau und ihrer Harmonisierung. Sie rufen bei der Mutter eine libidinöse Überbesetzung des unter diesen Umständen geborenen Kindes und eine Körper-zu-Körper-Beziehung hervor, die das Kind übermäßig verführt und die libidinöse Erregung in Form einer Beherrschung von außen aufrechterhält.

Die Identifizierungen mit den mütterlichen Projektionen können bei der Übertragung hysterischer Patienten festgestellt werden, ebenso wie beim Inhalt ihrer Diskurse. Die Schwierigkeit des Patienten besteht darin, sich vom mütterlichen Partialobjekt, mit dem er identifiziert ist, zu differenzieren. Das Ich sucht seine Autonomie in dieser Differenzierung.

Frau G. erzählt mir eine Erinnerung aus ihrem fünften Lebensjahr: Ihr Vater hält ihre Mutter auf dem Bett fest und schlägt sie. Diese wollte sich aus dem Fenster stürzen. Das kleine Mädchen weinte sehr heftig in der Verwirrung einer solchen Szene. Sie weint auch jetzt, während sie davon erzählt. Sie drehte sich um und sah sich im Spiegel weinen. Sie überkam damals brutal das Gefühl, zu existieren, aber allein, für sich selbst. Sie weint jetzt häufig, um sich nicht mehr »durchsichtig« zu fühlen. Die überfließenden Tränen, während sie wie ihre Mutter auf dem Bett ausgestreckt liegt, bilden die Kindheitsszene nach. Der Analytiker ist kein flacher Spiegel, sondern ein nicht depressives Mutterimago [*image*], das die kindliche Not aufnimmt.

Wenn sie von ihrer Durchsichtigkeit spricht, meint Frau G. sicher die Durchsichtigkeit des Libidoteils ihrer Persönlichkeit: Ihre Symptome existieren, um die erogenen Merkmale ihres Körpers zu annullieren und die Möglichkeit zu befördern, dessen schmerzhafte Konsistenz anzuerkennen. Das Kokettieren als groß gewordenes Mädchen, das sie an den Tag legt, gibt der Zwiespältigkeit ihrer Person einen Wert. Frau G. scheint durch ihr wohlgepflegtes und zartes Aussehen einen oberflächlichen Unterschied zu ihrer Hexen-Mutter, so wie sie mir diese beschreibt, herstellen zu wollen. Aber sie bleibt passiv an diese Mutter gebunden durch ihre schmerzhaften Symptome.

Die Identifizierungsprobleme erschienen Freud als entscheidend für ein Verständnis der Hysterieneurose. Ich glaube, wie die Kleinianer, dass die Identifizierung ein mit der Objektbeziehung zusammenhängender Prozess ist, der in den ersten Lebenstagen einsetzt. Sobald das Kind der mütterlichen Hülle beraubt wird, treibt es die Lebensangst dazu an, diese Hülle um seinen Körper herum wiederzufinden. Diese Suche ermöglicht die Konstruktion eines unabhängigen psychischen Apparats. Die vielfältigen Facetten der Beziehung des Säuglings zum mütterlichen Körper und zu dem, was die Mutter bei dieser Beziehung verspürt, modellieren die Identifizierungsmöglichkeiten des Kindes und beeinflussen die Beziehungen mit dem Partialobjekt ab dem Beginn des extrauterinen Lebens. Die diffuse Sensorialität der ersten Tage wird von der mütterlichen Erogenität mit Wert besetzt und fixiert.

In dieser Hinsicht ist ein den hysterischen Patienten gemeinsamer Zug hervorzuheben, der sich auch in den beiden hier zitierten Fällen findet: die pathologische Empfindlichkeit der Mütter dieser Patienten für eine, sicherlich gleichfalls pathologische, Unruhe ihres Kindes. Als ob eine Angst von Mutter und Kind geteilt würde, eine Angst, die das Kind bei einer Mutter hervorruft, die sich selbst weder imstande fühlt, die Erregungen dieses Kindes zu »halten«, noch die Erregungen, die es bei ihr hervorruft. Die libidinöse Mutter-Kind-Beziehung funktioniert gemäß dem Modus der projektiven Identifizierung. Bion definiert sie in der Behandlung als den Vorgang, bei dem »der Patient einen Teil seiner Persönlichkeit abspaltet und ihn auf ein Objekt projiziert, wo er sich einrichtet, manchmal in der Rolle des Verfolgers, und die Psyche, von der er getrennt worden ist, entsprechend verarmt zurücklässt« (Bion 1967, Kap. 3). Die unzureichende Verdrängung bei der Mutter lässt im Ich eine Angst hochkommen, die mit Partialtrieben und alten reaktiven Phantasien zu tun hat. Die Mutter verspürt ihre Unfähigkeit, ihre inneren Objekte in ihrem Ich zu versammeln, und wird depressiv. Sie lockert deshalb ihre Verbindung mit dem Baby, das in dieser Situation einen von ihr abgespaltenen Teil darstellt. Man kann die Hypothese aufstellen, dass die so genannte postpartale Depression an dieser Reaktion teilhat. Der emotionelle Kontakt der Frau mit einem inneren Objekt, das neun Monate lang imaginär geblieben ist und plötzlich extern und materiell geworden ist, bringt eine Vielzahl von Libidokonflikten ins Spiel, für die es nicht unbedingt sichere und definitive Lösungen gibt.

Ohne pathologisch zu sein, kann das Problem der Trennung von Mutter und Kind bei der Geburt je nach den Umständen bei der Mutter archaische, mit dem Objektverlust zusammenhängende Ängste reaktivieren. Dieses Objekt kann partiell oder total sein und je nach dem Grad der Ich-Integration der Mutter variieren. Aber in der einzigartigen Situation des Gebärens ist die Mutter zwangsläufig vollkommen mit diesem Teil ihrer selbst, der aus ihrem Körper herauskommt, identifiziert. Während der Schwangerschaft nimmt das Kind den inneren Raum des mütterlichen Körpers ein, und die Mutter träumt ihr Kind als ein Objekt, das ihren psychischen Raum einnimmt. Es liegt Identität zwischen der Sache und dem inneren Objekt vor; diese Sache ist ein partielles Ich.

Wenn das Ich der Frau/Mutter keine genügend feste narzisstische Struktur aufweist, schließt die sich bei der Geburt in Gang setzende projektive Bewegung das Kind in den Teufelskreis der Depression ein.

Die vorübergehende Depression

Diese auf einer Trennung beruhende Beziehung weist – oft geringfügige – depressive Nuancen auf. Sie wird oft banalisiert oder bleibt in der Neugeborenenbehandlung und dem Alltagsleben ganz unbemerkt. Ich denke trotzdem, dass sie heutzutage mehr oder weniger ausreichend anerkannt ist, wie das rege Interesse bezeugt, das die gegenwärtigen Untersuchungen zum Thema der Geburt hervorgebracht hat.

Es kommt tatsächlich vor, besonders bei der Geburt des ersten Kindes, dass die Reaktion des Vaters eine Depressionsbewegung bei der Mutter hervorruft. Auch der Vater muss sein psychisches Gleichgewicht modifizieren durch das Spiel neuer Identifikationsbewegungen mit dem Kind und der Mutter: Verlassenheitsgefühle, zwanghafte Ablehnung, Aggressivität und Rivalität stellen seine Liebesbeziehung mit seiner zur Mutter gewordenen Frau in Frage.

Frau A.

Frau A. erzählt mir von ihrer sechzehnjährigen Tochter: sie erbricht sich oft, ist traurig, weigert sich auszugehen, hat kein Interesse an der Schule. Diese Mutter erzählt mir sehr bald, dass sie sich sofort nach der Geburt Colettes entwertet gefühlt habe: Ihr Mann ging oft ohne sie aus und nahm sich eine Geliebte. Ich glaube zu verstehen, dass sie eine Zeit lang depressiv war. Das Paar schien trotzdem gut zu funktionieren, und das Kind war sehr erwünscht und wurde gut empfangen. Frau A. »entschädigte sich« mit den Mutterfreuden und hat sich »in ihrer Tochter wiedergefunden«. Ihr Eheleben wurde erst nach mehreren Jahren und einem anderen Kind wieder glücklich. Aber sie hatte ihre vorübergehende Depression gut überwunden.

Damit die Frau bzw. Mutter die Verlust- und Trennungssituation, in der sie sich befindet, ertragen kann, ist es nötig, dass sie eine ausreichend stabile Beziehung zum totalen Objekt hat. Sonst werden ihre Projektionen auf das Kind zerstückelnd. Dieser Verlust kann ausgeglichen werden, wenn der Vater des Kindes der Frau beisteht. Diese teilnehmende liebevolle Präsenz stellt logisch das Gleichgewicht wieder her: Weiterhin Wunsch- und Liebesobjekt für den Mann zu sein kompensiert für die Frau den Wandel, den sie durchgemacht hat. Ein neues Gefühlsgleichgewicht muss hergestellt werden, das tiefgreifend die Objektbeziehungen zwischen den Ehepartnern modifiziert. Die Präsenz eines liebevollen Vaters bei der Mutter bietet dem Kind die eventuelle Möglichkeit, sich durch seine Mutter mit diesem stabilen phallischen Objekt zu identifizieren. So kann die »Erwartung« ausgefüllt werden, die laut Freud ein Teil der Depression ist und die, meiner Meinung nach, die mögliche aktive Seite des Lebenstriebes in der Depression und die eventuell benutzbaren manischen Abwehrmechanismen anzeigt. Die so dem Baby dargebotene psychische Hülle verteilt die Erregungen zwischen zweigeschlechtlichen und ausgeglichenen Identifizierungen.

Die Ätiologie der Hysterie

Die Geburt kann trotzdem, sowohl der Mutter wie dem Kind, als eine nicht wieder gut zu machende Verwundung erscheinen. Die Plötzlichkeit dieser Trennung erzeugt also eine unmittelbare Suche nach unverzichtbaren Abwehrmechanismen gegen die so mobilisierte Angst. Die von der Frau verspürte uterine Leere macht die völlig neue Besetzung eines inneren Objekts nötig, dessen Repräsentanzen ganz natürlich auf den Vater des Kindes übertragen werden können. Er sollte als Vermittler für dieses Objekt im Aufbau dienen können, das bei der Mutter der Gedanke an das Kind und das Kind selbst ist.

Wenn die unmittelbaren Kompensationen nicht gut genug funktionieren, führt der Verlust des Identifikationsobjekts, das das Kind als Träger verschiedener Besetzungen ist, bei der Mutter zu einer depressiven Bewegung und zu heftigen Entwertungsgefühlen. Es besteht die Gefahr, dass diese unmerklich dem Kind übermittelt werden, entweder direkt oder in Gestalt einer liebevollen oder aggressiven Gegenbesetzung zu Abwehrzwecken oder häufiger beides zusammen. Das von den mütterlichen Besetzungen eingenommene Kind reagiert darauf mit Identifizierungsprozessen, die seinen Narzissmus begründen. Wenn die Depression der Mutter es ihr nicht gestattet, dem Kind gegenüber ein ausreichendes Quantum positiver Triebenergie auszudrücken, kann das bei diesem die Entstehung des Allmachtgefühls verhindern, das zur Organisierung der ungeordneten Lebenstriebe notwendig ist.

Wenn die Mutter depressiv bleibt, obwohl die Verdrängung es ihr erlaubt hat, einen freien inneren Raum für das Kind herzustellen, ist dieser Raum voller Trauer: Trauer um ein phallisches Objekt. Es besteht die Gefahr, dass die Frau das Imago dieser Trauer auf den Mann, den Vater des Kindes, projiziert. Das Kind findet dann im Blick der Mutter das Imago des verlorenen Objekts wieder, das es für seine Mutter ist und das es seinerseits introjiziert. Die Liebeshülle verbleibt ihm, aber es wird selbst das unzugängliche Objekt des mütterlichen Begehrens [*désir*]. Freud sah 1896, in einem *Zur Ätiologie der Hysterie* genannten Text, den Ursprung der Hysterie in einer »frühen sexuellen Erfahrung«, die er für traumatisch hielt. Ich würde heute eher sagen: eine erotische, und vor allem eine orale Erfahrung. In der Dialektik von Besetzungen und Gegenbesetzungen können wir entdecken, was die Bildung der hysterischen Abwehrmechanismen beeinflusst, ohne dass das Trauma offensichtlich ist. Das schlechte Funktionieren des Introjektions-Identifikations-Prozesses erzeugt in der Tat ein kumulatives Trauma. Diese Dialektik erzwingt Besetzungen, die auf einem Austausch beruhen, der durch die Übererregbarkeit der Körper- und Psychenoberfläche vor sich geht. Dieses Austauschsystem führt beim Kind zu einer Art von Umkehrbarkeit des symbolischen Systems, das es konstruiert, einer Umkehrbarkeit, die dem symbolischen Repräsentanten eine Libidoladung verleiht, die der des repräsentierten Objekts gleich ist. Das Symbol wird gewissermaßen zur Hülle, die das unzugängliche Objekt enthält. Vielleicht sind die Worte, bei der hysterischen Funktionsweise, die vom Objekt abgelösten Hüllen, die ausreichen, um die Erregung heraufzubeschwören und neu zu schaffen. Das ist vielleicht auch eine der Bedeutungen des phobischen Objekts. Die Repräsentanz ist beim Hysteriker vielleicht nichts anderes als eine Hülle sensorischer Erregung, die vom Objekt abgelöst ist, das sie nicht mehr enthält oder das sie hermetisch umschließt. Das Objekt ist bloß ein äußerer Repräsentant der Emotionen und die symbolische (und nicht eigentlich objekthafte) Zielscheibe der Liebes- und Aggressionsprojektionen. Es scheint, dass man eine Verschiebung dieser Verdichtung der symbolischen Repräsentanzen im Traumreichtum der Hysteriker wiederfinden kann: die verdrängten Phantasien und die unterdrückten Affekte nehmen diesseits der Zensur und der neurotischen Amnesie Gestalt an. Der Hysteriker klammert sich an die »sinnlichen Qualitäten der Oberfläche der Dinge« (Bion).

So denkt auch G. Rosolato (1985, Kap. »Le signifiant sans interdit« [Der Signifikant ohne Verbot], S. 85): »Die Sprache wird zugunsten der Repräsentanzen beiseitegeschoben [...] Die hysterische Metapher hat die Aufgabe, die körperliche Ersetzung zu verwirklichen *und dabei das Unbekannte zu betonen,* und das gleichzeitig in zwei Richtungen: das Unbekannte der Sexualität für den Hysteriker selbst, und das Unbekannte *hinsichtlich des Wissens* des Beobachters [...]«.

Die vom Objekt hervorgerufene und für das Objekt bestimmte erotische Ladung wird auf symbolische Repräsentanzen des Objekts verschoben. Um das Objekt zu erreichen, muss das Subjekt der Zensur trotzen, deren Wirkung sich entweder in inneren Verschiebungen in seinem Körper in Gestalt von somatischen Symptomen äußert, die mit den Introjektionsphantasien zusammenhängen, oder in Verschiebungen auf äußere Objekte, die mit partiellen Identifikationsphantasien in Gestalt von Befürchtungen oder Phobien zu tun haben.

Das ist es auch, was J. Mac Dougall (1986) (wie mich hier) die Hypothese einer »archaischen Hysterie« aufstellen lässt, die »größere Aufmerksamkeit auf die Gefahr des psychischen Todes lenkt als auf die einer phallisch-ödipalen Kastration«. Auch J. Mac Dougall nimmt an, dass das »hauptsächlich die Folge der Konflikte und Widersprüche im Unbewussten der beiden Eltern ist«.

3. Die Erregungshülle
Ihre Widersprüche

Wenn die manischen Abwehrmechanismen einer depressiven Mutter unzureichend sind, dann besetzt sie ihren Säugling auf übertriebene Weise. Das Saugen, zum Beispiel, wird eine Beziehungsmodalität, deren erotische Intensität für das Kind das übersteigt, was es zu integrieren vermag. Die orale Erregung durch die Brustwarzen, die auch von der Mutter verspürt wird, fixiert auf die orale Zone Besetzungen, die später in Gestalt von Symptomen wieder auftreten. Die Ambivalenz mischt auf dieser Ebene Libido- und Destruktionskräfte in den ersten Neidgefühlen.

B. Grunberger hat die oralen Fixierungen des Hysterikers in einem 1953 erschienenen Artikel mit dem Titel »Oraler Konflikt und Hysterie« untersucht. Er schreibt dort: »Was meiner Meinung nach die ›ausgeprägte Tendenz zur oralen Regression‹ (Freud) bei der Hysterie erklärt, ist der Umstand, dass diese Neurose auf der *Identifikation* beruht, die aus der *Introjektion* hervorgeht, also aus der oralen Inkorporation«.

Ich bin zwar nicht mit der von ihm vorgenommenen hastigen Assimilation von oraler Inkorporation und Introjektion einverstanden, aber ich unterschreibe die im Rest seines Artikels getroffenen Feststellungen über das, was Meltzer die »Zonenverwirrung« nennen sollte. Es scheint mir in der Tat, dass einer der Hauptmechanismen der Hysterie in der erogenen Diffusion einer oralen Erregungsweise auf andere Körperteile besteht, vor allem auf die Hautoberfläche und die Öffnungen der Sinnesorgane, ohne dass die Grenzen und Unterschiede klar markiert sind.

Diese Bemerkung will ich mit dem verknüpfen, was mir eine Besonderheit der weiblichen Libidosensibilität scheint, nämlich die Besetzung der Körperöffnungen als erotische Orte des *Übergangs*. Die anhaltende Verwirrung zwischen Mund und Geschlechtsorgan hat damit zu tun und determiniert weibliche Perversionen und sexuelle Unfähigkeiten. Beim Mann offenbart sie eine Fixierung auf frühe weibliche Identifizierungen und Schwierigkeiten, deren Form unmittelbar an Hysterie denken lässt. Es ist in diesem Kontext der archaischen Oral-Libido, in dem Mireille die angenehme Empfindung erwähnt, die ihr eine häufig wiederkehrende Phantasie bereitet: Ein Mann verschlingt das Innere ihres Bauchs. Der frühe Kannibalismus und seine Freuden [*plaisirs*] sind offensichtlich, ebenso wie die Identifizierung mit dem verschlingenden Penis und die Phantasien der oralen Urszene. Das Erzählen dieser Phantasien erlaubt es Rose, ihre sexuelle Aktivität zu normalisieren.

Die depressive Mutter findet im Körper ihres Säuglings eine Erregungsoberfläche und eine Brust-Mund-Kommunikation, die die momentan von ihr aufgegebenen Befriedigungen mit dem vom Fötus repräsentierten internen Phantasieobjekt ersetzen. Diese zumindest momentan übermäßige Besetzung des kindlichen Körpers und der Brust-Mund-Beziehung erzeugt beim Baby, aufgrund all dessen, was die Mutter an gleichzeitig infantiler und weiblicher Beziehung in es hineinprojiziert, eine Übererregung, in deren Verlauf es Partialobjekte introjiziert, die manchmal allzu lebhaft libidogeladen sind. Es scheint, dass der psychische Apparat des Säuglings entlang dieser metaphorischen Repräsentanz von Brust und Mund entsteht. Man kann diesen Prozess als ein schlechtes Funktionieren der »Urverdrängung« auffassen, die sich auf die Urverführung und die Seltsamkeit der »rätselhaften Signifikanten« bezieht, wie sie J. Laplanche (1985) sehr klar beschreibt: »Das unreife Kind wird mit Botschaften voller Sinn und Verlangen [*désir*] konfrontiert, deren Schlüssel es jedoch nicht besitzt«.

Diese Idee ähnelt derjenigen Freuds, die auch M. Klein zitierte, als sie behauptete, dass Über-Ich und Hemmung mit der Urverdrängung zusammenfallen können: »... es ist durchaus plausibel, dass quantitative Momente, wie die übergroße Stärke der Erregung und der Durchbruch des Reizschutzes, die nächsten Anlässe der Urverdrängungen sind« (Freud, 1926 [G. W. XIV, 121]). Das Kind, das in Gefahr ist, eine Hysterie zu erwerben, befindet sich in der paradoxen Situation, einen Reizschutz aus einer zu erregenden Beziehung und aus einer körperlich erregten Hülle schaffen zu wollen. (Die Übererregung der Hysterie wird somit zum Schutzschild, Anm. d. Hg.) Diese Situation könnte die »archaische Hysterie« erklären, deren Existenz J. Mac Dougall (1986) auch bei gewissen psychosomatischen Kranken annimmt.

Trotzdem ist es bemerkenswert, dass diese Erregungshülle um ein Ich herum fortbesteht, dessen verfrühte Libido es nicht daran gehindert hat, sich zu konsolidieren, und zwar dank den positiven und aufwertenden Identifizierungen, die es mit dem Objekt der mütterlichen Depression hat herstellen können. Das Kind ist von seiner Mutter intensiv als Ersatz des väterlichen Phallus libidinös besetzt worden; sie tut das in der unbewussten Beziehung, die sie sowohl mit ihrem eigenen Vater als auch mit dem Vater des Kindes unterhält.

Annie Anzieu

Eine resultierende Gewalt

Von diesem Widerspruch ausgehend kann man sicherlich gewisse Verfolgungsgefühle des Hysterikers erklären, der schutzlos allzu starken Erregungen ausgesetzt ist. Das bringt mich auf den Gedanken, dass eine gewisse Aggressivität, oder die Gewalt, eine Folge von Libidoüberladungen ist, da die Erregung als eine verfolgerische Intrusion erlebt werden kann. Diese Überladungen integrieren sich in die Verfolgungsgestalt, die die Beziehungen während der schizo-paranoiden Phase der frühen Kindheit annehmen. Mit Bezug auf seine originelle Idee der Erschaffung des ästhetischen Objekts beschreibt Meltzer (1985) »die schizo-paranoide Position nicht als primitiv, sondern als die Position, auf die man sich zurückzieht, um sich vor dem Zusammenstoß mit der Schönheit des Objekts, vor den Emotionen und vor den Problemen und Fragen zu schützen, die dieser Zusammenstoß aufwirft. Die schizo-paranoide Position ist eine Abwehrposition, sie ist stets eine Abwehr gegen den Schmerz der depressiven Position«.

Der Hysteriker ist also, kurz gesagt, von der Erregung geblendet, die der Gegenstand seiner Wünsche [*désirs*] in ihm hervorruft. Seine Regression auf körperliche oder phobische Symptome kann dann wie eine Regression auf die paranoide Position anstelle der Trennung von diesem Objekt wirken, die für ihn ein großer Verlust wäre. Die von jeder Trennung hervorgerufene Depression wird nie überwunden vom Hysteriker, der teilweise mit den verlorenen Teilen des Liebesobjekts identifiziert bleibt, die er mit Teilen seines Ichs verwechselt. Sein psychischer Behälter ist nie solide genug, um sie im Inneren des Ichs zu bewahren.

Aber andererseits ist das Objekt nie befriedigend, weil es stets ein Depressionsobjekt ist. Es ist ein »von vorneherein« verlorenes Objekt, da es durch die mütterliche Depression entleert ist. Die Brust ist nie großzügig genug, nie gut genug oder verfügbar genug, und ihre ödipale Besetzung weckt Schuldgefühle wegen des Verlangens [*désir*], das der Hysteriker danach verspürt. Der befriedigende Genuss [*jouissance*] des Objekts findet für den Hysteriker, der gar keinen Zugang dazu hat, nie statt. Die Zensur der unbewussten ödipalen Wünsche [*désirs*] der Mutter bei der Geburt scheint vom Säugling gleichzeitig mit diesem wesensmäßig sich entziehenden Wunschobjekt introjiziert worden zu sein.

Im Kapitel über die Traumarbeit spricht Freud (1900) von der Zensur, die imstande ist, »einer der Befriedigung entgegengesetzten Affekt hervorzurufen«. Diese Idee griff er 1916 in der *Metapsychologischen Ergänzung zur Traumlehre* wieder auf, als er Hypothesen darüber aufstellte, was der Traum von unserem Narzissmus bewahrt: »... in weiterer Entsprechung müsste auch ein gewisser Betrag des Verdrängungsaufwandes (der Gegenbesetzung) die Nacht über aufrecht erhalten werden, um der Triebgefahr zu begegnen« (GW X, 416).

Die den Libidotrieben durch die Entdeckung der ödipalen Affekte auferlegte Zensur ruft also Gegenbesetzungen auf den Plan. Wenn kein Gleichgewicht zwischen der Zensur und dem Ich durch die gewöhnlichen symbolischen Umwege hergestellt werden kann (zum Beispiel durch das Spiel), hat das Kleinkind, wie Céline, keine andere Möglichkeit mehr als die, den Trieb in seinem Körper oder in seinem phobischen Delirium explodieren zu lassen. Ich habe bei einigen Kindern feststellen können, dass Krisen, die in ihrer konvulsiven Form ernst wirkten, durch aggressive Phantasien ausgelöst wurden, die aus der Unerträglichkeit der ödipalen Nicht-Befriedigung folgten, aus der Revolte des Seins, oder des Ichs, gegen die Entdeckung der Nicht-Macht, der psychischen Kastration, als die sich in diesem Lebensmoment die Notwendigkeit darstellt, die imaginäre Allmacht über das Libidoobjekt aufzugeben. Die mit den Kastrations- und Ohnmachtsrepräsentanzen zusammenhängenden Affekte werden bei diesen Kindern als Gegenbesetzung der sexuellen Erregung ausgedrückt: durch eine unüberwindbare sensorische oder aggressive Erregung, deren pünktlicher Ausbruch die Gestalt von akuten epileptoiden oder phobischen Krisen annimmt, wie bereits Freud bemerkt hat. In anderen Fällen entspricht die permanente motorische Unruhe dem, was laut Freud das Ergebnis einer Sensorialität ist, die der unzureichend konstruierte Erregungsschutz nicht zu beherrschen vermag. Die Verdrängung schafft dann ein unerträgliches Leiden, und die Sinnesdaten sind nur schlecht oder gar nicht in den Phantasiebildungen repräsentiert. Dem Ich fehlen, um ihm eine Integration dieses Prozesses zu erlauben, die Verbindungen, die die Triebbewegung mit ihrem aktiven Ergebnis verknüpfen. Das Abfuhrsystem selbst verschiebt das Ergebnis der Erregung: eher die Spasmophilie als der Orgasmus. Die Körperhülle wird der Ort, zu dem der Trieb strebt.

Diese Äußerungen erscheinen beim Kind als die pathologischen Auswege aus einer Situation ständiger Erregung, von der es auf der quantitativen und qualitativen Ebene überfordert ist. Der Sinn, den diese Erregung annimmt, hängt von Alter und Geschlecht des Kindes ab, aber sie verbleibt als ein neurotischer Kern, den alle späteren narzisstischen und identifikatorischen Besetzungen berücksichtigen müssen. Es ist sehr gut möglich, dass die gegenwärtigen sozialen Ausbrüche von Jugendlichengruppen darauf zurückgehen, dass die Eltern sie seit der Geburt nicht »halten«. Die Jugendlichengruppe wird dann wie ein Versuch benutzt, die Erregung einzugrenzen, aber vielleicht auch um die aggressiven Entladungen zu rechtfertigen. Der allgemeine Sinn, den man dann der Erregung zuschreiben kann, ist ungefähr dieser: »Ich bin zwangsläufig unbefriedigend, so wie ich nicht befriedigt werden kann. Etwas unwiederbringlich Verlorenes bleibt für mich und in mir unzugänglich. Das Verlangen [*désir*] ist entschwunden. In mir verbleibt nur diese diffuse Unruhe, die sich auf zahlreiche Objekte legt und deren Höhepunkt an kein bestimmtes Objekt gebunden ist. Mein Verlangen ist zusammen mit dem Objekt meines Verlangens verschwunden.«

Die mit dieser Unbefriedigtheit zusammenhängenden Repräsentanzen weisen eine orale Fixierung auf: Gewisse Symptome von Dora und Anna O. betreffen die Sprache, die Kehle, die Stimme. Die orale Fixierung, die den Widerwillen bei der Anorexie und die unbezähmbare Gier bei der Bulimie erzeugt, hängt eng mit einer kompensatorischen Erregung zusammen, die entlang unbewusster oraler Repräsentanzen organisiert ist. Sicherlich kann man heutzutage darin eine der Ursachen der Drogensucht bei Jugendlichen sehen.

Die Übertragung auf die Sexualität

Beim Erwachsenen werden diese Symptome auf die Sexualität übertragen. Die Unbefriedigtheit wird bereits in dem Alter verspürt, in dem nur die Oralität als Modell der erotischen Besetzung funktioniert, sodass sie in der Lage ist, beim Säugling Anorexie zu erzeugen: entweder durch eine Verweigerung, die den Konsequenzen der Urverdrängung gleichgesetzt werden kann, oder durch die Identifizierung des Säuglings mit der Brust, die er mit all ihren Unvollkommenheiten inkorporiert und deren Leere er verspürt, da er diese Brust mit der ganzen Mutter verwechselt und auch sich selbst mit der Brust.

Diese Symptomatologie tritt in der ödipalen Phase wieder auf, wenn die Entdeckung der genitalen Erregungen überwiegt. Sie wird dann verschoben und auf diffuse und verschiedenartige somatische Symptome übertragen oder aber auf Hemmungen jeder Art. Die Wahrnehmung der inneren körperlichen Erregungen trägt direkt zur Konstruktion des psychischen Raums durch die so hervorgerufenen Repräsentanzen bei. Die Denkhemmungen erscheinen hier wie ein Fortbestehen der frühen weiblichen Identifizierungen in ihren destruktiven Aspekten, die sich nach und nach um das ödipale Über-Ich ergänzen.

Die mangelnde Unterscheidung der erogenen Zonen und der inneren Körperräume äußert sich auch im analen Stadium, vor allem bei den Retentionssymptomen: Das Kind behält in sich das Ding/Objekt seiner inneren masturbatorischen Lust, von dem es keine genau bestimmten Repräsentanzen hat. Die unscharfe Trennung zwischen analer und genital-sexueller Zone trägt dazu bei, den Eindruck einer Scheinoberflächenglobalität aufrechtzuerhalten. Die Angst ist dann auf den möglichen Objektverlust gerichtet, auf einen soliden Teil des Selbst, der sich der Kontrolle entziehen und bloß eine leere Hülle zurücklassen kann. Diese Angst kann die Gestalt der zwanghaften Phobie annehmen. Freud (1926) hat sich mit diesem Prozess beschäftigt, als er die Zwangsneurose untersuchte, deren hysterische Grundlage er beschrieben hat.

Der Todestrieb

Die Symptomatologie der Hysterie scheint eine Verwirrung zwischen Todestrieb, Realitätsprinzip und Lustprinzip aufzuweisen. Wenn Frau G. von den Liebesfreuden spricht, erwähnt sie die Furcht, die in ihr die Idee eines möglichen Orgasmus hervorruft und die sie daran hindert, dazu zu gelangen. Sie spricht davon wie von einem Selbstverlust und nicht wie von einem bloßen Bewusstseinsverlust: etwas, das sie wie der Tod erschreckt. Die Realität gehört für sie bloß zur Ebene des Traums, wie Freud bereits bei anderen festgestellt hatte. Die Nicht-Integration der qualitativen Unterschiede der erogenen Zonen, des Mundes und des Geschlechtsorgans, in das Ich, ebenso wie die gleichzeitige mangelnde Differenzierung zwischen Innen und Oberfläche sowie zwischen Behälter und Inhalt scheint die Ursache dieser Verwirrung zwischen Traum und Realität sein zu können. Die von der Idee der Penetration – die für Frau G. stets intrusiv ist – hervorgerufene Regression löst in ihr frühe paranoide Befürchtungen aus, von innen her zerstört zu werden. Die Lust wird mit dem Tod identifiziert, mit der inneren Zerstörung. Die mit den inneren Erregungen assoziierte frühe paranoide Angst und dann die Zensur des Ödipus durch das Über-Ich haben den Raum zwischen der erregbaren Sinneshülle und der Triebantwort auf das innere Zusammentreffen mit dem Wunschgegenstand [*désir*] ausgefüllt.

Der Todestrieb erscheint beim Hysteriker im Kampf, den er durchführt, um die Spannungen zu verringern, die die von ihm verspürte – entweder libidinöse oder aggressive – Übererregung erzeugt. Diese Aggressivität ist ein umgeleiteter Teil des Todestriebs im Konflikt mit dem Eros. Der Hysteriker sucht eine Lösung für den Triebkonflikt in der Ent-Besetzung seiner selbst, in der körperlichen Entwertung, in der Spaltung zwischen Gedanken und Gefühlen. Die depressive Bewegung ist der Ausdruck des Todestriebs; wenn die Libido aktiv bleibt, ist der Hysteriker imstande, ungeordnet zu handeln durch Ausagieren oder Symptome, aber begeht nicht Selbstmord.

Die Hysterie benutzt als Abwehr gegen die von der Erregung hervorgerufene Angst den Umstand, dass der Körper zuerst durch den Schmerz Bewusstseinsgegenstand wird. Bedürfnisse zu empfinden ist schmerzhaft; die Lust geht aus ihrer Befriedigung hervor, aber ist ihnen untergeordnet. Wenn die Befriedigung erreicht und das Gleichgewicht wieder hergestellt ist, ist die Spannung aufgehoben. Die Abwesenheit von Erregung führt zu dem Nirwana, das Freud als den letalen Genuss [*jouissance*] beschreibt.

Erst in der so genannten »depressiven« Phase unterscheidet der Säugling allmählich sein Ich vom Objekt und die äußeren Erregungen von den inneren Bedürfnissen. In diesem Moment wird das Partialobjekt des Begehrens [*désir*] mit der von den äußeren Erregungen erzeugten Verwirrung und der Befriedigung des empfundenen Bedürfnisses verknüpft. Aber das Objekt hängt auch mit den Unzufriedenheitsaffekten und deshalb mit den ersten auf dieses Objekt gerichteten Destruktionstrieben zusammen. Ich gelange hier zu den Theorien M. Kleins über den Neid in der Interpretation H. Segals (1986). Gewisse Aspekte der Homosexualität zeigen, wie eine solche Verwirrung zwischen Penis und Vagina aufrechterhalten wird, die gleichzeitig als Wunsch- und als Hassobjekte ununterschieden bleiben.

Die Verschiebung der Erregung nach innen

Was die Besetzungen angeht, verschiebt die narzisstische Undifferenziertheit das Unerträgliche an der Oberflächenerregung des Körpers auf die inneren Organe und Muskeln. Der die Weiblichkeit darstellende Uterus- und Vaginalraum ist nicht genau durch die Empfindungen bestimmt. Wenn er von der Analzone unterschieden ist, ist seine Repräsentanz auf den gesamten von der Körperhülle umrissenen Hohlraum übertragen. Die sexuellen Repräsentanzen besetzen mit Vorliebe die Uterushülle, die »das Subjekt abwechselnd Identität und Andersartigkeit erfahren lässt«[1] und ein Ort des Unbestimmten bleibt, da ihre Erregung nicht spürbar mit Repräsentanzen zusammenhängt. Diese Besetzung ist dann also eher die Neutralisierung einer imaginär gewordenen Hülle.

Nach meinem Verständnis geschieht alles so, als ob die sexuelle Erregung weder im sexuellen Raum noch in der Psyche einen Behälter fände. Die Erregung verbreitet sich auf der Oberfläche der ganzen Person: der Uterus, Repräsentanz des Erregungspunkts, wird auf die körperliche und psychische Oberfläche verschoben. »Seine Funktionsweise als Hülle der Ich/Nicht-Ich-Ambiguität hinterlässt eine Spur in der Psyche« (T. Nathan 1985). Der ganze körperliche Inhalt wird zum Träger unbewusster sexueller Repräsentanzen. Die ödipalen Schuldgefühle besetzen diese Verwirrungen in verschiedenen Organen und verwandeln das Ergebnis der Erregung in schmerzhafte Abfuhr, die Lust in Unlust, die Unmöglichkeit des Genusses [*jouissance*] in Kastration. Wenn die hysterischen Patienten, die Kinder wie die Erwachsenen, dem Analytiker die mit ihren Symptomen zusammenhängenden Repräsentanzen zu erzählen vermögen, können wir in der Tat feststellen, wie sehr diese Repräsentanzen sich auf die Kastration beziehen. Das gilt für alle Neurosen, aber es ist vielleicht gerade deshalb, dass man die Hysterie an der Basis jeder Neurose findet: weil sie die sensorische Erregung mit Schuld belädt. Der Begriff der Kastration ist allerdings mit einem genital-sexuellen Sinn verknüpft, der nicht genügend die frühe Libido-Undifferenzierung ausdrückt, mit der ich persönlich die hysterische Symptomatologie verbinde.

Die Vielfalt der Identifizierungen

Kehren wir nun zu dem besonderen Identifizierungsmodus des Hysterikers zurück. Wir können bei der Behandlung von Hysterikern feststellen, dass die orale Fixierung eine große Plastizität des Patienten mit sich bringt. Das ist zweifelsohne eine Folge der lebhaften Sensibilität dieser Personen, die von der ödipalen Zensur nicht verhärtet worden ist. Das kastrierende Über-Ich erreicht sein Ziel hinsichtlich der Verwirklichung der Libido, aber scheitert an der Wahrnehmungslust. Während der frühen Entwicklung ist der orale Erotismus gleichzeitig der erste und der am meisten vom Sprachprozess sublimierte. In der Tat leidet der Hysteriker oft in seinem sprachlichen Ausdruck, und sein Denken flieht, so wie jedes libidobesetzte Objekt ihm entgeht.

Diese Labilität der Besetzung führt den Hysteriker zu einer Vielfalt von Identifizierungen, die seine multiple Persönlichkeit ausmachen, ähnlich einem Medium oder einem Schauspieler, die durch die Worte eines anderen sprechen. Bei diesen Individuen kann keine Identifizierung stabil sein, da sie alle unbefriedigend sind. Keine bietet dem Subjekt das von ihm gesuchte omnipotente Bild.

Brenman (1985) schreibt dazu: »Ich glaube, dass bei diesen multiplen Identifizierungen eine gierige Abhängigkeit am Werk ist, eine Identifizierung mit der Brust, die gleichzeitig Quelle von Weisheit, Stütze und Opfer der Ausbeutung ist«. Das bedeutet, mit anderen Worten, dass die vom Hysteriker verspürte Erregung ihn zur Identifizierung mit einem allmächtigen Libidoobjekt führt. Das Subjekt wiederholt die Urbeziehung zum Objekt bzw. der Brust und beherrscht den Genuss [*jouissance*], indem es ihn unmöglich macht. Die Verneinung des Genusses, in der der Hysteriker sich verfangen hat, ermöglicht es ihm, seine privilegierte Beziehung zum Objekt seines Wunsches [*désir*], oder vielleicht seiner Liebe, zu erhalten.

Eine klar definierte Identität setzt eine Beschränkung voraus, die die unbeschränkte Erregung des Hysterikers ihm nicht möglich macht. Diese Beschränkung kann zwar sein Leiden hinsichtlich des bewussten Genusses [*jouissance*] verringern, aber setzt ihn dem Risiko eines Verlustes aus, der Aufgabe eines Teils des Selbst, der eng mit dem Wunschobjekt [*désir d'objet*] zusammenhängt. Der Hysteriker lebt in der Depression. Die von ihm ständig verspürte Trennungsbewegung von seinem Wunschobjekt kommt genauso wenig zu einem Abschluss wie seine Libidotriebe zur Befriedigung gelangen. Diese Bewegung, die zwischen der Repräsentanz eines erregenden Objekts und der eines unzugänglichen Objekts schwankt, ist nämlich dazu bestimmt, die Gegenwart des Objekts aufrechtzuerhalten. Es gierig zu genießen würde bedeuten, es zu zerstören, es definitiv zu verlieren. Der Hysteriker verteidigt sich und verteidigt das Objekt seiner Liebe gegen die zerstörerische Gier seines Wunschs [*désir*]. Er vervielfältigt seine Objektwahl und identifiziert sich mit jedem seiner Partialobjekte, um sie besser zu besitzen. Aber er ist jedes Mal von ihnen abhängig und muss sie zurückweisen. Seine Hülle ist erregbar, aber nicht penetrabel. Er verinnerlicht nicht und bleibt leer.

Der Hysteriker ist mit dem aufgrund der Trennung bei der Geburt verlorenen Objekt der Mutter identifiziert, und er kann sich den Besitz bzw. den Genuss [*jouissance*] des Liebesobjekts nur als definitives Ergebnis eines oralen Begehrens [*désir*] vorstellen, dessen Gier lediglich innere Leere und Depression zurücklässt. Er fühlt sich lebendig durch seinen permanenten Kampf gegen das Begehren, denn dieser Kampf erzeugt Aggressivität und lässt ihn aus Unbefriedigtheit projizieren.

Bei der Behandlung sieht sich der Analytiker den todesähnlichen Projektionen ausgesetzt, die das leblose Objekt repräsentieren, mit dem der Patient identifiziert ist. Dieses Objekt wird ständig vom Patienten gesucht, dessen Übertragungswiderstände um so heftiger sind, als sie seinen Kampf ums Leben repräsentieren. Der Analytiker ist ein auszubeutendes Objekt, das um seine Macht gebracht werden muss. Eine andere Übertragungsäußerung ist die Idealisierung der Person des Analytikers, der für den Patienten das Depositorium eines narzisstischen Bildes seiner selbst wird, das nicht die kleinste Imperfektion duldet. Daher rühren die unbewussten Angriffe des Hysterikers auf das Setting und den Analytiker, die beide Repräsentanten eines Behälters sind, der unzuverlässig, aber erregend in seiner imaginären Macht ist. Die Mehrfachkombinationen dieser Projektionen sind dazu bestimmt, dass der Patient die Festigkeit der ihm gegebenen Grenzen erproben und so nach und nach auf sein Beherrschungsbedürfnis verzichten kann. Dies erfordert vom Analytiker eine große Geschmeidigkeit in seiner Gegenübertragung, eine Fähigkeit zur Transformation (Bion), eine gewisse Demut und eine Fürsorge, die oft auf die Probe gestellt werden angesichts der Leidensweise, die solche Attacken hervorruft.

Die hysterische Sorge hat, wie die Definition des Worts sagt, mit dem mütterlichen Behälter zu tun, mit dem intimen weiblichen Raum und den ihm zugeschriebenen psychischen Besetzungen.

Schließlich, wie mir scheint, beruht die hysterische Neurose auf einer pathologischen Verknüpfung zwischen einer übermäßigen und hinsichtlich ihrer Lokalisierungen undifferenzierten Libidoerregung, die auf die Körperoberfläche und die Grenzen der erogenen Zonen projiziert ist, und einem vom Über-Ich hervorgerufenen Schuldgefühl, das pausenlos die Triebentladung von ihrem Objekt ablenkt. Die psychische Hülle des Hysterikers funktioniert nicht als Erregungsschutz, sondern als ob sie sich in ihrer Tiefe mit dieser Erregung durchtränkte. Der synkretische orale Trieb wird nicht verwandelt und vom Sexualtrieb unterschieden. Er verbreitet sich auf der ganzen Körperoberfläche. Um sich vor dieser es überwältigenden Invasion zu schützen, projiziert dieses Ich den Genuss [*jouissance*], der an seine Oberfläche gebunden und stets eine Quelle der Unzufriedenheit bleibt, in schmerzhafte Schuldgefühle. Der Hysteriker sucht eine Kompensation für das narzisstische Defizit, das ihm diese Situation bereitet, in megalomanen Verhaltensweisen der Verführung und des Masochismus. Sein neurotisches Leiden liegt in der partiellen Funktionsweise einer reizbaren, aber undurchdringlichen psychischen Hülle. Der Hysteriker überlebt nur, indem er die Erregung auf seiner Oberfläche festhält.

Anmerkung

1 Ich erwähne hier die Ideen Tobie Nathans (1986) über die Funktionsweise des Uterus, die in manchen Kulturen wie die eines Organs oder sogar eines Tiers vorgestellt wird, das eine Autonomie gegenüber dem Rest der Person besitzt. Der Trieb wird hier offenbar als dem Ich fremd empfunden.

Literatur

Bion, W. R. (1967): Réflexion faite. trad. Fr. 1982. Paris (P.U.F).
Brenman, E. (1985): Hysteria. In: Int. J. of Psycho-analysis 66, S. 423–432.
Freud, S. (1896). Zur Ätiologie der Hysterie, GW Band I, Frankfurt a. M. (Fischer Taschenbuch Verlag).
Freud, S. (1900): Die Traumdeutung, GW Band II/III.
Freud, S. (1913): Die Disposition zur Zwangsneurose, GW Band VIII.
Freud, S. (1916): Metapsychologische Ergänzung zur Traumlehre, GW Band X.
Freud, S. (1924): Der Realitätsverlust bei Neurose und Psychose, GW Band XIII.
Freud, S. (1926): Hemmung, Syptom und Angst, GW Band XIV.
Green, André (2004): Die tote Mutter. Psychoanalytische Studien zu Lebensnarzissmus und Todesnarzissmus. Gießen (Psychosozial).

Laplance, J.(1985): La pulsion et son objet source: son destin dans le transfert. In: La pulsion, pour quoi faire? Paris (Association Psychanalytique de France).

Lebovici, S.(1974): A propos de l'hystérie chez l'infant. In: Psychiatrie de l'Enfant 24, S. 5–59.

Mac Dougall, J. (1986): Un corps pour deux. In: Corps et Histoire. In: Les Belles Lettres 1986.

Meltzer, D. et al (1975): Explorations dans le monde de l'autisme. trad. Fr. Paris (Payot).

Meltzer, C.; Milana, G. et al (1984): La distinction entre les concepts d' »identification projective« et de »contenant-contenu«. In: Revue Francaise de Psychanalyse 68.

Nathan, T. (1986): L'uterus, le chaman et le psychoanalyse. Ethnopsychanalyse du cadre thérapeutique. In: Nouvelle Revue d'Ethnopsychiatrie 5, S. 17–48.

Rosolato, G. (1985): Eléments de l'interprétation. Paris (Gallimard).

Segal, H. (1986): De l'unité clinique du concepts d'instinct de mort. In: La pulsion de mort. Paris (P.U.F.).

Winnicott, D. W. (1971): Jeu et réalité. trad. Fr, 1975, Paris (Gallimard).

Klinische Aspekte

Der Fall einer jungen Frau, die an Haut-Artefakten leidet: Verlauf einer Analyse

Sylvie G. Consoli

Dieser Artikel basiert auf dem Vortrag mit dem Titel: »Die weibliche Artefaktkrankheit: neue Perspektiven?«, gehalten auf der Tagung der Frankophonen Gesellschaft der psychosomatischen Dermatologie, im Dezember 1992.

Jeder Einzelne, der sich in eine Analyse begibt, versucht, seinem Therapeuten etwas Essenzielles über sich selbst mitzuteilen, wie der französische Psychoanalytiker André Green feststellt. Dieses wesentliche »Etwas« ist für viele Analytiker über lange Zeit nicht mittelbar. Diese »Nicht-Mittelbarkeit« wiederum kann mit dem unvorstellbaren, psychisch nicht zu repräsentierenden Charakter jenes Essenziellen verbunden sein. Der Analytiker würde nämlich riskieren, wenn er die Reflexion darüber anstieße, eine zu große psychische Instabilität anzustoßen und das Individuum der Auflösung seiner Ich-Grenzen auszusetzen.

Der Rahmen

Um diese Vorbemerkungen zu illustrieren, werde ich den Anfang einer analytischen Arbeit mit einer jungen Frau, die an Artefakten leidet, beschreiben:

Marie beginnt mit einer wöchentlich einstündigen analytischen Psychotherapie im Krankenhaus im Sitzen (face to face). Dann wünscht sie sich, mich im Rahmen meiner privaten Praxis zu sehen. Später verfolgt sie ihre analytische Arbeit den klassischen Regeln der Psychoanalyse gemäß, zuerst eine Sitzung pro Woche, dann zwei und schließlich drei Stunden pro Woche. So wird bei Marie die Vertiefung des analytischen Prozesses von Transformationen des analytischen Rahmens begleitet.

Ich riskierte nämlich von Marie gleichsam »nichts« zu hören, so groß waren die Gefahren, von ihren Verletzungen belastet zu werden und durch diese Verletzungen einen verstellten Blick zu bekommen. Wenn Marie nicht mehr unter meinen Augen war, vermochte ich nicht, etwas zu verstehen, so perfekt war der Diskurs von ihr konstruiert, so sehr schützte sie eine wahrhafte Mauer von Worten.

Ein flexibel angepasster analytischer Rahmen war auch deshalb notwendig, damit es mir gelingen würde, von Marie verstanden zu werden. Ich hatte nämlich sehr oft während ihrer Analyse das Gefühl, paralysiert, ja anästhesiert zu sein, fast wie tot, wie ein Schmetterling, der mit einer Nadel an einem Brett festgesteckt ist.

Meine Anstrengungen mit Marie waren auf die Schaffung eines gemeinsamen Spielraumes zwischen ihr und mir gerichtet und auf den Schutz eines Ortes, wo ich mit Marie reden konnte (ein Übergangsraum nach der Definition des englischen Psychoanalytikers Donald Winnicott). Dieser Spielraum war lange Zeit sehr schmal und ähnelte einem dünnen Seil; dieses Seil war für mich zwischen zwei Klippen gespannt: einem machtlosen und weit abgeschlagenen Fels und einem anderen, den ich im Gegensatz dazu als intrusiv und mächtig erlebte. Lange Zeit konnte ich diesen Raum und diesen Platz nur durch meine Präsenz gewährleisten, meine Differenz durch weggeworfene Zeichen [*signaux lancés*] wie Notsignale. Aber ich wusste sehr wohl, dass von meinem Überleben als Therapeutin auch das Leben von Marie abhing. Zuerst musste Marie meine Existenz und meine Andersartigkeit erkennen, um danach meine interpretierenden Äußerungen verstehen zu können.

Diese Äußerungen waren lange auf die präödipale Problematik von Marie gerichtet. Ich bin mir bewusst, dass ich zum wiederholten Male eher das präödipale Register als das ödipale Register ausgesucht habe. Die Interpretationen, die auf das präödipale Register gerichtet sind, erschienen mir nämlich lange Zeit wenig intrusiv und erträglicher für Marie. Sogar als die Problematik von Marie die Maske des Hysterischen annahm, dachte ich, dass diese letztlich an der Oberfläche bleiben würde, sehr fragil sei und wenig zu interpretieren wäre. Als ob man, bevor man die ödipalen Affekte bearbeitet, zunächst ausreichend solide und zuverlässige Grenzen etablieren müsse, um diese letzten (ödipalen) Affekte »halten« zu können.

Die Anfänge der Therapie

Marie ist eine schöne junge braunhaarige Frau, 30 Jahre alt, mit einer majestätisch ausgearbeiteten Frisur, originelle Kleidung und funkelnden Schmuck tragend. Sie hatte sich 1988 im Krankenhaus auf Empfehlung einer Dermatologin an mich gewandt. Die Dermatologin hatte Marie einige Wochen vorher aufgrund von tiefen Wunden gesehen, die auf der rechten Seite des Gesichts ulzerierten. Diese Verletzungen traten seit 1985 auf und wurden von dieser Zeit an mehrmals operiert.

Bei der Dermatologin hatte Marie sich über eine hartnäckige Akne beklagt, bei der keine Therapie wirkungsvoll sei. Die Dermatologin nahm eine sorgfältige klinische Untersuchung vor, bei der sie am Ende zu der Überzeugung kam, dass sie im Gesicht Artefakte hatte (d. h. es handelte sich um einen Patienten, der sich seine Verletzungen selbst zufügt, in diesem Fall Hautverletzungen, und der den Medizinern die eigene Verantwortung für das unerwartete Auftreten der Verletzungen verheimlicht).

In der Besprechung des Befundes riet die Dermatologin Marie zur Behandlung dieser sehr speziellen Akne zwei mögliche erschwerende Faktoren zu berücksichtigen: den psychologischen und den hormonalen Faktor. Bezogen auf den psychologischen Faktor schlug die Dermatologin Marie vor, mich zu konsultieren, da ich als Dermatologin und Psychoanalytikerin in einer Krankenhausambulanz, spezialisiert auf Dermatologie, arbeitete. Weiterhin hatte die Dermatologin Marie vorgeschlagen, hinsichtlich des somatischen Aspektes bei ihr zu bleiben. Von diesem Moment an war diese Dermatologin an Maries Seite sehr präsent. Insbesondere hielt sie mehrmals dem Druck stand, als Marie sich noch einmal operieren lassen wollte. Von diesem Druck fühlte sich die Dermatologin manchmal so sehr belästigt, dass sie daran dachte, nachgeben, zusammenbrechen zu müssen, wie sie mir am Telefon gesagt hat; aber sie blieb immer standhaft.

Marie ist also eine schöne dreißigjährige Frau, aber entstellt. Während des Erstgesprächs erwähnt sie, wie sehr sie entmutigt sei, dass es ihr nicht gelinge, affektive und professionelle Ziele zu verwirklichen, die sie sich selbst zu hoch gesteckt habe. Sie habe Angst, von anderen schlecht beurteilt zu werden und sie zu enttäuschen. Marie macht deutlich, dass sie sich wünsche, genauestens alle Details ihrer psychologischen Betreuung selbst zu regeln. Sie verweigert eine antidepressive Behandlung und die Vorstellung, die analytische Psychotherapie außerhalb des Krankenhauses zu unternehmen. Sie lässt sich also nur auf eine Psychotherapie im Krankenhaus mit mir ein.

Marie spricht viel über die Bedingungen, die, unerwartet, ihre Hautverletzungen auftreten ließen. Aber sie behält ihre Manipulationen für sich. Die Verletzungen seien aufgetreten, als sich ihr englischer Freund von ihr getrennt und sie den Zwang empfunden habe, einen anderen Mann zu verführen, um wieder, wie sie sagt, die Kontrolle über die Situation zu gewinnen. Diesen Mann habe sie zwar als schön und intelligent empfunden, aber sie selbst fühlte sich unfähig, diesem Bild einer »Super-Frau« zu entsprechen, wie sie mit ihren Worten beschreibt. Außerdem seien Verletzungen auf der rechten Wange aufgetreten, dort, wo sich zwei Jahre zuvor eine Gürtelrose mit Lähmung der rechten Gesichtshälfte entwickelt habe. Ihr englischer Freund habe sie zu jener Zeit gebeten, sie nicht zu sehen, so sehr beängstigte sie ihn.

Ich möchte hier näher auf die Rolle des Krankenhauses bei der Durchführung der psychotherapeutischen Betreuung von Marie eingehen. Eines Tages erzählt mir Marie folgende Begebenheit: Während einer neuen Haut-Ulceration habe sie eine Dermatologin des Krankenhausdienstes konsultiert, in dem ich arbeite. Diese sagte ihr völlig rücksichtslos, dass sie selbst ihre Verletzungen verursache. Marie antwortete nicht, dann fing sie an zu weinen, blieb regungslos und dachte, dass das Krankenhaussystem für dieses gegenseitige Unverständnis verantwortlich wäre. Ich interveniere und lege ihr nahe, dass sie sich vielleicht durch die Ärztin selbst angegriffen fühlte und sie ihr gegenüber feindselige Gefühle empfinden müsste, auch wenn sie das Krankenhaus für die Situation verantwortlich gemacht habe. Das Krankenhaus sei somit wie ein Dritter, der sie vor den Aggressionen ihrer Gesprächspartner beschützen könne, aber auch ihre Gesprächspartner vor ihren eigenen feindseligen Gefühlen beschütze. Marie hört mir zu und zeigt eine gewisse innere Regung. Sie antwortet, dass sie bei mir, wie bei ihrer Mutter, Angst habe, beurteilt, verstoßen und angegriffen zu werden, und dass sie befürchte, bei sich Hassgefühle für mich, die gleichen wie für ihre Mutter, zu entdecken. Sie äußert erleichtert, dass ich selbst auch über diese Gefühle sprechen und diese aufdecken könnte.

Nach diesem Erlebnis fragt mich Marie, ob wir ihre Psychotherapie in meiner privaten Praxis fortführen könnten. Entgegen meiner Gewohnheiten willige ich ein. Marie wird mit der Entlassung aus ihrer Arbeit konfrontiert (sie hat einen künstlerischen Beruf). Marie fühlt sich durch diese Entlassung verletzt, wertlos, als hätte sie ihr »Gesicht verloren«, wie sie selbst sagt. Auch erlebt sie die Fortsetzung der Psychotherapie in meiner privaten Praxis, obwohl sie selbst darum gebeten hat, wie eine Annäherung an mich, die für sie gefährlich sei. Nach Maries Ansicht droht diese Annäherung eine Quelle unerträglicher Abhängigkeit mir gegenüber zu werden. Wenn ich sie eines Tages verlasse, so befürchtet sie, werde sie von feindseligen und unkontrollierbaren Gefühlen mir gegenüber überflutet. In solchen Situationen, die von Marie wie ein Zustand unerträglicher Unterwerfung unter den Willen eines Anderen empfunden werden, hat Marie nur einen einzigen Gedanken: die Kontrolle über die Situation zurück zu erlangen, indem sie der Trennung zuvorkommt, z. B. weit weg ins Ausland fährt, wo man schließlich anonym sei oder wo man sich umbringen könnte. In diesen Momenten verschlimmern sich die ulzerativen Hautverletzungen, worauf ich Marie hinweise.

Während dieser Phase der Psychotherapie haben meine Interventionen oft die Realitäten des täglichen Lebens von Marie im Fokus (die Verletzungen, der Freund, der Beruf). Ich konnte Marie damit zeigen, dass ich existiere und »Öffnungen« in ihrem »kompakten« Diskurs verursache. Dieser Diskurs hat einen paradoxen Charakter. Er wirkt eines Teils sehr elaboriert, gespickt mit psychologischen Ausdrücken und beschreibt so genau wie möglich, Maries psychisches Innenleben, so erschien es zumindest. Aber zur gleichen Zeit scheint dieser Diskurs aufgesetzt, erstarrt, ohne symbolischen Wert, ohne Affekt, ohne Leben zu sein. So vermochte ich im Laufe dieser aufeinander folgenden Sitzungen nicht, mir Marie in ihrem Leben vorzustellen.

Auf meinen Hinweis bezüglich der Hautverletzungen antwortete Marie, dass diese die Spuren der moralischen Verletzungen seien, die ihr der Chef bei der Entlassung zugefügt habe. Sie denke auch, dass ihre Verletzungen ein letzter Schutz gegen jede Annäherung mit mir seien und eine Strategie, möglichen Trennungen zuvor zu kommen. Marie erwähnt dann ihre Mutter. Diese Frau hatte ihr zeichnen, schreiben und lesen beigebracht. Dann plötzlich, nach der Geburt ihres zweiten Sohnes, sei sie depressiv geworden, bedrohte unaufhörlich ihre Umgebung damit fortzugehen oder sich umzubringen. Zur gleichen Zeit begann sie, mit Marie zu »kämpfen«. Marie war aber erst 5 Jahre alt. Sie wurde jetzt in ein Ordens-Internat geschickt, in genau das gleiche, in das ihre Mutter nach dem Tod deren Vaters geschickt worden war. Maries Großmutter mütterlicherseits war gestorben, als Maries Mutter 5 Jahre alt war, und, noch präziser gesagt, sei sie genau an ihrem 5. Geburtstag gestorben. Marie fühlt sich also gedrängt, sich mit ihrer Mutter zu identifizieren. Jedoch schämte sie sich immer wieder für diese fettleibige, hinkende Mutter, die sich stets über verschiedene mysteriöse Krankheiten beschwerte, die mehrmals operiert wurde.

Sylvie G. Consoli

Die Analyse

Während sich ihre Verletzungen besserten, bat mich Marie zum klassischen Analyse-Setting überzugehen. Sie glaubt, dass ihre Hautverletzungen eine zu große Rolle in unserer Beziehung spielen: »als ob, dank meiner Verletzungen«, wie sie mir sagt, »ich sie provoziere und sie attackiere ...«. Übrigens stellt Marie fest, dass sie ihre Mutter provozierte, indem sie log und klaute, wonach sie verprügelt wurde. Als wenn das einzige Mittel, sich dem Anderen anzunähern, die Provokation von Gewalt wäre. »Auf jeden Fall« fügt sie hinzu, »war dies alles besser als die Absenz von Beziehung«, die sie selbst als Generator der Empfindung einer unerträglichen Leere sieht. Marie denkt auch, dass, indem sie so ausgestreckt liegt und mich nicht sieht, ihre Verletzungen nicht das ausdrücken können, was sie mir sagen sollte. Ihr gelinge es nun weniger, sich zu kontrollieren und sich anzupassen an das, was sie mir sage über das, was sie sich vorstelle, was ich denke, indem sie zum Beispiel auf meine Mimik zurückgreifen könne. Schließlich denkt Marie, dass sie mehr alleine sein werde und dass diese Einsamkeit ihren sprachlichen Ausdruck begünstige. Ich lobe die Arbeit, die sie bis jetzt gemacht hat und gebe ihr mein Einverständnis, so fortzufahren (das heißt, dass sie ausgestreckt liegt, ohne mich zu sehen). Ich denke nämlich, dass unter solchen Bedingungen Marie ermuntert wird, sich durch Worte auszudrücken und nicht durch die Haut.

Die erste Sitzung in diesem Setting ist also beachtlich. Marie befürchtet, dass ihre Stimme aufgrund einer Lähmung nicht mehr aus ihrer Kehle herauskomme. Sie könne mir somit nicht das Wesentliche über sich sagen und sie behielte dieses Wesentliche, was sie so hat leiden lassen, für sich, wie sie sagt. Ich nehme das Wort »Lähmung« noch einmal auf. Marie denkt, dass sie an den Orten und Stellen gelähmt bleibe, an denen ihre Mutter sie geschlagen habe. Sie empfindet Schamgefühl, wenn sie an diese Unterwerfung denke. Diese Unterwerfung kehrt nun ins Gedächtnis zurück. Marie denkt an ihre Verletzungen. Ohne Übergang erwähnt sie einen Traum, den sie in der Nacht vor dieser Sitzung geträumt hat. In einem Gefühl zwischen Angst und Freude rennt sie in meine Richtung, trotz ihrer Angst möchte sie nicht aufhören zu rennen. Dennoch weiß sie nicht, was sie am Ende dieses Laufes erwartet. Marie erinnert sich, dass die Mutter nach Schlägen oft mit ihr schmuste. Dann erwähnt sie ihren Vater. Sie hatte ihn sehr lieb und versuchte ihm zu gefallen, aber sie fühlte sich oft von ihm verraten. Maries Vater hatte nämlich nie eingegriffen, wenn Marie von ihrer Mutter geschlagen wurde. Marie denkt, dass ihre Mutter sie immerhin durch Schläge und nur selten durch Zärtlichkeiten wahrgenommen hat, während es ihr so schien, als wenn ihr Vater sie nie berührt habe. Als ich am Ende dieser Sitzung Marie zweimal hintereinander darauf hinweise, dass wir nun aufhören müssen und dass wir nächste Woche weitermachen, hört sie mich nicht und fährt mit ihrem besonders »kompakten« Diskurs fort. Ich frage mich also, ob Marie mich nicht hört, weil sie von mir liebkost werden möchte. Aber mir fällt auch ein, dass Marie, um die Nachfrage nach dem Settingwechsel zu rechtfertigen, mir gesagt hat, dass sie während einer Sitzung, bei der sie ausgestreckt liege und bei der sie mich nicht sehe, sich mehr alleine fühle. Aber riskiert Marie nicht, die Regeln dieses neuen Rahmens zu pervertieren, indem sie sie benutzt, um sich noch mehr von mir zu distanzieren und mich noch machtloser zu machen, um sich somit vor jedem Einschreiten meinerseits zu schützen?

Vor Weihnachten 1989 ruft mich Marie an, um mich zu fragen, ob ich sie einmal öfter in der Woche treffen könnte. Es ist das erste Mal, dass sie mich um so etwas bittet. Ich akzeptieren, sie einmal in der Woche zusätzlich zu unserer gewöhnlichen Sitzung zu sehen. Die Gynäkologin hat bei Marie eine präkanzeröse Läsion am Gebärmutterhals entdeckt. Marie fühlt sich verpflichtet, sich mit allen wieder zu versöhnen und sie wartet, so wie man auf einen Urteilsspruch wartet, wie sie sagt, auf die Ergebnisse der Untersuchungen. Sie ertrage nicht, dass sie diese unsichtbaren und ihrer Kontrolle entgehenden Läsionen im Inneren ihres Körpers nicht beherrsche, erzählt sie. Sie denkt, dass ihre inneren Läsionen eine Strafe seien, vielleicht die Bestrafung dafür, dass sie eine Analyse angefangen und sich somit eingebildet habe, in der Lage zu sein, allen Gefahren die Stirn zu bieten. Ich nehme dies wieder auf: »all den Gefahren die Stirn zu bieten«. Marie antwortet, dass sie im Inneren gewusst habe, dass die Analyse gefährlich für sie sei. Als ob es bedeuten würde, dass man, wenn man der Psychoanalytikerin vertraut, sich ihr genauso unterwerfe wie man sich einer fatal zerstörerischen Mutter unterwirft. Marie glaubt, dass sie, um sich ihre Gedanken zu bewahren und um sich vor der Gefahr zu schützen, sich zu unterwerfen, abhängig und durchdrungen von der Analytikerin zu werden, den eigenen Körper opfere, indem sie krank werde, wie sie ihn ihrer Mutter geopfert habe, als diese sie geschlagen habe. Marie denkt auch, dass sie, um ihre Integrität zu bewahren, ein Geheimnis bei sich behalten müsse, genauso wie sie ihrer Mutter nie alles gesagt habe, wenn die Mutter sie dazu gezwungen habe, ihr alles zu beichten. Marie erwähnt folglich den Hass gegenüber ihrer Mutter, der sie mit aller Gewalt überkam, als diese sie, wie wahnsinnig, so sagt sie, geschlagen habe. Aber auch wenn Marie ihre Mutter angeschrieen habe »du wirst mich töten«, habe sie nicht nachgegeben. Marie denkt, dass sie sich hätte wünschen sollen, dass ihre Mutter sie tötet. Damit wäre das wahnsinnige Verhalten der Mutter bewiesen gewesen. Marie denkt folglich, dass ihre Hautverletzungen vielleicht den Beweis für die Schläge der Mutter darstellen könnten. Marie erinnert sich, dass diese Schläge nur wenige sichtbare Spuren auf ihrem Körper hinterließen, von einem Mal abgesehen, als sie 12 Jahre alt war. Ihre Mutter habe ihr damals eine Pfanne ins Gesicht geworfen. Marie konnte dennoch niemandem davon erzählen, nicht einmal ihrem Kinderarzt, der sie zu dieser Zeit gesehen hatte und der immer Zeit einrichtete, sie alleine zu sehen. Aber sie lebte in dieser Zeit ihrer Krankheit isoliert, war gedemütigt und verschämt. Sie hätte sich zu schuldig gefühlt, den Wahn(sinn) ihrer Mutter auszusprechen und zu bezeugen, wo sie sich doch schon schuldig fühlte, so viel Hass ihrer Mutter gegenüber zu empfinden, auch hasste sie sich selbst, dass sie einen solchen Hass empfinden konnte.

Zu dieser Zeit muss Marie die Exzision einer Verletzung am Hals ertragen. Ein Mann muss sie operieren. Sie hätte sich nicht vorstellen können, von einer Frau operiert zu werden. Sie hätte diese Frau wie eine Verstümmlerin erlebt. »Nur ein Mann kann mich reparieren«, sagt sie. Sie präzisiert, dass sei, als ob sie diesen Chirurgen fragen würde, Beschützer und Reparateur gleichzeitig zu sein und damit das zu sein und zu tun, was ihr Vater, ihrer Meinung nach, nicht sein oder tun konnte.

Nach dem Eingriff treten die Verletzungen am Gesicht wieder auf und Marie hält einen noch konstruktiveren Diskurs als gewöhnlich. Während ich das Wort ergreife, habe ich das Gefühl, dass allein die Tatsache, dass ich interveniere, man könnte fast sagen, immer wenn ich also den Mund aufmache und Töne von mir gebe, löst dies bei Marie eine panische Reaktion aus, wie eine Falte, die ich geradezu physisch auf ihr wahrnehme. Im Laufe der folgenden Sitzungen gelingt es Marie mir zu sagen, was in ihr ausgelöst wird, wenn ich das Wort ergreife. Wenn ich spreche, fange ich plötzlich an zu existieren. Sie kann nicht mehr so tun, als wäre ich nicht da. Meine Worte rufen Risse in der Mauer hervor, die sie zwischen uns aufgebaut hat. Sie weiß, dass genau diese Mauer zur gleichen Zeit Schutz und Folter repräsentiert, welche sie zwischen uns beiden und all den anderen aufgebaut hat, und die sie in ihrem beruflichem wie affektivem Leben so isoliert. Marie glaubt, dass jede Annäherung an mich sie auf die physischen Annäherungen zur Mutter, vor der sie Angst habe, geschlagen, zerstört und vielleicht sogar in ihrer Weiblichkeit infrage gestellt zu werden, zurückwirft. Sie befürchtet, durch meinen Blick gemustert zu werden, dass ich ihr ein Geheimnis entreißen könnte, ich sie durchschauen könnte, als wenn sie meinem Blick ohne schützende Grenzen ausgeliefert wäre und damit transparent würde. Marie betont, dass auch ihre Hautverletzungen eine Barriere, ein Schutz, ein Ablenkungsmanöver wären, um dem Vergewaltiger-Blick des anderen in die Irre zu führen. Sie fügt hinzu, dass dadurch, dass sie selbst dank ihrer Hautverletzungen die Initiative vor dem Angriff ergreift, erreiche, dass die anderen sie nicht angreifen können.

Zu diesem Zeitpunkt der Therapie kommt Marie unaufhörlich auf die Tatsache zu sprechen, dass sie mir ein Geheimnis erzählen wolle. Dieses Geheimnis schütze sie und garantiere ihre Integrität: dank des Geheimnisses sei sie sie selbst, getrennt und beschützt von und vor mir. Mit lauter Stimme denkt sie, dass, wenn sie es eines Tages schaffe, mit ihr Geheimnis zu offenbaren, sie mir dann alles von sich gegeben, aber auch alles verloren habe. Sie riskiere also, ohne Schutz zu sein, aber vielleicht fange ja nun ihre furchtbare Isolation an zu zerbrechen. Marie wird sich bewusst, dass sie sehr viel von mir erwarte, auch wenn sie nicht wirklich wisse was. Sie spürt, dass, je mehr Dinge sie von mir erwartet, desto mehr ich für sie zähle, desto mehr müsse sie aber auch befürchten, von mir überwältigt und zerstört zu werden. Deswegen fängt sie an, einen größeren Abstand zu mir einzuhalten.

Während der letzten Sitzung vor meinen Sommerferien 1990 hat Marie, kaum dass sie sich auf die Couch gelegt hat, angefangen zu erzählen, was sie mir erzählen wollte. Sie wiederholt noch einmal, dass sie Scham empfinde, diese Inszenierung zu erwähnen, die sie in der Beziehung zu den anderen eingesetzt habe, um sich zu schützen. Dann schweigt sie. Ich zeige mich zufrieden, beruhigt, ohne Gedanken über irgendeine Möglichkeit, die Marie hätte haben können, ihr psychisches Leiden auszudrücken. Ich darf auf keinen Fall zu verstehen geben, dass ich ihr Geheimnis bereits kenne. Ich bestehe auf unsere gemeinsame einzige Sorge, und die ist, ihr psychisches Leiden zu verstehen. Eine Stille stellt sich ein, während der ich mich wie ein Auffangbecken (Container) sehe, bevor ich das Geheimnis von

Marie auffange. Ich wage kaum zu atmen. Marie erzählt mit leiser und zögerlicher Stimme, wie ihre Verletzungen angefangen haben.

Anfangs, wenn sie einen Pickel im Gesicht hatte, brachte eine Kraft sie dazu, ihn zu beseitigen. Es sei dann so, als wenn sie den kleinsten Mängel beseitigen und sich eingehend damit befassen müsste. Jede Unvollkommenheit könnte dem anderen signalisieren, dass sie nicht perfekt sei. Nach einer Schweigepause schalte ich mich ein und frage sie, was es bedeutet, »nicht perfekt zu sein«. Marie antwortet, dass für sie »Nicht-perfekt-zu-sein« bedeute, keinen sexuellen Genuss haben zu können. Paradoxerweise stellt sich Marie ihre Hautverletzungen, die sie zur »Pantomime« ihrer geheimen Unvollkommenheit macht, als ihre Unmöglichkeit zu genießen vor. Marie fährt fort und sagt, dass es ihr schließlich gelungen sei, mit mir über ihre Verletzungen zu sprechen, weil sie vor einigen Wochen einige meiner Artikel über Pathomimie gelesen hat. Ich wurde somit wieder eine Fremde für sie, die ein wissenschaftliches Wissen besitzt, um so außerhalb von ihr weniger gefährlich zu sein.

Als ich von meinen Ferien zurückkam, waren ihre Verletzungen verschwunden, aber die Wiederaufnahme der Sitzungen ließen bei Marie die Angst vor jeder Annäherung an mich erneut aufflackern. Sie spricht noch einmal davon, dass die Art, wie sie in ihrer Kindheit ihren Körper der Mutter überließ, indem sie sich von ihr schlagen ließ, sich ins Essen versenkte oder sich ohne Lust kleidete, eine Möglichkeit darstellte, ihren Körper als Opfer anzubieten, um so zu vermeiden, dass die Mutter ihre Grenzen nicht überschreiten und in ihre Gedanken eindringen konnte. Marie erzählt auch, dass sie als Jugendliche magersüchtig und suizidgefährdet war, und dass dies vielleicht eine Möglichkeit war, sich ihres Körpers erneut zu bemächtigen. Dann denkt Marie, dass es ihr besser gehen könnte, wenn es ihr gelänge, eine weitere Scham zu besiegen und sich mir zu öffnen, um mir von ihren Phantasien zu erzählen.

Bei der nächsten Sitzung gelingt es ihr, die Vergewaltigung ihrer Mutter zu erwähnen. Als Marie 10 Jahre alt war, hat die Mutter ihr davon erzählt. Maries Mutter wurde einige Jahre nach dem Tod ihrer Mutter mehrere Male von einem Landarbeiter, der auf dem familiären Hof arbeitete, vergewaltigt. Der Vater habe nie etwas davon erfahren. Marie hört auf zu erzählen und später denkt sie daran, dass sie selber ihrer Mutter ausgeliefert war, ohne Schutz von ihrem Vater. Marie sagt, es sei, als ob sie in Szene gesetzt hätte, was vorher undenkbar war, nämlich die Vergewaltigung ihrer

Mutter. Übrigens spricht die Mutter mit ihrer Tochter immer noch über die sexuelle Beziehung mit ihrem Ehemann, was auch eine verhüllte Vergewaltigung darstellt.

Zu diesem Zeitpunkt der Behandlung treten die Hautverletzungen wieder auf. Marie ist nun auch häufig sehr still. Sie denkt, dass dieser Rückfall mit dem Fortschritt ihrer analytischen Arbeit zusammenhängt. Marie bemerkt, dass sie sich öfters direkt an mich wendet. Sie fühlt sich auch sehr berührt durch meine Interventionen, die sich nun in ihr einen Weg bahnen. Aber sie befürchtet auch, dass sie so die Kontrolle über die Situation verlieren könnte. Nicht mehr mit mir zu sprechen, wäre die letzte Barriere, die sie aufstellen könnte, um sich vor mir zu schützen. Dennoch, wie Marie sagt, sei ihr Diskurs dabei, sich zu verändern. Seit ihrer Jugend war das Wort für sie eine Art Machtausübung. Sie sprach sehr viel, um das Terrain zu besetzen oder um nicht verstanden zu werden. Deswegen habe sie sich am Anfang der Psychotherapie so und nicht anders ausgedrückt, sagt sie. Ich beende die Sitzung und gebe zu bedenken, dass es vielleicht ihre Art war, gegen die Grundregeln der analytischen Arbeit zu verstoßen. Marie unterbricht mich und murmelt vor sich hin, dass sie in Wirklichkeit und in ihren Träumen schon gegen viele Regeln, Gesetze und Verbote verstoßen habe, und dass sie sich noch immer dafür schäme.

In der nächsten Sitzung berichtet Marie mir von einem Traum: Es ist Krieg, sie ist mit ihrem Vater unterwegs. Sie bemerkt um sich herum ein gewalttätiges, unerträgliches Klima. Eine Frau rüstet sich dafür, mit einem großen Revolver auf sie zu zielen. Marie fleht ihren Vater an, sie zu beschützen, indem er diese Frau umbringen sollte. Wenn er es nicht mache, sei sie es, die getötet werde.

Marie assoziiert, dass sie als Kind und später als Jugendliche immer den Eindruck hatte, dass ihr Vater sie nicht vor ihrer Mutter schützen konnte. Er war kein Mann in Gegenwart ihrer Mutter. Ich nehme diesen letzten Satz noch einmal auf. Marie bewegt sich auf der Couch. Dann gelingt es ihr zu sagen, dass sie bis heute nicht in der Lage war, sich die geringste Andeutung einer sexuellen Beziehung zwischen ihren Eltern vorzustellen. Nun glaubt sie, dass, wenn diese Beziehungen für sie so schwer vorstellbar sei, es vielleicht deshalb so sei, weil sie sich diese extrem gewalttätig vorstelle.

Ihr fällt dann ein alter Traum ein: In einem Wüstenfeld stehen sich zwei riesengroße Traktoren gegenüber und machen einen unerträglichen Lärm.

Marie erinnert sich, dass sie als Kind immer auf der Lauer lag, um zu hören, was sich in dem Schlafzimmer ihrer Eltern abspielte. Dann fällt ihr wieder ein Tagtraum ein, den sie oft im Internat hatte: Gefesselte Schwestern wurden von dem Anstaltsgeistlichen penetriert. Marie hält einen Moment inne und erzählt dann einen alten Traum:

Die Mutter, ausstaffiert mit einem riesigen Phallus, dringt gewalttätig in sie ein. Nach Wiederkehr dieser Phantasie scheint Marie erschöpft zu sein, versunken auf der Couch. Dann fährt sie fort, dass sie die Vergewaltigung ihrer Mutter während der Sitzung wahrscheinlich nie erwähnt habe, weil es unglaublich sei, welche unkontrollierbaren Emotionen dies in ihr auslöse. Begleitet von meinen Ermutigungen, sich mit Worten auszudrücken, sagt mir Marie, dass das Nicht-Genießen für sie ein Mittel sein könne, sich den anderen nicht grenzenlos auszuliefern und sie vielleicht auch den Genuss bei sich ausschließe und ihm entfliehe, ein Genuss, der wohl eher bei ihrer von dem Landarbeiter vergewaltigten Mutter existieren konnte als in ihr selbst, wenn sie von ihr geschlagen wurde. Ich stimmte Maries Interpretation zu.

Einige Sitzungen nach der Erinnerung an den Verstoß gegen die Grundregeln der analytischen Arbeit erzählt mir Marie einen Traum, der ihrer Meinung nach durch diese Erinnerung ausgelöst wurde:

Sie liegt in den Armen ihres Vaters, alles ist ruhig und sanft. Marie denkt an ihren Vater. Er ist für sie jedoch entweder zu weit entfernt und fehlt ihr oder aber zu nah und in seiner Präsenz unerträglich.

Dann assoziiert sie, dass sie in Wirklichkeit immer Angst hat, dass er die Grenzen überschreite, die einem Vater sexuelle Beziehungen zu seiner Tochter verbieten. Dennoch, fährt Marie fort, könne sie sich ihren Vater nicht als einen geschlechtlich differenzierten, also als einen Mann in Gegenwart ihrer Mutter vorstellen. Ich schlage Marie vor, dass sie ihren Vater als asexuell betrachten solle, dass dies vielleicht eine Art wäre, sich vor ihren eigenen Wünschen zu schützen. Ich füge hinzu, dass man vielleicht denken könne, dass sie selbst kein Vertrauen habe, dass die Grenzen ihres Körpers und des Körpers der anderen respektiert würden, so wie die Gesetze, die die Beziehungen zwischen den Menschen regeln, von beiden Seiten respektiert werden müssen. Marie murmelt, »das ist richtig«. Sie erinnert sich, dass sie als Kind, wenn ihre Mutter sie geschlagen habe, sie sich ganz viele schreckliche und verbotene Sachen vorgestellt habe, die sie mir noch nicht sagen könne. All diese Gedanken führten dazu, dass sich

Marie abscheulich fühlte. Außerdem würde diese Monstrosität von den realen Tatsachen genährt. Marie log, klaute und führte sexuelle Spiele mit ihrem jüngeren Bruder durch. Das war das schamhafte Geheimnis, dass sie ihrer Mutter nicht offenbaren durfte, trotz der Pflicht, ihr jeden Abend zu beichten und trotz Maries Schuldgefühlen in Hinsicht auf diese sexuellen Spiele, die sie, ihrer Meinung nach, ihrem Bruder aufzwang.

Zusammenfassung

Der französische Psychoanalytiker Didier Anzieu hat auf die fundamentale organisierende Rolle des Verbots der Berührung in der Entwicklung des psychischen Lebens beharrt. Das Wort »Berühren« hat dabei für ihn zwei Bedeutungen: die der psychischen Gewalt und die der sexuellen Verführung. Das Verbot zu berühren richte sich somit auf die aggressiven und auf die sexuellen Triebe gleichzeitig. Beide seien Ausdruck triebbehafteter Gewalt allgemein. Das Verbot zu berühren, indem also der Kontakt von Körper zu Körper untersagt werde, beschütze vor der Maßlosigkeit der Erregung und seiner Konsequenz, dem Auflodern des Triebs. Nach D. Anzieu gehe das Verbot zu berühren der Einführung des ödipalen Verbots voran, antizipiere es, bereitet es vor und erlaube es. Dieses ödipale Verbot, wie man weiß, organisiert die genitale Sexualität sowie die soziale Ordnung. Das Verbot zu berühren wurde von Maries Mutter gebrochen. Man kann annehmen, dass das ödipale Verbot bei Marie nun somit nicht wirksam begründet werden konnte. Für Marie konnte somit alles geschehen: dass ihre Mutter, durchströmt von Aggressivität, sie tötete, dass ihr Vater, überwältigt von zärtlichen Gedanken, sie vergewaltigte. Bei Marie wurden solche Phantasien durch die immense Erregung, ausgelöst durch den Verstoß gegen das Verbot zu berühren, hervorgerufen. Der den mütterlichen Schlägen unterlegene Körper, Maries psychischer Raum konnte nur durch gewalttätige, überschreitende Phantasien, die schwierig zu denken waren, erreicht werden. Bei der Gelegenheit erinnerte ich sie daran, dass die analytische Behandlung um das Verbot des Berührens strukturiert ist. Dies hat auch die Errichtung einer Distanz zwischen Marie und mir selbst und somit die Entwicklung einer gedanklichen Beziehung begünstigt.

Die Problematik des Verbots zu berühren trifft auf die Problematik der Grenzen. Maries Mutter hat die Grenzen überschritten. Sie respektierte nicht die körperlichen und psychischen Grenzen ihrer Tochter, wenn sie sie schlug oder wenn sie sie aushorchte. Marie erlebt ihren Körper und ihren psychischen Raum ohne schützende Grenzen, sie war ihrer Mutter ausgeliefert. Die von Marie benutzten Strategien, um dem Einfluss des anderen zu entgehen und ihre Integrität zu bewahren, waren zahlreich: die Anorexie, das Geheimnis um die Manipulationen an ihrem Körper, um ihre selbstverursachten Hautverletzungen. Diese Strategien waren vielleicht der letzte Schutzwall vor einem Selbstmord. Marie hat den Tod oft als allerletzten Ausweg erwähnt, um der Macht der Mutter zu entkommen.

Maries Manipulationen auf ihrer Gesichtshaut sind somit überdeterminiert. Ich möchte auf eine dieser Überdeterminationen zurückkommen. Eines Tages hat Marie von ihren Verletzungen gesprochen, indem sie sie als großes Wiedersehen mit ihrem Körper bezeichnet hat. Wenn Marie sich von jemand anderem penetriert fühlte, markierte sie, dank ihrer Verletzungen, ihre Grenzen und rekonstruierte sich somit. Indem Marie ihre Grenzen markierte, verband sie gewissermaßen den Schmerz mit der Freude und setzt das Leiden als Quelle der Befriedigung ein. Die großen Begegnungen von Marie mit ihrem Körper sind also masochistischer Natur. Durch diese Aktivität wiederholte Marie aktiv die masochistische Freude, die sie empfunden hat, als sie der mütterlichen Gewalt unterlegen war. Ich erinnere Sie daran, dass diese Problematik der Beziehung zum Arzt bei der Artefakterkrankung, maskiert als Sorge, wiederholt wird. Der Arzt kann durch seinen Patienten zu ärztlichen, immer aggressiver werdenden Aktivitäten geführt werden.

Ende der Analyse und Ausblick

In wenigen Monaten wurden Maries Hautverletzungen gemildert und sind dann ganz verschwunden. Marie hat akzeptiert, von einer Dermatologin behandelt zu werden, ohne befürchten zu müssen, dass diese ihre Grenzen überschreitet. Ihr Diskurs wurde fließender, lockerer. Während einer unserer Sitzungen habe ich sogar mit Erleichterung im Kopf einige Takte eines musikalischen Werks gehört, ganz so als wenn eine Musik entstanden sei, die Musik der Analyse, mit ihrem vielstimmigen Chor, sich aber gegenseitig antwortend. Marie hat ihr Gefühlsleben erwähnt. Sie könne sich mit anderen nur eine Fusions-Beziehung vorstellen, indem sie (oder: er) ihre (oder: seine) eigenen Grenzen fallen ließe. Marie denkt auch, dass sie nicht das Gute in sich hinein lassen könne. Sie brauche Platz im Inneren für einen Anderen, dass etwas anderes von ihr akzeptiert werde und das Gute bewahrt werden könne, aber sie fügt hinzu, dass sie das Gute unmöglich bewahren könne, sie werde es nur verlieren und dabei abscheulich werden, angefüllt von einer destruktiven Mutter oder ganz leer. Marie denkt an ihren Vater, dessen sie, ihrer Meinung nach, während ihrer ganzen Kindheit beraubt worden war. Sie murmelt dann, dass es ihr gelinge, mich als jemand anderes als sich selbst zu betrachten und dass sie mir zuhöre. Wenn ich mich entferne, weiß sie, dass ich wieder genauso identisch werde, wie ich vor der Trennung war. Sie kann somit einen inneren Dialog mit mir fortsetzen. Ich interveniere und sage, dass sie, als wenn sie sich vor jedem Eindringen meinerseits schützen wolle, und zweifele, dass ich gut für sie sein könne, fürchte, dass ich plötzlich als ein schlechtes, intrusives und zerstörerisches Objekt empfinde. Marie stimmt mir zu. Ich füge hinzu, dass sie die Dinge für sich halte, dass sie an einen Konflikt zwischen uns glaube, und dass dies auch Mittel seien, um ihre Grenzen zu empfinden, um sich ihrer Existenz zu vergewissern, sie, die sich also sehr penetrierbar und transparent erlebt. Marie drückt nun aus, wie schwer es für sie vorzustellen sei, dass das Schlechte in ihr durch das Gute ersetzt werde. Dennoch bemerkt sie: »Ich weiß jetzt, dass Sie mir nichts nehmen«. Marie schweigt. Ich lasse die Stille gewähren, da ich das Gefühl habe, dass ich Zeuge einer wichtigen psychischen Reifung bin. Dann fährt Marie fort, dass sie an den Traum gedacht habe, in dem sie in meine Richtung gerannt sei, um vielleicht von mir liebkost zu werden. Ich stimme zu. Marie erzählt weiter, dass sie das Gute nun mehr auch an ihre Mutter hat denken lassen. Diese war ein bewundernswertes Vorbild, das sie nicht enttäuschen wollte. Marie bemerkt, dass sie auch Angst hatte, mich zu enttäuschen, und dass die Manöver, die sie unternahm, auch Möglichkeiten waren, eine affektive Beziehung mit mir und damit jede Enttäuschung meinerseits ihr gegenüber zu vermeiden. Marie seufzt, als sie feststellt, dass sie das Aufkommen der Gefühle zwischen uns nicht vermeiden konnte. Dieses Mal lächelt sie, als sie aus der Sitzung geht. Ich habe ihr Lächeln beantworten müssen ...

Zu diesem Zeitpunkt ihrer Behandlung hat mich Marie gebeten, jetzt zweimal in der Woche zu kommen. Diese Frage war aufgetreten, nachdem sie mit großer Zufriedenheit sagen konnte, dass ihre Großmutter mütterlicherseits verstorben sei. Zum ersten Mal hatte sie eine Grenze aufgestellt. Es war ihrer Meinung nach ihre erste aktive Grenzziehung und sie etablierte sie so: »Die Geschichte von meiner Mutter ist nicht meine Geschichte.« Später schlug ich Marie vor, dreimal die Woche zu kommen. Sie akzeptierte diesen Vorschlag.

Marie hat ihre zärtlichen Gefühle gegenüber ihrem Vater erforscht und hat kindliche Erinnerungen wiedergefunden: zum Beispiel, dass ihr Vater sie mit dem Fahrrad zur Schule brachte. Marie hat meine Interpretation akzeptiert und hat sie gebraucht, um in ihrer analytischen Arbeit Fortschritte zu machen. Sie hat das Bewusstsein dafür gewonnen, dass sie jede affektive Beziehung mit einem Mann wie eine unerträgliche Annäherung an ihren Vater, wie eine inzestuöse Beziehung mit ihm, erlebt.

Aber der Weg mit Marie war lange Zeit sehr schwierig. Während einer Sitzung vor den Ferien erwähnte sie, wie sehr sie der Gedanke an Grenzen an den Ausschluss aus ihrer Familie erinnerte, den sie mit 5 Jahren erlebt hatte, als sie ins Internat geschickt wurde. Marie hat hier also den Verlust einer mütterlichen Hülle assoziiert. »Ohne diese mütterliche Hülle«, sagt Marie, befürchte sie, »kaputtzugehen«, wie die Geliebten von Pont Neuf in dem Film von Leos Carax kaputtgehen, wenn sie sich selbst überlassen werden. Marie glaubt, dass ihre Hautverletzungen auch diesen Verlust der mütterlichen Hülle bezeugen. Aber für Marie stellen diese Hautverletzungen auch eine andere Haut her, die nicht ihre Haut ist, die weit von ihrer Haut entfernt ist, eine Haut, die sie, um sich selber zu schützen, ihrer Mutter überlässt und dann Schläge erhält. Marie sagt mir, dass diese [zweite Haut, Anm. B. B.], trotz meiner nächsten Analyse-Pause, sie weiter umhüllen werde. Während dieser Worte erscheint vor meinen Augen das Bild eines braunhaarigen Mädchens, das nach und nach lebendig wird, entzückt, dass sie auf dem Gepäckträger des Fahrrads ihres Vaters sitzen kann. Aber dieses braunhaarige Mädchen bin auch ich, während mich mein Vater mit dem Fahrrad in die Schule von Carriéres-sur-Seine bringt. Somit ist zwischen der inneren Welt von Marie und meiner eigenen inneren Welt eine Brücke entstanden, auch Trennung wird nun möglich, denn eine andere, weniger schmerzhafte Geschichte konnte seine Worte finden.

Übrigens hat der englische Psychoanalytiker Winnicott gesagt: »Es ist möglich und gut für den Analytiker, sich in die Haut des Patienten zu versetzen, indem er den Kopf über den Schultern behält«.

Epilog

Vor zwei Jahren hat Marie ihre Psychoanalyse beendet. Seit mehreren Jahren lässt sie, nach eigenen Worten, ihre Haut in Ruhe. Sie hat die Diplome erhalten, die sie sich seit der Jugend gewünscht hat, und den Beruf, von dem sie seit dieser Zeit geträumt hat. Sie hat außerdem angefangen, mit einem Mann in Harmonie zusammen zu leben. Und besonders an einem der Tage, an dem ich von den Ferien zurückkam, hat sie mir, weinend vor Erleichterung, sagen können, dass ich ihr schließlich nicht gefehlt hatte. Diese Sitzung endete mit einem Lachanfall, aber ich weiß nicht mehr warum.

Der Schlangenmensch –
Herr H. mit einer Hauterkrankung aus dem Formenkreis der Ichthyosis und einer narzisstischen Störung[1]

Christina Detig-Kohler

»Je mehr es weh tut, um so besser ist es«

> »Es ist die Schlange, die sich selbst genießt, sich selber befruchtet, sich selbst an einem einzigen Tag hervorbringt und mit ihrem Gift alles tötet, vor dem Feuer flieht.« (Aus: Tractatulus Avicennae, in: Artis Auriferae I, zit. nach Maguire, A.)

Mein Patient, den ich Herrn H. nennen möchte, ein 44-jähriger Restaurator, mit einer Hautkrankheit aus dem Formenkreis der Ichthyosis, war von einem auswärtigen analytischen Kollegen zu mir geschickt worden. Er kam mit dem ausdrücklichen Wunsch nach einer analytischen Behandlung.

Im Erstgespräch beschreibt Herr H. das Bild einer vermögenden Familie, in der er als Familienältester das Familienunternehmen leitet, welches sich vorwiegend mit der Restaurierung und dem Wiederaufbau von Jugendstilobjekten befasst.

Aus der Welt seiner inneren Repräsentanzen erklärt er seine Kindheit als »äußerst glücklich«. Neben einer »unbeschreiblichen Mütterlichkeit« habe er zwei »funktionierende Eltern« genossen, in der der Vater, der Familienlegende zufolge, seine Karriere aufgab, um sich ganz dem hautkranken Sohn und den Familiengeschäften zu widmen. Sein Problem in der Kindheit habe nicht aus »zu wenig« sondern an »zu viel Eltern« bestanden. In der »entleerten« Beziehung der Eltern sei ihm die Funktion des Bindeglieds, mit seinen Worten, des »Zusammenhalters« übertragen worden; die Beschwörungsformel »Wir bleiben doch nur wegen dir zusammen« gelte noch heute und ersticke jedweden Trennungsimpuls im Keim. Aus seinem inneren Erleben heraus fühlt er sich bis heute als der Mittelpunkt des elterlichen Lebens. In Ermangelung einer guten inneren Beziehung hätten sich die Eltern darauf verlegt, aller Welt das Schauspiel einer glücklichen Familie vorzuführen, die in ihrem großbürgerlichen Umfeld gesellschaftlich hohes Ansehen genießt. In dieser Inszenierung fiel ihm die Rolle des Kronprinzen zu, der, vom Vater enttäuscht (»er ist leer wie eine Wüste«), lernte, sich mit der Mutter, die auf »der Gewinnerseite des Lebens« steht, zu identifizieren. Ihrer Geschicklichkeit sei es zu verdanken, dass das Arrangement einer »falschen Harmonie« zwischen ihm und den Eltern bis heute funktioniert.

Exemplarisch beschreibt er die überfallartigen Überraschungsbesuche der Eltern, die sich in seiner kunstvollen Wohnung in zwei eigens für sie reservierten Zimmern unkontrollierten Zugang zu seinem Lebensraum verschaffen können. Bei diesen regelmäßig stattfindenden, an Fütterungsrituale erinnernden Besuchen wird in einer zweitägigen oralen Orgie Auserlesenes, sowohl von der Mutter Vorgekochtes als auch alkoholisch Kostbares, anstelle emotionalen Austauschs, zelebriert.

In den folgenden Sequenzen, möchte ich veranschaulichen, wie sich die Wechselprozesse zwischen der Hautkrankheit und der narzisstischen Störung des Patienten, in der Übertragungsbeziehung als psychische und körperliche Gegenübertragungsreaktionen ›hautnah‹ in mir abbildeten und wie die Hautkrankheit dazu funktionalisiert wurde, die Beziehung zu kontrollieren. Dieses Geschehen möchte ich vor dem Hintergrund des analytischen Konzepts von Anzieus *Das Haut-Ich* analysieren und zeigen, wie mir dieser theoretische Ansatz geholfen hat, die unbewussten Projektionen dieses Patienten, die sich in dem Phantasma einer gemeinsamen Haut in seinen narzisstischen und masochistischen Varianten widerspiegeln, aus dessen innerer Objektwelt heraus zu verstehen. Dabei verzichte ich auf eine ausführliche Erhebung der biographischen Daten, auch um die Anonymität des Patienten zu wahren.

Bereits in dem Erstgespräch wird eine narzisstische Erregung spürbar, die mit der Darstellung seines grandiosen und gleichzeitig beunruhigenden Herkunftsroman verbunden ist. Daneben spricht Herr H. aber auch von einer inneren »Trägheit«, die ihm zu schaffen macht und in der Übertragung anscheinend dazu dient, die mit dem Material aufkommenden aggressiven und beschämenden Impulse abzuwehren.

Während Herr H. über seine kultivierte Familie spricht, steht sein Gesicht förmlich ›in Flammen‹. Von seinem weltmännischen Gebaren fühle ich mich etwas peinlich berührt, aber irgendwie auch kontrolliert und bemerke, dass ich mich in dem Impuls, ihn näher kennenlernen zu wollen, gebremst fühle.

In seinem von Größenvorstellungen konzipierten Selbstbild ist er »stolz, aus Schwächen Stärken zu machen«. Die quälenden Seiten dieser Selbstbeschreibung verändern das Bild eines humorvollen, weltoffenen Unterhalters zu einem innerlich isolierten Menschen, der sich außerhalb seiner beruflichen Welt von Ängsten und Zwängen »wie gelähmt« fühlt. Er hofft, durch die Analyse ein »bindungsfähiger Mensch« zu werden, der mit seinen Beziehungen »in's Reine« kommt. Seine Klagen über die Unfähigkeit, sich an eine Partnerin zu binden und die verzweifelte Suche nach jemandem, der ihn aus der inneren Abhängigkeit von den kontrollierenden Eltern »befreit« enden mit dem eindringlichen Wunsch nach einer Analyse.

Erstaunlicherweise bemerke ich, dass mich die Frage, ob ich ihn in Analyse ›nehmen‹ will, gar nicht besonders beschäftigt und ich ihn bereits am Ende des ersten Gesprächs aus der Gegenübertragung heraus ›angenommen‹ hatte. Was war also geschehen?

Gehe ich ganz an den Anfang der Begegnung zurück, erinnere ich mich zuerst an die Initialszene und an das Erschrecken, das der Patient in mir auslöste, als ich während der Begrüßung in sein teilweise ekzematös verfärbtes Gesicht schaute und die Haut einer rauhen, lederartig verschorften und rissigen Hand berührte. Spontan empfand ich in der Gegenübertragung Gefühle aus einer Mischung von Schuld und Scham und ertappte mich bei dem Gedanken »Ich möchte nicht in seiner Haut stecken.« Neben meinen Schamgefühlen, die ich erst nicht verstand, verspürte ich auch deutlich den Wunsch, diesem Menschen in seiner gequälten Haut zu helfen. Sein leicht überhebliches Gebaren verstand ich als einen Versuch, seine Unsicherheitsgefühle zu kaschieren.

In dem Versuch, die geschilderte, körperliche und psychische Begegnung der Initialszene von ihrem unbewussten Bedeutungsgehalt her zu verstehen, wurde mir klar, dass der Patient bereits in diesem allerersten Moment seine frühe Objektbeziehung inszeniert hatte: Über eine Vielfalt von verwirrenden gegensätzlichen Gefühlen vermittelte er mir unbewusst, dass ich in ›seine Wunde‹ gefasst hatte, und dass Berührungen zwischen uns mit Schuld- und Schamgefühlen verbunden sind.

Geht man davon aus, dass im üblichen zwischenmenschlichen Kontakt die Geste der Begrüßung als eine erste Berührung meist positive oder gar freundschaftliche Gefühle hervorruft, war dieser Patient nicht in der Lage, solche Gefühle in mir auszulösen. Mein Schamgefühl erklärte ich mir als Ausdruck seiner Projektion, von der ich mich schon vom ersten Augenblick an besetzt fühlte. Die Übertragung hatte sich von diesem ersten Moment an als eine narzisstische Enttäuschung abgebildet, in der der Patient von seiner inneren Objektwelt her unbewusst projektiv das Ziel verfolgte, die psychische Getrenntheit zwischen uns aufzuheben und mein eigenständiges Denken und Fühlen durch ihn bestimmen zu lassen.

Dieses projektive Wechselgeschehen zwischen seiner psychischen Abwehrstrategie und der psychischen Reaktion bei mir (Schuld, Scham, Mitleid) entwickelte sich im weiteren Verlauf des Erstgesprächs mehrmals. Zum Beispiel, als ich etwa nach der Hälfte der Zeit die brennende Haut meines Gesichts spürte und das als körperlichen Ausdruck seiner Scham über seine Krankheit verstand. Obwohl diese so offensichtlich für sich selber sprach, war sie bisher noch mit keinem Wort von Herrn H. erwähnt worden. Als ich Herrn H. behutsam fragte, ob er vielleicht deshalb nicht über seine Krankheit spricht, weil er befürchtet, abgelehnt zu werden, konterte er mit einer scharfen Zurückweisung und brachte mich damit auf Distanz.

Meinem Eindruck nach wurde der Patient daraufhin erst richtig lebendig und betonte, dass seine Bindungsängste oder Einsamkeitsgefühle nichts mit der Erkrankung zu tun hätten. Er habe die Krankheit akzeptiert und da er sie nie mehr loskriegen würde, habe er sich mit ihr arrangiert; die Krankheit sei das eine und seine Probleme das andere.

In dieser distanzherstellenden Bewegung läuft es mir kalt den Rücken runter und ich nehme erneut Schamgefühle wahr, aus denen heraus ich mich übergriffig und uneinfühlsam erlebe. Zum zweiten Mal hatte sich ein demütigender Berührungsaustausch entfaltet, der mit beschämenden und zurückweisenden Qualitäten verknüpft war. Ich verstehe dieses sich gerade abbildende Geschehen als Ausdruck eines Berührungstabus, bitte ihn aber noch einmal von seinen Gefühlen, die er im Zusammenhang mit seiner Hautkrankheit erlebt, zu erzählen, auch wenn ich mir vorstellen kann, ihm damit ›auf die Pelle‹ zu rücken.

Dann erzählt er nach außen widerwillig – mit strahlenden Augen, seine Geschichte mit dieser seltenen Krankheit.

Den Vorstellungen seiner inneren psychischen Realität folgend erfahre ich, dass es sich um eine bisher kaum erforschte Sonderform dieser Krankheit handelt, die kurz nach seiner Geburt »um den Nabel herum« entstanden sei. Schmunzelnd meint er, dass die Abnabelung bei der Mutter(!) wohl nicht geklappt habe. Seitdem tritt die Hautkrankheit in Zyklen von 5–8 Tagen auf, in denen die Haut einem Verschuppungsprozess unterliegt, der zu einem regelrechten Panzer führt.

Als Baby seien anfangs nur wenige Stellen befallen gewesen, erst im Laufe seiner Kindheit habe sich dieser Panzer mehr und mehr über den ganzen Körper ausgebreitet und heute sei »die Körperoberfläche bis zu 80 % mit dem Schuppenpanzer überzogen«. Am Ende eines solchen wöchentlichen Zyklus fühle er sich wie in einem leichten Fieberschub und in seiner Atmung beeinträchtigt.

Während der Beschreibung seines körperlichen Zustands, fühle ich mich wie angesteckt, mir wird abwechselnd heißt und kalt und ich bekomme eine Gänsehaut, während der Patient sachlich und scheinbar ohne Gefühle darüber spricht. Dann fallen mir wieder seine leuchtenden Augen auf, eine Tatsache, die ich in diesem Zusammenhang als befremdlich erlebe und als Ausdruck einer narzisstischen Besetzung dieser ›Häutung‹ interpretiere.

Er berichtet weiter, von seinen Eltern bei verschiedensten Koryphäen im In- und Ausland vorgestellt worden zu sein und wie die »Herren Professoren« wegen der Seltenheit »seines« Krankheitsbildes ausgerufen hätten: »Dass ich das noch erleben darf ...«

Aber keiner habe ihm helfen können, die vielen Untersuchungen, Krankenhausaufenthalte und Medikamente seien erfolg- und wirkungslos geblieben. Seit einiger Zeit habe er beschlossen, sich selbst zu helfen. Da er mittlerweile den Rhythmus der Verhornung kennt, habe er sich daran gewöhnt, ihm sei lediglich unangenehm, dass andere ihn manchmal fragen, warum er so viele Schuppen verliert. Aber mit langärmligen Hemden, er »liebe teure Stoffe und schöne Hemden«, könne er dies gut kaschieren. Außerdem habe er Techniken entwickelt, um der Schuppen »Herr zu werden«.

Dann beschreibt er ein autoerotisch anmutendes Baderitual, über das ich erst sehr viel später erfahre, mit welch autodestruktiven Qualitäten es verknüpft ist: er badet bei sich zu Hause, muss dabei alleine sein, weicht sich zwei Stunden in seiner Wanne ein, wobei das Wasser eine möglichst gleichmäßige Temperatur haben muss und erklärt, diesen Zustand zu genießen, während er liest und telefoniert. Zu guter Letzt »rubbelt« er in einer speziellen Technik mit den Händen die Schuppen von der Haut.

Danach fühlt er sich wie neugeboren, wie in einer Babyhaut, hochsensibilisiert auf jede Art Berührung und ungefähr zwei Tage beschwerdefrei.
Zwar sei er auch schon am toten Meer gewesen, sei aber nicht ins Wasser gegangen. Auf meine Intervention »weil sie fürchteten, ihre Krankheit zu verlieren«, antwortet er: »Ich habe mich an diese ›Hautbesonderung‹ gewöhnt, ich habe damit eben was ganz Besonderes, etwas, was nur ich habe«.

Ich möchte nun versuchen, an diesen zwei Szenen zu beschreiben, wie sich die Wechselwirkung zwischen dem körperlichen Zustand des Patienten und meinem psychischen Zustand in der Übertragung projektiv entwickelte.

Während seines Berichts über diesen schmerzhaften Abstoßungsvorgang, über den er klar und sachlich spricht, nehme ich ein Gegenübertragungsgefühl zwischen Erschrecken und Faszination wahr, sowie eine große Anstrengung, meine Denkfähigkeit zu bewahren, denn im Zusammenhang mit der narzisstisch hohen Besetzung von diesem Wandlungsprozess schießen mir tausend Fragen und Phantasien durch den Kopf.

Schlagwortartig fällt mir zu dem Baderitual ein: »zurück in den Uterus«, und ich frage mich welche Phantasien der Patient wohl beim Abplatzen oder Abrubbeln der Schuppen hat, bei diesem sich wöchentlich wiederholenden Ab-Sterben und Wieder-Geboren werden? Mir fällt der Ausspruch »sich eine neue Haut zulegen« ein und ich überlege, ob Herr H. die Größenphantasie hat, sich selbst neu gebären zu können, über die Haut als Symbol für Unsterblichkeit? Ich denke an die seit Jahrhunderten bestehenden Wünsche der Menschen, sich wie Phönix aus der Asche zu erschaffen, und in mir entstehen utopische und groteske Bilder, in denen Unmengen von kleinen Wesen aus der Hautoberfläche ›geboren‹ werden. Über solch konkrete objektale Geburts- und Trennungsphantasien irritiert, versuche ich mich gewaltsam aus diesen Phantasien herauszureißen. Es gelingt mir nur kurz, gleich wieder assoziiere ich Schlangen, die ihre Haut verlieren und sich aus der alten in einer Art Überlebenskampf herauswinden. Und Fische, die ohne ihre Schuppen lebensunfähig wären und, und, und (…) ich muss mich anstrengen, mich aus meinen Phantasien herauszuwinden, weil ich das Gefühl habe, unendlich weiterphantasieren zu müssen.

Neben diesen blitzartig auftauchenden Bildern, fällt mir nun auch der Geruch auf, den ich als Mischung aus einem stark riechenden Herren-Eau de Toilette und dem typischen Glycerine-Creme-Geruch, den ich von hautkranken Menschen kenne, identifiziere. Schon bin ich wieder mit

Bildern konfrontiert: Der Patient als kleiner Junge, bevor er dick mit Glyzerin- Creme eingeschmiert, voller Angst seine abbröckelnde Haut betrachtet. Ich stelle mir dieses Kind vor, dass durch eine altkluge Vitalität versucht, die Angst vor dem Zerfall, seine Bedürftigkeit und seine Scham über die Beschädigung im Zaum zu halten. Ich erinnere mich an das zuvor Gesagte und verstehe, dass dieser kleine Mensch sich eine dicke Haut zulegen musste, die ihn dazu brachte, »aus Schwächen Stärken zu machen« und auf der Phantasieebene eine Abwehrstruktur zu entwickeln, um seine frühen narzisstischen Risse zu kitten.

In dieser Sequenz, in der ich mich von der narzisstischen Erregung des Patienten, die mit der Beschreibung seiner Krankheit einher ging, körperlich und psychisch affiziert fühlte, wurde mir später bewusst, dass es in dem direkten körperlichen Einfluss, den der Patient in der Gegenübertragung auf mich ausüben konnte, um etwas gehen musste, was psychisch zunächst nicht fassbar war. Ich verstand deshalb meine Reaktion in der Gegenübertragung als komplementäre Reaktion auf eine traumatische Erfahrung, die sich somatisch in meiner körperlichen Erregung darstellte. Aus der Gegenübertragungsanalyse fragte ich mich, ob Herr H. sich einen narzisstischen Panzer zulegen musste, um sich von seinem inneren Mutterobjekt getrennt fühlen zu können, denn ich erlebte dieses Erstgespräch als einen permanenten projektiven Angriff auf meine psychische Getrenntheit.

Ich fragte mich auch, in welcher psychischen Struktur und in welchem Haut-Ich sich die Abwehrmechanismen der narzisstischen Überbesetzung von den geschädigten psychischen und körperlichen Funktionen entwickelt haben.

Da der Gebrauch seines Körpers mit einer schweren Erschütterung seiner Selbstachtung und mit einem entwerteten Körperbild verbunden ist, überlegte ich, ob es ihm möglich sein würde, sich auf die inneren Prozesse zu konzentrieren, hatte er doch gelernt über sein äußeres Symptom zu kommunizieren.

Mit dieser und vielen anderen Fragen intensiv beschäftigt, musste die Entscheidung für oder gegen eine analytische Behandlung getroffen werden. Für eine Analyse dieses Patienten sprach, dass er sich eine Abwehrstruktur erhalten hat, die es ihm ermöglicht, sich mindestens an den zwei Tagen nach dem Bad aus seinem Panzer herauszuwinden und in diesen beiden Tagen versucht, das Phantasma einer gesunden, getrennten Haut zu leben. Diese innere Leistung einer psychischen Häutung deute ich für mich als reparatives Moment mit der Möglichkeit, in der Analyse eine weitere Stufe im Individuationsprozess erreichen zu können.

Das Symptom verstand ich zunächst als symbolische Darstellung seiner Trennungsunfähigkeit. Später fiel mir auf, dass ich in diesem Moment prognostischer Unsicherheit sehr schnell bereit war, sein somatisches Geschehen als ein psychisches zu interpretieren. War doch die Schuppenbildung selbst ein somatischer Vorgang und nur in seiner psychischen Besetzung als (Bade-)Ritual, mit der möglichen Bedeutung einer seelischen Häutung und symbolischen Darstellung einer Trennungsunfähigkeit, zu verstehen. Ich stellte mir die analytische Beziehung als Verdichtung einer Art ›Nabelschnur-Verbindung‹ vor, in der neben körperlichen Gefühlen schmerzhaftes Erleben den Austausch regelt, sobald es zur Berührung kommt.

Für eine Behandlung sprach auch, dass Herr H. seinen psychischen Leidensdruck deutlich machen konnte. Er war sich seiner Beziehungsstörung bewusst und konnte vermitteln, dass es ihm ein wichtiges Anliegen ist, die Beziehung zu seiner Freundin zu klären, anstatt sich treiben zu lassen und darauf zu warten, dass diese die Beziehung beendet.

Trotz aller Ambivalenz und dem Gefühl, dass mir der Patient schon weit mehr ›unter die Haut gekrochen‹ war, als ich erwartet hatte, weil mich in all diesen Überlegungen die seelische Kraftanstrengung dieses Menschen erfasst hatte, vereinbarten wir zunächst eine dreistündige Analyse. Für die bevorstehende analytische Arbeit stellte Herr H. das Motto auf: »Je mehr es weh tut, desto besser ist es!« Er ahnte oder wusste unbewusst, wie schmerzhaft es sein würde, sich seinen alten Wunden zu stellen und den Versuch der Verleugnung seiner infantilen Ungetrenntheit aufzugeben. Ich erwartete psychodynamische Prozesse, in denen es um ein Nebeneinander von Hoffnung und Enttäuschung, sowie Idealisierung und Entwertung gehen würde.

Erst als es mir möglich wird, mich auf Anzieus Ansatz wie auf ein ›gutes inneres Objekt‹ zu besinnen, entschließe ich mich für die Analyse. Aus dieser Theorie heraus, konnte ich das Bild einer haltenden Mutter entwickeln, die in ihrer Funktion des Haltens Hoffnung nährt, aber auch mit Trennungsschmerzen konfrontieren muss, als Voraussetzung für die Entwicklung eines eigenständigen, abgegrenzten Haut-Ichs.

Aus diesem ersten Jahr der Analyse möchte ich nun zwei Sequenzen vorstellen, die den unbewussten Versuch des Patienten zeigen, über projektive Identifizierung die psychische Getrenntheit in der analytischen Beziehung auszulöschen.

Das erste Jahr der Analyse ist bestimmt von einer Art ›Lebenstheater‹, in dem er nach und nach die von ihm narzisstisch hochbesetzten Rollen vorführt, seine Hüllen, die ihn wie eine zweite Haut schützen sollen und mit denen er mich beeindrucken möchte:
- als gefürchteter Geschäftsmann und harter Verhandlungspartner, der in feinstem Outfit, umhüllt von teurem Tuch, direkt aus einer wichtigen Konferenz in die Analyse eilt;
- als potenter Radler im Rennfahrerlook, der ›mal eben‹ kurz vor der Analyse 70 km in die Pedalen tritt, um dann in Helm und Handschuhen meine Reaktion auf seine schweißtriefende Haut zu testen;
- als Frauenheld, der mit den Frauen aus aller Welt Beziehungen unterhält und sich dabei in der Präsentation eines begehrten Junggesellen inszeniert;
- als einfühlsamer, omnipotenter Liebhaber, der jedwede Partnerin zufriedenstellen kann,

und
- als idealer Patient, der sich um ›Leistung‹ bemüht, indem er Massen von Einfällen produziert und dafür Anerkennung erwartet.

Ich verstehe diese Inszenierungen im Winnicott'schen Sinne als Darstellung eines falschen Selbst, was dazu dienen soll, die beschämenden Aspekte seines Haut-Ichs zu verbergen.

Er möchte der Nabel der Welt sein, wenn er mir in seinen Assoziationen und den sexualisierten Berichten über Frauen verschiedenster Couleur – eine Tänzerin aus Kolumbien, eine promovierte Wissenschaftlerin aus Polen – verschiedene Geschäftspartnerinnen, etc. – alles Frauen, mit denen er permanent über Telefon und Fax »im Gespräch« ist, zeigt, wie er sie »an der langen Leine hält«. Dabei sind die Frauen, mit denen er wegen deren »ungenügender Bildung nicht über die wirklichen Dinge des Lebens« sprechen kann, zur Abwertung verurteilt, obwohl er sie als diejenigen beschreibt, die »alles« für ihn tun würden. Dagegen fühlt sich der Patient von den Frauen, vor denen er Achtung hat und die er wirklich begehrt, abgewiesen und auf Distanz gehalten.

In seinen Inszenierungen demonstriert er mir unbewusst, wie er projektiv in die Frauen eindringt und seine Objekte beherrscht. In seinen Beschreibungen genießt er ein grandioses Selbstimage, das sich in der Bewunderung der anderen spiegelt, aber leicht desintegrieren und ihn mit dem Schrecken eines mangelhaften Selbstbildes in tiefe Depression stürzen kann.

Dies zeigt er am Beispiel einer Angestellten, die ihn auf seine Krankheit anspricht und mit Hautcreme versorgt, woraufhin er in immense Hilflosigkeitsgefühle und blinde Wut stürzt. Triumphierend dreht er den Spieß um und geht mit unangemessener Härte gegen sie vor, indem er sie ihre reale Abhängigkeit von ihm spüren lässt.

Ich erkenne, dass Herr H. mir unbewusst zu verstehen geben will, wie es mir ergehen wird, wenn er in der Umkehr der Rollen mich zum abhängigen, kranken Objekt machen wird.

Dann gibt es noch die eigentliche Freundin, zu der er in einer Hass-Liebes-Beziehung steht, weil er mit ihr weder glücklich sein noch sich von ihr trennen kann.

Wir verstehen es als Ausdruck einer tiefen Selbstwert-Unsicherheit, dass er die kalten, berechnenden Frauen attraktiver findet als die warmherzigen Frauen, die an einer echten Beziehung interessiert wären. Es geht in seinen Beziehungen immer um den Modus von Macht oder Unterwerfung.

In den vielen ermüdenden Berichten über seine Beziehungen draußen fällt kaum ein Wort über seine Hautkrankheit, geschweige denn über die damit verbundenen Gefühle, oder gar Gefühle, die mir gelten, außer ein oft deutlich vernehmbares nervendes Kratzen mit und auf den Knöcheln seiner Hände. Meinem Eindruck nach der einzig echte Affekt, der seinen Ärger über die ungleiche Beziehung zwischen uns ausdrückt, den ich aber auch als Ausdruck seines Wunsches, von mir verstanden zu werden, deute.

Unbewusst beschäftigt sich Herr H. mit der Frage, in welche Kategorie er mich einordnen soll, wie er mich ›abtasten‹ kann, um mich in eine gemeinsame Haut mit ihm ›einzuwickeln‹. Er versucht mich dazu zu bringen, meine Affekte zu zeigen, mich zu zeigen, will aber gleichzeitig jede Berührung zwischen uns verhindern, da die Beziehung mit Angst vor Abhängigkeit verknüpft ist.

Bald gelingt es ihm, mich mittels seiner brillianten Sprach- und Erzählbegabung in den Bann zu ziehen. Fast spielerisch jongliert er mit Zitaten berühmter Dichter, zitiert ganze Passagen aus Werken der Weltliteratur, erfindet permanent geistreiche und witzige Wortschöpfungen und kokettiert mit der Beherrschung verschiedener Fremdsprachen.

Ich empfinde die Stunden in dieser Phase anfangs ungeheuer anregend: Meine Haut prickelt und pulsiert, ich fühle mich aktiviert und an seinem Wissen über Kunst, Literatur und Musik teilhabend. Es war ihm gelungen, an der Oberfläche meiner Haut auf mich einzuwirken, indem ich mich von dieser Art seines persönlichen Reichtums einhüllen, aber auch blenden ließ. Erst als ich die innere Leere bemerkte, die sich zwischen uns ausbreitete, versuchte ich mich mit großer Mühe seinen Verführungskünsten zu entziehen und von seinem interessanten Unterhaltungsprogramm zur Arbeit an der Übertragung zurückzukehren.

Dabei hatte sich die narzisstische Einhüllung der erregenden Gespräche über die Welt draußen, die uns beide über die unbewusste Phantasie einer gemeinsamen Haut zu einer unverwundbaren Einheit machen sollte, zu einer leeren, durchlöcherten Hülle gewandelt, die den Schrecken eines durchlöcherten Haut-Ichs erahnen ließ.

Aus der Übertragungsanalyse verstand ich dieses Geschehen als Versuch der unbewussten Inszenierung einer frühen Nabelschnur-Verbindung. Herr H. versuchte mit seinen Fähigkeiten, mit denen er virtuos agierte, seine Haut zu retten, indem er mich mit schöngeistiger Nahrung fütterte, um in libidinöser Besetzung seines Größenselbst ein perfektes narzisstisches Mutter-Kind-Paar zu erschaffen, in dessen Ungetrenntheit er sich mächtig fühlen konnte. Diese Abwehrformation diente an erster Stelle dazu, die Abhängigkeit zu verleugnen, aber auch die in der Übertragung aktualisierten, libidinös und aggressiv besetzten Phantasien, die sich in das zerstörerische Selbst und die verfolgenden frühen introjizierten Objekte aufspalten, in Schach zu halten. Indem ich mich von seinem Wissen beeindrucken ließ, hatte ich für einen Moment mein analytisches Wissen aufgegeben, also das, worin ich ihm gegenüber unabhängig war. Auf diese Weise war es ihm erneut gelungen, durch intrusive Identifizierung omnipotent Kontrolle über mich auszuüben und seine narzisstische Erregung in der Gegenübertragung, als zunächst körperliches Erleben meiner Haut, fühlbar werden zu lassen.

Meine Versuche, dies als unbewusste Wiederholung einer frühen Nabelschnur-Verbindung zu deuten, aus der heraus er die Analytikerin-Mutter aktivieren und beeindrucken möchte, bringt mich der Wehrlosigkeit des kleinen Jungen näher, der aus Angst vor dem versagenden Reizschutz der Mutter in einem realen Angriff auf seine wunde Haut (durch die pflegenden Ersatzobjekte in den Kliniken) phantastische Visionen erfindet, um zu den Gefühlen des Getrennt- und Ausgeliefertseins ein Gegengewicht zu schaffen.

In dieser Phase seiner projektiven Bewegung, in der Herr H. zwar intellektuell erreichbar ist, nicht aber in seinem inneren Raum, bemerke ich nach einigen Wochen einen unmerklich vonstatten gegangenen Wechsel in meinen Gefühlen, den ich zunächst als eine positive Berührung zwischen uns deute: ich spreche in einer seismographischen Weise, gedämpft, um Beruhigung bemüht, fast liebevoll. In diesem Schonklima entwickelt sich eine Atmosphäre wie mit einem kranken Baby. Die Beziehung gestaltet sich entspannter und ich bin zunächst der Ansicht, dass mein Containing dazu geführt hat, dass sich Herr H. sicherer fühlt, ja ich habe sogar manchmal den Eindruck, als bade er in meinen Worten. Erst viel später wurde mir klar, dass seine Sicherheitsgefühle sich weniger durch mich als durch seine narzisstische Phantasie entwickelt hatten, eine gemeinsame Haut geschaffen zu haben, in der er sich wohlfühlte.

In dieser Phase der Beruhigung, die mit der unbewussten Phantasie einer Hautfusion verbunden ist, kommt es im 13. Monat der Analyse zu einer ersten gravierenden Wende in der Übertragung, als ich Herrn H. von meinen nun endgültig festgesetzten Umzugsplänen – sechs Monate später – unterrichte. Ich hatte Herrn H. in der Vorbesprechung eindringlich darauf hingewiesen, dass ich zum Ende des folgenden Jahres mit der Praxis an einen anderen Ort umsiedeln würde, was für ihn jedes Mal eine Fahrtzeit von einer guten Stunde je Strecke bedeuten würde und dass er diesen Punkt in seiner Entscheidung genügend beachten müsse. Als ich ihm schließlich definitiv den Termin mitteile, kommt es zu einer dramatischen Entwicklung.

Sechs Monate lang ringt der Patient mit sich und mit mir, seine Wut und Entwertung mir gegenüber steigert sich ins Qualvolle. Es wird deutlich, dass er aus seiner inneren Objektwelt heraus fest davon überzeugt ist, der Mittelpunkt meiner Arbeit zu sein. Er fühlt sich von mir »ausgenutzt« und will mehrfach das Arbeitsbündnis (auf-)kündigen. Mit Hilfe der analytischen Arbeit gelingt es ihm allmählich, seine Verleugnungsstrategie zu erkennen. Bewusst hatte er nie geglaubt, dass ich mit dem Umzug ernst mache und fühlt sich nun vor dem Nichts stehend.

In meinen Überlegungen frage ich mich, ob Herr H. vielleicht auch deshalb dem Beginn der Analyse bei mir zugestimmt hatte, weil er am Anfang der Behandlung unbewusst mit der Phantasie spielte, sich wegen des anstehenden Umzugs nicht wirklich auf die Analyse einlassen zu müssen.

Nun, als er seine Abhängigkeitswünsche wahrnimmt, ist er voller Wut und zeigt zum ersten Mal seine Hände vor. Er klagt zwar über das Jucken und dass sich seine Haut zusehends verschlechtert, will sich aber auf die Deutung, dass es ihm in den Händen juckt, weil er sich so schlecht von mir be*hand*elt fühlt, nicht näher einlassen. Ich dagegen fühle mich durch seine konkret anklagenden Hände zutiefst schuldig.

Wieder versucht der Patient mit seinen bekannten Abwehrstrategien den Konflikt zu umgehen: Er schlägt mir vor, bei der Suche nach neuen Praxisräumen vor Ort behilflich zu sein und phantasiert, dass ich in einem seiner Häuser eine Praxis eröffne. In den Phantasien über den Grund meines Umzugs, die er anfangs trotzig verweigert, verleugnet er völlig mögliche familiäre Gründe. Er befasst sich lieber mit Phantasien, in denen ich wegen einer Professur oder eines großartigen multikulturellen Forschungsprojekts zum Umzug gezwungen bin.

Wir stecken in der Übertragung in einem Patt. Der Wechselprozess zwischen der anklagenden Kommunikationsfunktion seines körperlichen Symptoms und dem eindringenden Charakter seiner Projektion in dieser Sequenz hatte mich in die Position gebracht, mich schuldig zu fühlen. In der projektiven Identifizierung verhaftet, warf ich mir vor, ihn um sein sich gerade erst entwickelndes Haut-Ich zu bringen. Erst allmählich erschließt sich aus dem Material der Stunden der unbewusste Zusammenhang: Der Patient war traumatisiert. In seiner inneren Objektwelt hatte er das Gefühl, dass die intrusiv omnipotente Beherrschung der Mutter/Analytikerin gescheitert war. Er wollte mich in Ausübung omnipotenter Kontrolle bewohnen, musste doch tief enttäuscht erkennen, dass ich ein eigenes Leben habe, welches mit seinen unbewussten Verschmelzungswünschen nicht in Übereinstimmung zu bringen war. In der intrusiven Absicht gescheitert, fürchtete er zu dekompensieren, wenn ihm die Phantasie der omnipotenten Beherrschung der Nabelschnur-Verbindung nicht mehr zur Verfügung steht. Die Konfrontation mit meiner Realität und damit eine Desillusionierung seines Phantasmas von der gemeinsamen Haut kam in der Übertragung zweifellos zu früh und bedeutete für ihn, sich eingestehen zu müssen, dass er mich braucht, als eine Sicherheit spendende, psychische Haut. In ohnmächtiger Wut muss er mich deshalb zum entwertenden, ihm das Fell über die Ohren ziehenden Objekt machen, das von ihm verlangt, »alles zu fressen«.

In diesem Zusammenhang fiel ihm ein, dass er bis zum 5. Lebensjahr das Essen ›verweigerte‹ und nach dem ersten gemeinsamen Urlaub mit den Eltern am Meer ein Wechsel stattfand, der dazu führte, dass Essen für ihn bis heute libidinös hoch besetzt ist. Er lernte damals schwimmen und erinnert sich an das Freiheitsgefühl, sich wie ein Fisch im Wasser zu bewegen. In der Pubertät gab es dann noch einmal eine Magersuchtsphase, in der er sich bis auf 48 kg »runter hungerte«.

Die Parallele ist deutlich, so versuchte er nun auch – wie in der Kindheit – in der Umkehr der Rollen, mich wie damals die Mutter dazu zu bringen, um ihn zu kämpfen, um die eigenen Abhängigkeits- und Verlustängste nicht wahrnehmen zu müssen. Er hoffte, wie damals über (Essens-)Verweigerung seine Forderung nach ausschließlicher Beziehung, unter Verleugnung des dritten Objekts (in Form meines Umzugs), durchzusetzen. Aus der Welt seiner inneren Repräsentanzen gehörte zu der damaligen Allianz mit der Mutter – über die Gratifikation auf der oralen Ebene – auch die Lust des ödipalen Jungen, sich frei schwebend wie ein Fisch im Wasser zu bewegen, was für ihn mit Ungebundensein und der omnipotenten Illusion von Unabhängigkeit verknüpft war.

Die Aktualisierung in einer mehrfachen Übertragungsdynamik wird nachvollziehbar: Meine Realität (Umzug) hatte die Funktion des triangulierenden Dritten übernommen. Fast hatte der Patient mich soweit gebracht, dass ich ihm ernsthaft zur Weiterführung der Analyse bei einem ortsansässigen Kollegen geraten hätte, weil seine Vorwürfe immer unerträglicher wurden.

Zentral war in jedem Fall sein Erleben, sich der gerade erst entstandenen, narzisstisch besetzten Hülle des Wohlbefindens beraubt und in einem traumatischen Wechsel in eine demütigende Unterwerfungshaltung gezwungen zu fühlen.

Meine Eigenständigkeit erlebte Herr H. in der Übertragung als einen realen Angriff auf seine Haut, was sich in seiner Symptomverschlechterung niederschlug. Andererseits half ihm sein Symptom aber auch, seine destruktiven Hass-und Neidgefühle unter Kontrolle zu bringen und aus einer enormen inneren Anstrengung heraus, sich für die Weiterführung der Analyse, an zwei Tagen in zwei aufeinander folgenden Stunden mit einer Pause von zehn Minuten zu entscheiden.

In der Befriedigung seiner oralen Bedürfnisse zutiefst verunsichert, hatte er in diesem halben Jahr mit hoch ambivalenten Gefühlen ums Überleben der Analyse gerungen, was er später auch als eine Art zweite Chance bezeichnete. Ich hatte den Eindruck, dass der Patient eine Zweit-Haut-Verbindung zu mir geschaffen hatte, die neben den schmerzlichen Gefühlen einer Pseudoprogression, von ihm später aber auch als ein erstes Modell für Trennung erlebt werden konnte.

»›Ich liebe meine Mama‹, aber seine Stimme erschien ihm fremd, er hatte entsetzliche Angst (...). An diesem Tag begriff Lucien, dass er seine Mama nicht liebte. Er fühlte sich nicht schuldig, aber er war noch einmal so nett, weil er dachte, man müsse sein Leben lang so tun, als liebe man seine Eltern, sonst sei man ein böser kleiner Junge.« (Jean-Paul Sartre: Die Kindheit eines Chefs, 1939)

Der weitere Analyseverlauf: »Ich brauche jemand anderen, damit ich leben kann«

Im weiteren Analyseverlauf ging es um die Bearbeitung der Trennungsabwehr, die sich in der Übertragung durch einen Wechsel in der inneren Organisation einer pathologisch narzisstischen Beziehungsstruktur widerspiegelte. Diesen Prozess der Übertragung von Psychischem und Körperlichem möchte ich im Folgenden veranschaulichen.

Nach der Verlegung meiner Praxis hatte ich den Eindruck, dass der Patient in einem schmerzlichen Prozess die Bedrohung auf die von ihm idealisierte Einheit einer gemeinsamen Haut überstanden hatte, indem er wahrnehmen konnte, dass ich mich als Objekt außen befinde und es zwischen ihm und mir eine psychische Distanz gibt. Dabei wirkte er anfangs dünnhäutig und erweckte in mir Assoziationen eines Menschen, der sich in einem fragilen, hautlosen Zustand befindet. Indem er sich gezwungen fühlte, seine Omnipotenzvorstellungen mir gegenüber zumindest im Zusammenhang mit der Praxisverlegung vorübergehend aufzugeben, und seine Bedürftigkeit anzuerkennen, fühlte er sich in seinen narzisstischen Selbstvorstellungen verunsichert. Intuitiv spürte er aber bald, dass er die Bedrohung der idealisierten Einheit einer gemeinsamen Haut übersteht, wenn er zu meinen Trennungsgefühlen Zugang findet. Dabei ›köderte‹ er mich für die projektive Identifikation, indem er sich regelrecht in meinen persönlichen Trennungsschmerz ›einnistete‹. Diese Dynamik führte dazu, dass ich mich zunächst in meiner realen Situation verstanden, sogar getröstet fühlte und ihm das auch sagen konnte. Ihm gelang es auf diese Weise, seine Ängste vor Ich-Fragmentierung unter Kontrolle zu bekommen und seine Aggressionsimpulse mir gegenüber erst einmal abzuwehren. Ich bemerkte aber schnell, unter welchen enormen Druck ich durch seine projektive Identifizierung geriet. In der Vermischung mit meinem persönlichen Trennungserleben, im Zuge dessen ich mich in meiner Haut bedroht fühlte (bedingt durch den Neuaufbau der Praxis) und durch die in der Gegenübertragung intrusiv erlebte Verunsicherung, fiel es mir schwer, zwischen seiner geretteten Haut und meinem bedrohten Haut-Ich zu unterscheiden. Darüber hinaus hatte in der inneren Organisation seiner Trennungsabwehr ein erneuter Wechsel in der psychodynamischen Entwicklung des Phantasmas der idealisierten gemeinsamen Haut vom Psychischen zum Körperlichen stattgefunden. Nachdem der Patient die verfolgenden Attacken der inneren hasserfüllten Objekte, von denen er sich im Zusammenhang mit meinem Umzug die Haut abgezogen gefühlt hatte, überstanden hatte, konnte er sich in narzisstischer Weise seiner Haut zuwenden. Voller Stolz berichtete er, zum ersten Mal in seinem Leben ohne die Kilodosen Glyzerinecreme auszukommen, und dass eine ganz gewöhnliche Babymilch von seiner Haut dankbar »aufgesaugt« würde.

Ich verstand dieses unbewusste Angebot in zweierlei Hinsicht. Zum einen zeigte mir der Patient über die Haut seine Dankbarkeit, den Umzug, die von ihm phantasierte Trennung, überlebt zu haben und er war in der Lage, über die Haut seine großen regressiven Bedürfnisse zu äußern. Dass er sich in seiner Haut sogar wohler fühlte als vorher, führte ich auf die Stundenerhöhung zurück.

Zum anderen hatte aber auch ein Austauschprozess zwischen uns stattgefunden, in dem er in mir einen Menschen gefunden hatte, zu dem er (wie die Babymilch in seine Haut) in meinen Trennungsschmerz durchdringen konnte.

In dieser Vermischung, von persönlichem Verlust und seiner gewaltvollen intrusiven Projektion fiel es mir schwer, meine Angst vor seiner Wut und seinem unbewussten Neid zu erkennen. Der Wechsel seiner inneren Abwehrbewegung vom Psychischen zum Körperlichen spiegelte sich in der Übertragung in den subtilen Entwertungen seiner sadistischen inneren Objekte wieder: »Ich könnte nie von der Großstadt auf's platte Land ziehen«, oder »Ich dachte, wenigstens die Brezeln hier schmecken besser...«, während er sich in narzisstischer Weise zufrieden seiner Haut annahm. Er phantasierte sich lieber in meinen Trennungsschmerz und mir wurde bewusst, dass seine Empathie auch dazu dienen sollte, meine Identität zu übernehmen, um dadurch ein Stück seiner Hautkrankheit bei mir zu lassen. Dieser Wechselprozess, in dem ich mich von seinen sadistischen Projektionen attackiert fühlte, während er sich psychisch und körperlich separierte, schaffte den Übergang in eine neue Übertragungsdynamik, die ich als einen ›berührenden‹ tiefergehenden Einstieg in die analytische Arbeit verstand.

Sein Modell, sich projektiv in meinem Trennungsschmerz ›zu Hause‹ zu fühlen, gehört ubiquitär zu Herrn H. und steht aus dem Erleben der inneren Objekte in direkter Beziehung zu seiner Psychopathologie. Viele Male empfand der Patient sich als der tröstende Partner der Mutter, die – ihn im Zuge ihrer ehelichen Unzufriedenheit mit Trennungsandrohungen konfrontierend – in ihm die Größenphantasie erweckte, im Kontext ihrer Trennungsdepression mit ihr ›eins‹ zu werden.

So war es für Herrn H. nur natürlich, dass er auch in meiner Hautlosigkeit in der Übertragung diese Funktion einnahm, und aus seiner inneren Objektwelt heraus, im Zuge des narzisstischen Phantasmas der gemeinsamen Haut, die unbewusste Phantasie entwickelte, meine Veränderung als großzügiges Geschenk an ihn zu verstehen, als ein Zugeständnis zu einer narzisstischen Mutter-Kind-Verdoppelung. Gleichzeitig konnte er in der Partizipation an meinem Trennungsschmerz unbewusst sadistische Impulse seiner inneren destruktiven Objekte unterbringen und damit seinen Hass und Neid auf meine Unabhängigkeit abwehren.

Diskussion

Anzieus Erkenntnisse im *Haut-Ich*-Konzept bauen auf den Beobachtungen spezifischer Erfahrung von Säuglingen auf. In den beiden zentralen unbewussten Konfliktsituationen geht es um das wechselhafte Erleben zwischen Überstimulierung und Frustration.

Der Ausbruch der Erkrankung bei diesem Patienten liegt – seiner persönlichen Legendenbildung zu Folge – wenige Tage nach seiner Geburt. Herr H. setzt in seiner Selbstdiagnose diesen frühen Zeitpunkt an und legt damit nahe, dass es sich um eine Störung mit dem mütterlichen Primärobjekt handelt.

Bei Anzieu findet eine Manifestation der beiden zuvor genannten unbewussten Konflikte, die über die Hautbeziehung mit den infantilen Objekten entsteht, noch vor dem Spiegelstadium, also in den ersten vier Monaten, statt. Die sich später im Erwachsenenalter als masochistische Variante des Phantasmas der gemeinsamen Haut äußernde Objektbeziehung konstituiert sich nach Anzieu aus der ursprünglich überstimulierenden Fürsorge, die zu einer psychischen Erregung beim Kind führt. Diese ist dafür verantwortlich, dass das Kind in einem regressiv symbiotischen

Zustand verhaftet bleibt. Diese erregende Erfahrung des infantilen Haut-Ichs, wird vom Kind als äußerst befriedigend erlebt und verlangt in der späteren masochistischen Form nach ständiger Wiederholung.

Im zweiten Objektbeziehungsmodus – der narzisstischen Variante – nimmt das Kind aufgrund des mangelhaften Körperkontakts die ihm übermittelten Informationen in einem narzisstischen Bedeutungszusammenhang wahr, der als eine narzisstisch besetzte Hülle des Wohlbehagens erlebt wird. Das mütterliche, bedeutungsvermittelnde Objekt wird hierbei als allwissender narzisstischer Doppelgänger erlebt, mit der Illusion, jeder stelle eine der beiden Seiten der gemeinsamen Hautfläche dar.

Die sich aus der Perspektive der inneren Repräsentanzen des Patienten entwickelnden Fusionswünsche und symbiotischen Verschmelzungsillusionen, äußerten sich im Kontext der Übertragung in den wechselhaften regressiven Bedürfnissen, die auf erregende bzw. zurückweisende Objektbeziehungsformen hinwiesen. Darin verfolgte der Patient unbewusst hauptsächlich das Ziel, eine Hautbeziehung zu etablieren, die vom Phantasma der gemeinsamen Haut und deren narzisstischen und masochistischen Introjekten bestimmt wird. Da diese Wünsche vom Patienten jedoch gleichzeitig unvereinbar positiv und negativ besetzt sind, entfaltete sich eine Übertragungsbeziehung mit einem ständigen Wechsel von gleichzeitig erstellten, aber unvereinbaren Nähe- und Distanzwünschen. Dieses charakteristische Ambivalenzverhalten habe ich exemplarisch auch schon in den vorherigen Falldarstellungen beschrieben.

An erster Stelle der psychodynamischen Austauschprozesse der primitiven Mutter-Kind-Interaktion hatte sich der Versuch des Patienten gezeigt, in der Analytikerin eine Erregungsqualität zu implantieren, die ihm projektiv erlaubt, daran zu partizipieren und mit der Analytikerin ein narzisstisches Verdoppelungspaar zu bilden. Die dadurch hervorgerufenen verwirrenden Gefühle in der Gegenübertragung, beispielsweise in den Phantasien während der Beschreibung des Baderituals, verweisen darauf, dass die Gedanken des Patienten bisher keine innere konzeptuelle Rahmung erfahren haben. Seine Versuche, eigene Selbstanteile projektiv identifikatorisch in der Analytikerin unterzubringen, dienten dazu, Gefühle des psychischen Getrenntseins bzw. innere Berührungen mit der Analytikerin abzuwehren.

Mit den gleichen Mechanismen werden in einem narzisstischen Abwehrversuch eigene entwertete Seiten über den Abwehrmechanismus der Idealisierung in eine ›Hautbesonderheit‹ umgekehrt.

In ähnlicher Weise vermittelte der Patient auch ein besonders narzisstisch strahlendes Erregungsklima als er von seinen beruflichen Fähigkeiten sprach. Darin ist neben seiner gesunden narzisstischen Seite auch der Sublimierungsversuch seiner körperlichen Krankheit enthalten. Die narzisstische Befriedigung resultiert daraus, dass er durchlöcherte Objekte aufkauft, sie zerstört, um ihnen dann eine ›neue Haut‹ zu verpassen. Die unbewusste Absicht, das Objekt zu entleeren, scheint dazu zu dienen, alles zerstören zu wollen, was von der primären inneren Mutter trennt.

Viele dieser narzisstisch erregenden Rollen (wie schon am Anfang beschrieben) konnten, im Zusammenhang mit seiner inneren Objektwelt, immer wieder auf die unbewusst erregende Phantasie zurückgeführt werden, ein gemeinsames Haut-Ich kreieren zu wollen, das zur Abwehr des psychischen Getrenntseins dient.

Neben den enormen Widerständen, die mit der Bewusstwerdung seines beschädigten Haut-Ichs verbunden waren, diente die Verleugnung und ständige Stimulierung des narzisstischen Größenselbst dieser Abwehrstrategie, die ihm in einem durchaus reparativen Sinne bisher ermöglicht hatte, mindestens an den zwei Tagen nach dem Bad das Phantasma einer gesunden Haut zu leben. Dagegen hatte sich in dem Versuch, mit der Analytikerin/Mutter durch projektives Eindringen in dem Phantasma einer gemeinsamen Haut zu verschmelzen, bereits im ersten Gespräch ein demütigender Berührungsaustausch entfaltet. Dieses unbewusste Zusammenspiel wiederholte den Umgang mit den infantilen Objekten und spielte sich zwischen der phantasierten Idealisierung eines narzisstischen Doppelgängers, dem man nichts erklären muss, und einem sadistisch zurückweisenden Objekt ab. In seiner Vorstellung phantasierte Herr H. seine beginnende Hautkrankheit als einen Angriff auf seinen Körper, den er in der Verschiebung auf die Mutter als deren Trennungsproblem definiert. In der narzisstisch libidinösen Besetzung seiner Haut hatte er sich dagegen in seiner inneren Welt (narzisstisch) unverwundbar und zum Helden (›meine Hautbesonderung‹) gemacht.

Als zweite Manifestation des zentralen unbewussten Konflikts des infantilen Haut-Ichs tauchten in der masochistischen Variante im Verlauf der Behandlung Bilder auf, die als abgerissene Haut höchst bedrohliche Selbstverlustängste und Verfolgungsängste repräsentieren. Diese masochistische schmerzhafte Besetzung der Haut transportierte sich in der Gegenübertragung in den Enthäutungsphantasien des Abrubbelvorgangs bis hin zu

Vorstellungen enthäuteter und entleerter Körper, aber auch in einem Grundgefühl, den Patienten wie ein kleines Kind vor Trennungsgefühlen schützen zu müssen. Seine Phantasien, die mit dem wöchentlichen Verschuppungsprozess in seinem Abstoßungsritual verknüpft waren, wiesen auf unbewusste Allmachtsphantasien hin, die von ihm als Gegengewicht gegen die primäre Angst der Ent*leer*ung lebenswichtiger Inhalte eingesetzt werden.

Im Umgang mit den Objekten findet der Patient bisher erst dann Sicherheit, wenn es ihm gelingt, durch projektive Identifizierung omnipotente Kontrolle auszuüben, indem er die eigenen Ohnmachts- und Depressionsgefühle in die Objekte projiziert und sich selber dadurch ›restauriert‹.

Ausblick

Im weiteren Verlauf der Analyse wiederholte sich auf unterschiedlichen Ebenen immer wieder sein ›Enttäuschungs-Beziehungs-Fiasko‹, durch das mir der Patient zeigte, wie er sich mir gegenüber in der unbewussten Wiederholung seines Abhängigkeitskonflikts gedemütigt fühlte. Diese Ohnmachtsgefühle, Ängste und Wünsche konnten nach und nach in der therapeutischen Arbeit entschlüsselt und durchgearbeitet werden.

Dabei kam es zu schweren Krisen in der Behandlung, in denen die Übertragungsbeziehung durch projektive Identifikationen der hasserfüllten Introjekte gekennzeichnet war. In diesen Phasen hatte ich stellenweise das Gefühl, dass sich seine Introjekte regelrecht in meine Haut eingefressen hatten, indem ich selbst mit schweren körperlichen Reaktionen (z. B. Erbrechen) reagierte. Die Analyse der Gegenübertragung zeigte, dass meine körperlichen Reaktionen nötig waren, um den destruktiven Anteil einer narzisstischen Missbrauchsbindung zu erkennen.

In dieser Phase der Analyse hatte ich mit der inneren Welt des Patienten soviel Berührung bekommen, dass ich infolge meines körperlichen Erlebens eine Ahnung von der destruktiven Zerstörungswucht seiner inneren Objekte bekam.

Mehr und mehr gelang es dem Patienten, sich als eines von zwei abgegrenzten Objekten – mit einer eigenen Haut – wahrzunehmen. Er begriff seine zunehmenden Ich-Fähigkeiten als Chance, vom zwanghaften Festhalten an der Nabelschnur-Verbindung abzulassen. In einem psychischen Häutungsprozess begann er, in kleinen Schritten Teile seines inneren Panzers abzustoßen.

In dieser schwierigen, aber progressiven Phase, die Herr H. als Entzugstherapie bezeichnete, war es auf der einen Seite zu einer psychischen Entwicklung in der analytischen Beziehung gekommen, in deren Folge Herr H. eine Liebesbeziehung eingehen konnte, die erste Anzeichen einer Objektkonstanz aufwies. Mit dieser Frau konnte er über seine Hauterkrankung sprechen und ihr schließlich sogar gestatten, an seinem Baderitual teilzunehmen.

In der analytischen Beziehung konnte dieses höchst belastende Ritual dann auch unter neuer Perspektive verstanden werden. Der Patient traute sich nun auch, mich an seinen Schreckensgefühlen, die mit dem autodestruktiven Geschehen des Abrubbelns verbunden sind, teilnehmen zu lassen. Erst da begriff ich diesen Vorgang als eine erzwungene Berührung, verbunden mit Schmerz und Ekel, indem er sich vom Rest der Welt in einem ›Unberührbarkeitssiegel‹ getrennt fühlt. Während er schildern konnte, wie er sich von der »Diktatur seiner Haut« abhängig fühlte, spürte ich, dass es um eine neue Qualität in unserer Beziehung ging, in der er mir – mich in der Übertragung vorsichtig abtastend – seine Beziehungswünsche zeigen konnte, von denen ich mich tief berührt fühlte. Hautdurchlässiger geworden, stellte er sich der Anstrengung, die mit seinen Gefühlen von Wut und Trauer über die Ungerechtigkeit seiner Krankheit verbunden waren, anstatt sie weiterhin durch Projektionen abzuwehren. Die fürsorgliche Beziehung der Freundin, aber auch die haltgebende analytische Funktion hatte ihm ermöglicht, sich seinen bisher abgespaltenen inneren Gefühlen zu nähern und ein Gefühl für sich, als einem ›In-Seiner-Haut-Sein‹ zu bekommen.

Wir verstanden, warum er sein Leben so anstrengend empfand. Die Aufrechterhaltung der Verleugnung seiner körperlichen Beschädigung hatte ihn immense Kraft gekostet, er versuchte die verschuppende Haut in der Phantasie wie eine zweite Haut zur Imprägnierung gegen Berührung aber auch gegen die unbewussten Hass- und Ekelgefühle einzusetzen.

In diesem Übergang von der Zwei- zur Dreidimensionalität, in einem Ambivalenz ertragenden Haut-Ich, im Sinne der depressiven Position Melanie Kleins, hatte sich die Szene der inneren Objekte deutlich verändert. Dabei erlaubte ihm das reifende Ich auf ein quälendes und narzisstisches Haut-Ich mehr und mehr zu verzichten.

Daneben hatte ich den Eindruck, dass es zu einer ersten psychischen Häutung in Form einer sensorisch-sinnlichen Berührung gekommen war, in der wir die Schreckensgefühle seiner Auflösungsängste teilen konnten, was sich auch darin äußerte, dass Herr H. erste Gefühle von Dankbarkeit mir gegenüber empfinden konnte.

In diesem Abnabelungsprozess festigte sich sein Selbstwertgefühl und er glaubte daran, sich am Ende der Analyse unabhängig von mir in einem eigenen Haut-Ich bewegen zu können. In dieser Zeit hatte er auch den ersten Ganzkörpertraum, in dem er neben der Individuationsbedeutung den Übergang von der Zwei- zur Dreidimensionalität zulassen konnte. Indem er langsam bereit war, meine psychoanalytische Funktion anzuerkennen, war er auch in der Lage, sich einen eigenen psychischen Raum zu schaffen, der notwendig ist, um die Berührung zwischen uns, als zwei voneinander getrennten Objekten zu ermöglichen.

In dem Maß, in dem sich Herr H. in der Analyse als abgegrenzte Person erlebte, spielte auch die Zeitbegrenzung eine neue Rolle. In der Anerkennung seiner begrenzten Lebenszeit wurde dann auch das Ziel eines Behandlungsendes präsenter.

An diesem Punkt seiner Autonomieentwicklung befindet sich Herr H. derzeit. Ich finde die jetzige Entwicklung hoffnungsvoll, weil der Patient seine innere und äußere Beschädigung in einem Ambivalenz ertragenden Haut-Ich im Sinne der depressiven Position Melanie Kleins zu akzeptieren beginnt. Dabei ist es zu einer ersten Integration von körperlichen und psychischen Repräsentanzen in einem weniger narzisstischen und masochistisch ausgeprägten Haut-Ich gekommen und es ist ihm möglich geworden, die Intimität einer inneren Berührung zuzulassen.

Zusammenfassung

Ich habe in dieser Kasuistik – der Anfangsphase einer analytischen Behandlung – versucht, die analytisch Interaktion mit einem hautkranken und narzisstisch gestörten Patienten darzustellen, wie diese sich im psychodynamischen und körperlichen Übertragungsgeschehen entwickelt hat.

Ich wollte veranschaulichen, wie die Analyse der Wechselwirkung der beiden Bereiche Psyche und Soma, im Sinne eines Affizierens und Affiziert-Werdens, für das Verständnis der inneren Repräsentanzenwelt des Patienten und das Verständnis seines psychischen Umgangs mit den Objekten genutzt werden kann. Um die innere Szene analysieren zu können, hat sich Anzieus Ansatz des *Haut-Ich* in der Metapher einer gemeinsamen Haut als brauchbar erwiesen, da dieses Bild dem Patienten ermöglichte, sowohl seine Hautempfindungen als auch seine emotionalen Reaktionen darüber zu kommunizieren. In dem Übertragungsgeschehen war ich auch auf die Konzeptualisierung der projektiven Identifizierung angewiesen, um die projektiven Angriffe des Patienten als dessen zentrales Beziehungsmuster einordnen zu können. Dass sich Anzieus Ansatz als so fruchtbar erwiesen hat, liegt unter anderem auch daran, dass es bei dem vorgestellten Patienten nicht wie bei neurotischen Störungen an erster Stelle um die Bewusstwerdung verdrängter Phantasien geht, sondern um Bereiche, in denen sich der Patient aufgrund unvollständiger Mentalisierung somatisch äußert. In Ermangelung eines inneren Raums sind deshalb seine Objektbeziehungen untrennbar mit den Empfindungen seiner Haut verbunden.

Eine Verbindung zwischen der infantilen Störung und den sich entfaltenden Übertragungsprozessen ließ sich konzeptionell über die Organisation seiner unbewussten Phantasien herstellen, in denen die Idealisierung des Phantasmas einer gemeinsamen Haut zur Aufrechterhaltung der psychischen Ungetrenntheit benutzt wurde.

Anzieus Ansatz bringt bei diesem Patienten auch im Hinblick auf dessen Sexualität einen Erkenntnisgewinn. Dieser Bereich, in dem die Hautlust des infantilen Hautkontakts mit den entsprechenden Bedeutungen des Phantasmas der gemeinsamen Haut verbunden ist, entwickelte sich erst sehr viel später in der Analyse und wurde erst dann einer Bearbeitung zugänglich.

Abschließend soll noch einmal an meine zentrale körperliche Reaktion in der Übertragung angeknüpft werden. In dieser körperlichen Ausstoßreaktion äußerte sich der Missbrauch einer primitiven Objektbeziehung als meine körperliche Reaktion, was zur Befreiung aus dem destruktiven Anteil der projektiven Identifizierung – mit der Chance einer ›psychischen Geburt‹ – führte. Die unbewusste Besetzungsphantasie, den analytischen/mütterlichen Innenraum zur Aufrechterhaltung des Phantasmas einer gemeinsamen Haut zu missbrauchen, konnte bearbeitet und aufgegeben werden, was als erstes Anzeichen eines introjektiven Prozesses verstanden wurde.

Auch wenn die Hautkrankheit sicherlich kaum veränderbar ist, haben sich doch entscheidende Fortschritte im Beziehungsverhalten gezeigt. Die Bearbeitung der Beziehungsstörung in der Übertragung ermöglichte dem Patienten, sich auf die Intimität eines hautnahen Dialoges in der analytischen Beziehung einzulassen und eine erste verlässliche Bindung in einer Liebesbeziehung einzugehen.

Diese Entwicklung konnte, mit Hilfe der Metaphorik Anzieus als Übersetzungsversuch der unbewussten Besetzungen der Haut mitvollzogen werden. Insofern hat sich Anzieus Ansatz für das Verständnis der inneren Objekte dieses Patienten sowie für die Analyse der Wechselprozesse zwischen Affizieren und Affiziert-Werden in der Übertragung als klinisches Konzept bewährt.

Anmerkungen

1 Dieser Beitrag wird hier mit freundlicher Genehmigung der Autorin aus ihrem im Psychosozial-Verlag erschienenen Buch »Hautnah. Im psychoanalytischen Dialog mit Hautkranken« (2002) abgedruckt.

Nasse Hände – Eine psychoanalytische Behandlung

Heinrich Schimpf

In dem Fall, über den ich berichten werde, scheint mir die *Haut* des Patienten als *Kontakt-Organ* eine doppelte Rolle zu spielen: Herr F. wies zu Beginn der Behandlung eine sehr geringe Fähigkeit auf, über diese Themen zu denken oder über sie zusprechen. Ersetzt wurde diese Fähigkeit durch eine extreme Schweiß-Entwicklung insbesondere an Händen und Füßen. Diese hatte meines Erachtens mehrere Bedeutungen: die orale Sehnsucht des Kleinkindes, das ja auch feuchte Hände hat, die Schamhaftigkeit im Zusammenhang mit der Masturbation, die Fantasie Höllenstrafen zu erleiden.

Herr F. war mir von der Ambulanz des psychoanalytischen Instituts überwiesen worden. Im Erstgespräch klagt er über Unruhe, Brechreiz, Stuhldrang und kolikartige Bauchschmerzen, unter denen er bereits seit vielen Jahren leide. Oft könne er nicht essen. Er ist ca. 32 Jahre alt und ausgesprochen mager. Er teilt mir mit, dass ihm seine Arbeit als Wissenschaftler sehr schwer falle. Der Umgang mit der Chefin und den Kollegen sei unerfreulich, er fühle sich abgelehnt. Mir fallen seine tropfend nassen Hände und sein intensiver Körpergeruch auf. Er erzählt mir, dass er bereits mehrere Ärzte aufgesucht habe, die ihm aber nicht hätten helfen können. Trotz zahlreicher medikamentöser Behandlungsversuche seien seine Symptome eher schlimmer geworden.

Im Erstgespräch ist er irritiert, dass ich von ihm erwarte, von sich aus zu sprechen. Er bittet mich, ihm Fragen zu stellen und wirkt hilflos, kindlich und fordernd. Es fällt mir schwer mir vorzustellen, dass er verheiratet ist, einen 2 Jahre alten Sohn hat und als Wissenschaftler arbeitet. Er bemüht sich sichtlich, auf meine Aufforderungen einzugehen. Er gehört einer religiösen Gruppierung mit strengen ethischen Normen und einem sehr wörtlichen Verständnis der Bibel an. Insbesondere die archaisch wirkenden Schilderungen seines religiösen Hintergrundes wecken mein Interesse. In den Vorgesprächen fällt mir sein konkretistisches Denken auf und ich empfinde Langeweile und Ärger, die ich als Gegenübertragung verstehe. Ich denke an Winnicotts Überlegungen, dass diese Art von Gegenübertragung ein Hinweis ist, dass der Therapeut von der Behandlung überfordert wäre. Ich vermute, dass nur eine sehr intensive Behandlung einen ausreichenden Kontakt ermöglichen kann, um die Gespräche nicht starr und langweilig und dadurch ineffizient werden zulassen. Ich biete ihm eine dreimal wöchentlich stattfindende psychoanalytische Behandlung im Liegen an und bin fast überrascht, dass er sofort einverstanden ist. Ich vermute, dass der Grund dafür eher in seiner Autoritätshörigkeit und seinem Leiden, als in seiner Aufgeschlossenheit begründet liegt.

Ich erfahre, dass er die erwähnten Symptome seit dem 12. Lebensjahr hat, als er vom Auto aus eine abgedeckte Leiche gesehen habe. Am Abend habe er dann heftig erbrochen. Seither entwickle er immer, wenn er mit Tod oder Krankheit in Kontakt komme, heftige Symptome. Er nennt seinen Zustand »Unruhe«, ich habe aber den Eindruck, dass es sich um Todesangst handelt.

Seinen Vater schildert Herr F. als ihm zugewandt, aber unberechenbar, gegenüber der Mutter fast verachtend und wenig zuverlässig. Er war bis zu seiner Berentung Offizier. Die Mutter des Patienten sei Hausfrau ohne Ausbildung; sie sei ängstlich. Er schildert sie so ausgesprochen farblos, als ob er nie viel mit ihr zu tun gehabt hätte. Beide Eltern stammen aus der erwähnten religiösen Gruppierung. Herr F. hat einen jüngeren Bruder und eine jüngere Schwester, die mit dem Leben etwas besser zurechtkämen als er. Er habe bereits im Kindergartenalter einen starken Zwang verspürt, nach den Brüsten verschiedener Nachbarinnen zu schauen. Er habe natürlich gewusst, dass er das nicht darf. Als Schüler habe er Tagträume über zärtliche Kontakte zu Mädchen und Frauen gehabt. Seine Symptome hätten dazu geführt, dass er sich von Gleichaltrigen weitgehend fern gehalten habe.

Behandlungsbeginn

In der Behandlung findet er sich relativ gut zurecht und kann nach wenigen Wochen überraschend offen über viele, auch schwierige und intime Dinge sprechen. Anfangs klagt er innerhalb der Stunden über seine Angstgefühle und seine Übelkeit. Er hat das Gefühl, sofort erbrechen oder einkoten zu müssen. Einige Male unterbricht er die Sitzungen, um die Toilette aufzusuchen. Mein Vorschlag, die Symptome als psychisch verursacht zu betrachten und zu versuchen darüber nachzudenken, weist er erst ab. Als ich ihm vorschlage, trotz der Symptome liegen zu bleiben und das zu sagen, was ihm durch Kopf geht, leidet er erst sehr, kann aber von diesem Zeitpunkt an über das Aufkommen seiner Symptome sprechen. Nach und nach wird auch der Zusammenhang zu bestimmten Themen deutlich. Jetzt muss er die Sitzungen nicht mehr unterbrechen.

Oft beginnt er die Stunde, indem er über seine Angst vor Strafen Gottes spricht. Er stellt sich diese sehr konkret und schrecklich vor und erinnert sich an Schilderungen aus dem Kindergottesdienst. Insbesondere malt er sich aus, im Fegefeuer in heißem Fett gekocht zu werden. Er erinnert sich an zahlreiche diesbezügliche Details: So würde den Sündern in der Hölle die Haut immer wieder nachwachsen, sodass die Schmerzen nicht zu Ende seien, wenn die Haut verbrannt ist. Er kann sich auf meine Deutung hin auch vorstellen, dass diese Phantasien mit dem Schwitzen seiner Hände und Füße in Zusammenhang stehen könnten.

Am Arbeitsplatz fühlt er sich wegen seiner moralischen Lebensweise abgelehnt und hält sich von den Kollegen fern. Manche seiner Befürchtungen über deren Einstellung zu ihm haben eine paranoide Färbung. Noch heftiger als seine Ängste vor den Kollegen sind die vor anderen Mitgliedern seiner Kirche. Diesen unterstellt er insbesondere Neid aber auch eine Art schwarzer Magie. In den Stunden leide ich unter seinem unangenehmen Geruch, da er sich trotz seines intensiven Schwitzens wenig wäscht. Als ich mich wage, ihn darauf hinzuweisen, reagiert er überraschend freundlich und erscheint seither in besser gewaschenem Zustand. Er fragt mich ab und zu, ob mir wieder entsprechende Gerüche auffallen. Auch in Bezug auf seine häufig tropfnassen Hände versucht er rücksichtsvoll mit mir umzugehen. Er wischt die Hände vor der Begrüßung ab und bietet mir an, auf den Händedruck zu verzichten, wenn das Symptom besonders extrem ist.

Symptombesserung

Nach einigen Monaten Behandlung schlage ich ihm vor, die Hyperhidrosis durch einen Hautarzt behandeln zu lassen. Er wundert sich, dass ich ihm das vorschlage und nicht eher verbiete, anscheinend da er mir Neid auf andere Fachrichtungen unterstellt. Er ist mir dankbar, dass das Symptom auf Leitungswasserelektrophorese anfangs recht gut reagiert. Manchmal kann er mit jemandem einen normalen Händedruck austauschen. Er stellt fest, dass die nassen Hände jetzt mehr von bestimmten psychischen

Zuständen abhängig sind und nicht mehr permanent bestehen. Nach ca. sechs Wochen wirkt diese Behandlung immer weniger, obwohl er das entsprechende Gerät zu Hause täglich verwendet. Ich habe aber den Eindruck, dass die Symptombesserung ermöglicht hat, dass er den psychisch bedingten Teil seines Symptom besser beobachten kann.

In den Gesprächen geht es weiter häufig um seine Strafängste. Ich erfahre, dass seine Bestrafungsphantasien auch in seiner religiösen Umgebung als glaubenswidrig erlebt werden. In zwanghafter Weise kann er sich kaum von diesen Gedanken distanzieren, und er grübelt täglich über Folterungen. Nach einiger Zeit sage ich ihm, dass ich den Eindruck habe, dass sowohl das Symptom als auch seine Glaubensvorstellungen eine sexuelle Seite hätten. Er wirkt entlastet und kann mir von seinen Nöten über seine sexuellen Phantasien, seine Masturbation und seinen Zwang, sich pornographische Filme anzuschauen, berichten. Auch hier fällt mir sein konkretistisches Denken auf: Er masturbiert ohne seinen Penis mit der Hand zu berühren, da er die Formulierung »sich berühren« wörtlich versteht. In den folgenden Wochen nimmt sowohl die intestinale Symptomatik wie auch die Hyperhidrosis erheblich ab. Wir können zunehmend verstehen, in welchem Moment innerhalb und außerhalb der Stunden die Symptome auftreten. Ich habe den Eindruck, dass das Sprechen die Symptombildung zunehmend ersetzt.

Psychisches Verstehen und die somatischen Symptome

Auf Vorschlag seines Hautarztes wird ein Behandlungsversuch mit Botulinustoxin durchgeführt. Dadurch werden bestimmte Areale seiner Hand frei von Schweiß. Er verfolgt seine Symptombildung weiterhin, indem er die Areale, die von der Behandlung nicht erfasst werden und seine Füße beobachtet. Er unterscheidet zwischen hautärztlich behandlungsbedingter und psychischer Symptomfreiheit.

Einige Zeit später, als die Wirkung der Toxin-Behandlung erheblich nachgelassen hat, gesteht er mir, dass er an sexuellen »chats« im Internet teilgenommen hat. Er habe dort Frauen nach ihren Brüsten und ihren sexuellen Gewohnheiten gefragt hat. Dabei habe er ein sehr schlechtes Gewissen gehabt, aber die Hyperhidrosissymptome verschwanden weitgehend. Wir sprechen darüber, dass er sich jetzt wagt, Fragen zu stellen, die er als Kind nicht hätte stellen dürfen, die er aber schon seit seiner Kindheit mit sich herumträgt. Diese weitere Symbolisierung seiner inneren Konflikte scheint den Druck der Symptomerzeugung zu verringern: Er hat seither nur noch bei seltenen Gelegenheiten nasse Hände. Meist fühlen sich seine Hände warm und unauffällig an.

Er kann jetzt mehr über seine Not in der Adoleszenz berichten: Er habe ständig an Frauen und Mädchen und auch an Pornographie gedacht und habe deswegen große Gewissensnöte gehabt. Realen Kontakt habe er, bis er seine Frau kennen lernte, nicht gehabt. Das robustere Umgehen der Gleichaltrigen mit diesem Thema bewunderte und verachtete er gleichzeitig. Mir fällt immer wieder auf, dass seine Grübeleien über diese Themen sehr kindlich anmuten. Wenn er von seinen Phantasien zu Frauen und Mädchen spricht, habe ich manchmal den Eindruck, ein kleines Baby mit feuchten Händen vor mir zu haben, das Nähe und Nahrung bei der Mutter sucht.

Dass er keine nassen Hände mehr hat, ist ihm peinlich. Er hat außer seiner Frau niemandem mitgeteilt, dass er in Psychotherapie ist und fürchtet, auf seine Symptomfreiheit angesprochen zu werden. Wir stellen in diesem Zusammenhang fest, dass er große Angst vor dem Neid anderer hat. Besonders innerhalb seiner Glaubensgemeinschaft fühlt er sich vom Neid der anderen geradezu verfolgt. Berufliche Erfolge und Besserungen seines Gesundheitszustandes, wie er sie in diesen Monaten zunehmend erlebt, führen dazu, dass er den Neid der anderen noch mehr fürchtet.

Neid und Ambivalenz

Nachdem seine Symptome weitgehend verschwunden sind, bleibt seine Ambivalenz zu mir. Immer wieder hat er den Verdacht, ich sei auf der Seite des Bösen. Er vermutet, dass ich seine religiösen Vorstellungen nicht teile, trotzdem wirkt er im Umgang mit mir vertrauensvoll. Ich habe den Eindruck, dies ist möglich, da er zwischen mir als Arzt und mir als Person eine strikte Trennung macht. Er fürchtet die Destruktivität und den Neid anderer Menschen in einer Weise, die es ihm unmöglich macht, harmlos erscheinende Informationen über seine berufliche Situation zu besprechen oder jemanden zu bitten, seine geplanten Veröffentlichungen zur Kontrolle zu lesen. Deswegen zieht er sich mit seiner Frau und seinem Sohn in die kleine Wohnung zurück. Er hat den Eindruck, seine Frau wolle diesen Rückzug noch stärker als er.

Auch seine Frau hat erhebliche Ängste vor anderen Menschen. Sie verbringt den überwiegenden Teil ihrer Zeit mit dem jetzt 3-jährigen Sohn in der Wohnung. Trotzdem stützt sie ihren Mann sehr. Herr F. zitiert oft Ratschläge, die sie ihm erteilt hat, bei denen ich den Eindruck habe, sie könnten von mir stammen und ich vermute auch, dass er meine Gedanken seiner Frau mitteilte und sie dann von ihr annehmen konnte. Sie schützt ihn mehrmals davor, mit destruktiven Aktionen seine Arbeitssituation zu schädigen. Wenn er von seiner Ehe spricht, wirkt er respektvoll. Die Sexualität scheint für beide Teile befriedigend zu sein. Auch der Umgang mit dem Sohn wirkt meist angemessen. Aber die Abgeschiedenheit der Familie ist sicher für diesen problematisch.

Die politischen Vorstellungen von Herrn F. sind paranoid durchwoben. Es wundert mich immer wieder, dass er trotz seiner hohen Intelligenz sehr schlecht informiert ist. Er versucht der Realität aus dem Weg zu gehen. Über lange Jahre und auch noch im ersten Jahr der Behandlung hat er es weitgehend vermieden, Nachrichten oder sonstige Informationen zu verfolgen. Die Konfrontation mit Tod, Krieg und vielen anderen Dingen führten bei ihm unmittelbar zu schweren Symptomen.

Von vielen Menschen seiner Umgebung ist er enttäuscht, obwohl diese ihm immer wieder in ungewöhnlicher Weise helfen. Gleichzeitig bittet er in kindlich naiver Weise, seinem aktuellen Status völlig unangemessen, andere um Hilfe und ist enttäuscht, wenn er diese nicht bekommt. Besonders auffallend ist dies im Verhältnis zu seiner Chefin, die ihm außerordentlich geholfen hat. Er erlebt sie oft als geradezu bösartig und verfolgend, erwartet aber ungewöhnliche Unterstützung von ihr. Wenn ich ihm dies sage, kann er es annehmen. Das hindert ihn aber nicht, wieder in ähnliche Interaktion mit seiner Umgebung zu treten. Auch in der Behandlung fordert er besonderes Entgegenkommen bei Terminabsprachen. Erst langsam kann er meine Deutung verstehen, dass seine Enttäuschung von anderen Menschen damit in Zusammenhang stehe, dass er unrealistische Dinge von diesen erwarte. Er wirkt bestürzt, als er sehen muss, dass er seine Chefin als Teufel erlebt hatte, obwohl sie ihm so viel geholfen hat. Ich erkläre ihm, dass er an Paradiesvorstellungen gebunden zu sein scheint, die ihm die reale Welt als eine Art Hölle erscheinen lassen.

Sein Über-Ich wirkt kindlich und unrealistisch: Einerseits fürchtet er, wegen seiner sexuellen Phantasien und wegen kleiner Unregelmäßigkeiten in religiösen Dingen Strafen Gottes, andererseits hat er keine Schuldgefühle, als er wegen verbotener Telefonbenutzung am Arbeitsplatz erwischt wird und auf einen versuchten Diebstahl angesprochen wird.

Geburtstage, Todesfälle und Katastrophen irgendwo in der Welt bringen ihn immer wieder aus dem Gleichgewicht. In der Anfangszeit der Behandlung entwickelt er unmittelbar heftige körperliche Symptome, später spürt er nur Unruhe und ein Bedürfnis, mit mir darüber zu sprechen. Wir stellen immer wieder fest, dass alles, was an Sterblichkeit erinnert, ihm heftige Angst macht und sich dies mit Vorstellungen von Strafen Gottes vermischt. Auch die Schwangerschaft seiner Frau und die Geburt seines zweiten Kindes beunruhigen ihn in dieser Weise. Die Geburt ist in seiner inneren Welt so mit der Sterblichkeit verwoben, dass er beim Gedanken an die Geburt nur an den Tod denken kann.

Die frühe Mutter

Nach 1 1/4 Jahren Behandlung sind die körperlichen Symptome weitgehend verschwunden. Zunehmend steht die tiefere Bearbeitung der inneren Konflikte im Vordergrund. Herr F. erkennt, dass er in kindlicher Weise auf der Suche nach etwas ist, was man symbolisch als »frühe Mutter« oder auch als »Paradies« bezeichnen könnte. Hinweise auf diese Störung zeigen sich bereits in der Kindheit in Form des heftigen Wunsches, die Brüste von Frauen zu sehen. Vom 8. Lebensjahr bis zum Erwachsenenalter zeigt sich dasselbe Thema in Form seines romantischen Träumens über Mädchen, das ihm den realen Kontakt zu Mädchen wie Jungen sehr einschränkte. Auch seine sadistischen und pornographischen Wünsche und die masochistische Beschäftigung mit Gedanken an Bestrafungen Gottes kann er so zunehmend verstehen. Er sieht auch, dass seine Schwierigkeiten am Arbeitsplatz sowohl jetzt als auch früher durch diese Eigenarten verständlich werden.

In der Übertragung zum Analytiker zeigte sich seine Veränderung darin, dass er mich nicht mehr so sehr als »alles spendendes Objekt« oder als »Teufel« erlebt, sondern akzeptieren kann, dass ich hier meine Arbeit mache. Er sieht, dass ich manches Unangenehme von ihm fordere, zum Beispiel die Bezahlung zu kurzfristig abgesagter Stunden und trotzdem manches, was ich ihm gebe, gut ist. Zunehmend ist er mir und auch der Krankenversicherung dankbar für das, was ihm gegeben wurde.

Die Verwendung von Konzepten in der Behandlung

Ich habe in dieser Behandlung häufig an Bions (1963) Überlegungen zur Arbeit mit Präkonzepten, Konzepten und Theorien gedacht. Bion betont, wie wichtig es ist, dass sich der Analytiker Rechenschaft über die Konzepte, die er verwendet, ablegt. Insbesondere auch, da er sonst Gefahr läuft, unbewusst, aus einem Agieren der Gegenübertragung heraus, Konzepte zu verwenden. Die Tatsache, dass mir die Welt des Patienten in vieler Hinsicht fremd erschien, führte dazu, dass ich immer wieder darüber nachdachte, ob ich seinem religiösen Empfinden mit meinen psychoanalytischen Konzepten gerecht werden kann.

Auch an Roger Money-Kyrles (1968) Konzept der *Facts of Life* dachte ich in dieser Behandlung oft. Herr F. erinnert sich an das erste Auftreten seiner Symptome, als er einen Toten gesehen hatte. Er konnte keine Zeitung lesen und keine Nachrichten im Fernsehen sehen, da Tod, Geburt, aber auch schon der Hinweis auf einen Geburtstag seine Symptome auslösten. Mit der Deutung, dass er den Tod und die Endlichkeit des Lebens nicht akzeptieren könne und der Durcharbeitung dieses Themas, wurden beträchtliche Veränderungen möglich. Er konnte sich auch zunehmend für die Welt interessieren.

Eines der Konzepte, mit denen ich in dieser Behandlung am meisten arbeitete, war das des Konkretismus. Bion (1957) nannte es *psychotisches Denken*, wenn ein Patient zwischen Symbol und dem symbolisierten Gegenstand nicht unterscheiden kann. In Winnicotts (1971) Vokabular würde man sagen, dass dem Patienten dadurch kein Übergangsraum zur Verfügung steht und er in der Entwicklung der Kreativität behindert ist. Die Frage, ob ich seine Fantasien, im Fegefeuer gefoltert zu werden, als Ausdruck eines konkretistischen Denkens verstehen darf, beschäftigte mich lange, bis ich es wagte, die sexuelle Konnotation des Themas anzusprechen. Er reagierte überraschend aufgeschlossen, vermutlich u. a. deshalb, da er spürte, dass ich mir dieses Ansprechen nicht leicht gemacht hatte.

Immer wieder sprach Herr F. in einer *überlegenen, herablassenden* Weise mit mir. Dies war auch einer der Gründe gewesen, warum ich mich im Erstgespräch *gelangweilt und genervt gefühlt* hatte. Auch Sätze wie: »Herr Dr., Sie müssen doch wissen, was ich jetzt machen soll«, widersprachen dem nur scheinbar. In seiner Glaubensgemeinschaft ist ohne

Zweifel diese Haltung verbreitet und es gibt eine starke Tendenz, Andersgläubige als wertlos zu verstehen. Diese arrogante Haltung quälte mich eine ganze Zeit. Zunehmend wurde mir deutlicher, dass er dieselbe Haltung gegenüber seinen Glaubensautoritäten hatte, die ihm wiederholt sagten, dass seine Grübeleien über Foltern Gottes glaubenswidrig seien. Bions (1957) Überlegungen in *On Arrogance*, illustrieren diese Dynamik gut: Bion sieht eine Trias aus *Überlegenheit, Dummheit und Neugier*, die eine Sicherheit vor dem eigenen Denken gewährleistet. Die Dummheit zeigte sich in Herrn F.s erschreckender Unwissenheit über politische und geschichtliche Zusammenhänge, die Neugier darin, dass er mir immer wieder Fragen über mein Privatleben stellte, obwohl ich ihm erklärt hatte, warum ich solche nicht beantworten kann.

Es war oft quälend, wie sich Herr F. von seiner Chefin schlecht behandelt fühlte, obwohl diese ihn ganz offensichtlich weit über ihre Aufgaben hinaus förderte und schwerwiegende Fehlverhaltensweisen deckte. Herr F. war meiner Meinung nach zu sehr einer Paradiesvorstellung verhaftet, als dass er diese Tatsachen hätte sehen können. Die Durcharbeitung seiner Vorstellungen über ein schlaraffenlandartiges Paradies ermöglichte in der Behandlung wichtige Entwicklungsschritte. Er musste einsehen, dass er seine Chefin immer wieder als verfolgendes Objekt empfand, wenn sie ihm Hilfen verweigerte, die ihm zu gewähren ganz ungewöhnlich gewesen wäre. Auch im Behandlungssetting gab es ähnliche Manifestationen dieses Themas: Es war sehr anstrengend für ihn, zur Kenntnis zu nehmen, dass ich ihm mit den Terminen sehr entgegenkam. Die Durcharbeitung dieser Themen führte dazu, dass Herr F. gegen Ende der Behandlung manchmal eine gewisse *Dankbarkeit* entwickeln konnte, die ganz offensichtlich seine Entwicklung förderte. Melanie Klein (1957) hat in ihrem Aufsatz »*Neid und Dankbarkeit*« dieses Thema ausführlich besprochen: Solange der *Neid* es unmöglich macht, das Gute des anderen zu akzeptieren, kann gutes Eigenes nicht aufgebaut werden. Erst der Beginn der Dankbarkeit ermöglicht den Aufbau innerer *guter Objekte*. Durch diese Entwicklung konnte Herr F. seine *Verfolgungsgefühle* deutlich verringern.

Freud (1915, 1925) führte das Konzept des *Lustichs* ein, um zu beschreiben, dass das Ich unerwünschte Dinge aus sich entfernt, also Dinge, die als etwas Eigenes zu betrachten, zu belastend oder zu anstrengend wäre. Ich meine, dass Herr F. von dieser Möglichkeit aus zwei Gründen ausführlich Gebrauch machen musste:

Erstens war sein Ich oft zu schwach um normale Widrigkeiten des Lebens zu ertragen. Die *spaltende Abwehr* ermöglichte ihm, seine Stabilität aufrecht zu erhalten.

Zweitens wurde von dieser Abwehr in seiner Herkunftsfamilie ausgiebig Gebrauch gemacht, was er übernahm. Darüber hinaus konnte er die Fähigkeit des Integrierens schwieriger eigener Persönlichkeitsanteile unter diesen Bedingungen nur wenig erlernen.

Die Ehe der Eltern erlebte Herr F. als eine durch die religiöse Bindung erzwungene Zwangsgemeinschaft, die von Verachtung und Unterdrückung geprägt war. Verbindungen zwischen Menschen konnte er sich kaum anders vorstellen. Absprachen über Termine waren für ihn Resultate gegenseitiger Erpressung. Auch seine Gottesvorstellung war von diesem Muster geprägt: Gott foltert die Menschen und diese können Gott dazu zwingen, ihnen zu helfen, indem sie sich buchstabengetreu an die Gebote halten. Die Verbindung zu mir musste er immer wieder angreifen: Wenn deutliche Verbesserungen seines körperlichen Leidens ein Gefühl von Dankbarkeit nahe legten, quälte er mich durch Behauptungen über die moralische Überlegenheit seines Glaubens. Britton (1981) schildert in seinem Aufsatz *Die Fehlende Verbindung* eine ähnliche Beobachtung, die damit zusammenhing, dass sich der Patient den Geschlechtsverkehr der Eltern nur als sadistische, destruktive Verbindung vorstellen kann. Bei Herrn F. konnte die Konfrontation mit solchen unbewussten Phantasien seine Integration verbessern.

Zusammenfassung

Es wird die psychoanalytische Behandlung eines 34-jährigen Wissenschaftlers beschrieben. Die Behandlung fand im Liegen mit drei Terminen pro Woche statt. Die körperlichen Symptome bestehen anfangs aus heftigen intestinalen Beschwerden, Angstzuständen und einer massiven Hyperhidrosis der Hände und Füße. Darunter leidet der Patient bereits seit dem 12. Lebensjahr. Im Laufe der ca. 2-jährigen Behandlung bilden sich diese Symptome fast vollständig zurück. Trotz des hermetisch erscheinenden Glaubenssystems entstand relativ schnell ein vertrauensvoller Kontakt zum Analytiker, was dadurch möglich wurde, dass der Patient zwischen dem Arzt, von dem er Heilung erwartete und dem Menschen, dem er Nähe zum Teufel unterstellte, eine Spaltung vornahm. Die hautärztliche Behandlung der Hyperhidrosis trug vermutlich zu dem Behandlungserfolg dadurch bei, indem sie dem Patienten deutlich machte, dass sein Leiden nicht zwangsläufig sein Schicksal sei. Die Einbeziehung des Hautarztes durch den Analytiker bedeutete für den Patienten die Einführung eines »Dritten« (man könnte auch sagen Vaters), was die hermetische Welt des Patienten schon in einer frühen Phase der Behandlung etwas lockern konnte.

Der Patient sprach im ganzen Verlauf der Behandlung über seine Kindheit, als ob diese keine große Bedeutung hätte. Immer wieder betonte er, dass alles »normal« verlaufen wäre. Trotzdem wurde deutlich, dass der körperliche und emotionale Kontakt zu seiner Mutter unbefriedigend verlaufen ist. Herr F. erinnert sich, dass er schon im Alter von vier bis fünf Jahren ein schlechtes Gewissen hatte, da er einen Zwang verspürte, auf die Brüste von Frauen zu schauen. Dies scheint mir ein Hinweis darauf zu sein, dass er sich bereits in den ersten Lebensjahren nicht anderen Dingen als dem primären Objekt zuwenden konnte. Er war offensichtlich an diesen frühen Mangel fixiert geblieben. Der Kontakt zu Kindern und anderen Menschen scheint schon im frühen Kindesalter von diesem Thema überlagert gewesen zu sein.

Da ihm sein Über-Ich und das Über-Ich der Familie strenge Grenzen in Bezug auf seine Fantasien auferlegte, scheint er frühzeitig eine perverse Lösung gefunden zu haben: Er nahm Schilderungen über das Fegefeuer aus dem Kindergottesdienst in einer Weise auf, die ihm einerseits eine gewisse masochistische Befriedigung brachte und auf der anderen Seite sein Über-Ich entlastete, da der Kontakt ja als eine Strafe auftauchte. In dem körperlichen Symptom der Hyperhidrosis scheinen alle drei Komponenten untergebracht zu sein: die klebrigen, nassen Hände des Kleinkindes, die phylogenetisch die Funktion haben, dass sich das Primatenjunge im Fell der Mutter fest halten kann, die Kontaktstörung, da niemand gerne einen nassen Händedruck empfängt und schließlich das Phantasma vom Fegefeuer, da die Folter in kochendem Öl mit der Vorstellung des Schweißes verbunden ist.

Die intestinale Symptomatik, die ich oben beschrieben habe, ähnelte in ihrer Dynamik den Dreimonatskoliken und wäre damit eine weitere Verbindungen zu der nährenden und behütenden Mutter des kleinen Säuglings. Man könnte sagen, dass der Patient in den beiden Symptomen seinen frühen Fixierungspunkt und seine perverse Kompromissbildung darstellte.

Die psychoanalytische Behandlung erwies sich in der Anfangszeit in erster Linie durch das Halten und Benennen des Überichkonfliktes und der

Zwangsgedanken als wirksam. Das Über-Ich wurde ausreichend entlastet, um dem Patienten zu ermöglichen, sich seinen Themen symbolisch und verbal zu nähern. Die rigide und konkretistische Moral der Herkunftsfamilie scheint es über lange Zeit unmöglich gemacht zu haben, die frühen Bedürfnisse nach Hautkontakt zu integrieren. Die massiven Schwierigkeiten im Umgang mit anderen Menschen am Arbeitsplatz und im Privaten bildeten sich in der Behandlung deutlich zurück. Später war es möglich, den Zusammenhang zwischen oralen Defiziten, der Sexualisierung, dem masochistischen Grübeln, den paranoiden Ängsten und der psychosomatischen sowie sozialen Symptombildung zu bearbeiten. In den letzten Monaten der Behandlung entwickelte der Patient eine gewisse Dankbarkeit.

Literatur

Bion, W. R. (1957): On Arrogance, zitiert nach: W.R. Bion. Second Thoughts. London 1967 (William Heinemann).

Bion, W. R. (1957): Zur Unterscheidung von Psychotischen und nicht Psychotischen Persönlichkeiten, deutsch. In: Bott-Spillius, E. (Hg) (1990): Melanie Klein heute, Bd. 1. München / Wien (Verlag Internationale Psychoanalyse).

Bion, W. R. (1963): Elemente der Psychoanalyse, deutsch Frankfurt / M. 1992, (Suhrkamp).

Britton, R. (1981): The Missing Link, deutsch: Die Fehlende Verbindung. In: Britton, R. et al. (1998): Der Oedipuskomplex in der Schule Melanie Kleins. Stuttgart (Klett-Cotta).

Freud, S. (1915): Triebe und Triebschicksale. GW X, Frankfurt (S. Fischer), S. 210–232.

Freud, S. (1925): Die Verneinung. GW XIV, Frankfurt (S. Fischer), S. 11–15.

Klein, M. (1957): Neid und Dankbarkeit. In: Klein, M. (1962): Das Seelenleben des Kleinkindes. Stuttgart (Klett Cotta).

Money-Kyrle, R. (1968): Cognitive development. In: Int. J. Psycho-Anal. 49, S. 691–8.

Winnicott, D. W. (1971): Playing and Reality. London, (Tavistock Publications) deutsch: Vom Spiel zur Kreativität. Stuttgart 1974 (Klett Cotta).

Die psychische Hülle am Beispiel der Neurodermitis

Uwe Gieler

Dieses Buch handelt von Anzieus psychoanalytischem Konzept der »Psychischen Hülle« Anzieus, das in seinem Kapitel »Die signifiants formels und das Haut-Ich« und in der Übersetzung des Beitrags »Das Konzept der psychischen Hülle« von Houzel in seinen theoretischen Aspekten dargestellt wird. Hierbei entsteht zwangsläufig die Frage, inwiefern die Metapher des Haut-Ichs und der »Psychischen Hülle« sich auch in der Beschäftigung mit Hauterkrankungen umsetzen und verstehen lässt. Da ich mich inzwischen seit mehr als 20 Jahren mit psychodynamischen Aspekten bei Hautkranken, vor allem beim Krankheitsbild der Neurodermitis beschäftige, möchte ich versuchen, als psychodynamischer Psychotherapeut aber auch als Hautarzt und Allergologe einige praktische Aspekte für das Verstehen der Neurodermitis darzustellen. Das Konzept der »Psychischen Hülle« soll hierbei im Kontext der psychosomatischen Behandlung verdeutlicht werden.

Das Konzept der »Psychischen Hülle« setzt sich mit der Entstehung der eigenen Persönlichkeit und des Ichs bzw. mit seinen Abgrenzungen auseinander. Im Umgang mit Neurodermitis-Patienten wird – obwohl ich als Psychosomatiker nicht primär von einer Psychogenese ausgehe – immer wieder deutlich, dass viele an einer Nähe-Distanz-Problematik leiden, die implizit auch mit dem Alter der Erstmanifestation der Neurodermitis mit der Dauer und der Häufigkeit von Exacerbationen in der Entwicklung mit dem Schweregrad und der Lokalisation der befallen Haut assoziiert ist. Obwohl bereits Thomä (1980) anhand einer zwangzigjährigen Katamnese einer psychoanalytischen Neurodermitis-Behandlung von der »Unspezifität psychosomatischer Erkrankungen am Beispiel der Neurodermitis« berichtet, ist doch auffällig, dass sich fast alle elementaren psychoanalytischen Theorien der Psychosomatik explizit an Patienten mit Neurodermitis, zumindest aber des atopischen Formenkreises entwickelt wurden (Alexander & French 1948, Schur 1980, Marty 1958). Auch das von Anzieu und Houzel verdeutlichte Zitat Freuds in seiner Abhandlung

»Das Ich und das Es« spricht von der Haut als einer Oberfläche, von der zweierlei Empfindungen ausgingen, die eine entspreche einer inneren Wahrnehmung und die andere einem äußeren Einfluss. Gerade diese Doppelnatur kann man sich aber unter Berücksichtigung der entwicklungspsychologischen Aspekte der Neurodermitis schnell verdeutlichen. Die Neurodermitis tritt überwiegend im ersten Lebensjahr und dort auch vor allem ca. im 3. Lebensmonat auf und gilt heute als Frühmanifestation einer atopischen Disposition, die später in ein Asthma (zu ca. 30%; Larsen et al 1986) und/oder in einen Heuschnupfen übergehen kann. Der Zeitpunkt des Auftretens ist insofern von nachhaltiger Bedeutung, als Lingad (2000) in seiner Dissertation mittels Grid-Test an leider nur 16 Neurodermitis-Patienten feststellen konnte, dass gerade diejenigen mit sehr früher Manifestation deutlich Bindungsunsicherheiten im GRID-Test aufweisen, während diejenigen, die erst als Erwachsene nach abgeschlossener Persönlichkeitsentwicklung eine Neurodermitis entwickeln, sich praktisch nicht von Haut-Gesunden unterscheiden. Es scheint also in einer Phase der Entstehung der Persönlichkeit sich ein deutlich genetisch determiniertes Krankheitsbild zu manifestieren, dass nachhaltig und auch zwangsläufig die Kommunikation mit den Objektbeziehungspersonen verändert und auch die Ich-Identität beeinflusst.

Die genetisch disponierte Neurodermitis hat entwicklungspsychologisch einen zentralen Einfluss auf die Persönlichkeitsentwicklung des Kindes, je nach Zeitpunkt der Erstmanifestation. Schon als Säugling, bevor Persönlichkeit und Körperbild entwickelt sind, erlebt das hautkranke Kind an seiner Haut ständig zwei emotional gegensätzliche Reize: Die liebevolle Zuwendung durch Streicheln und Massieren mit Salben und gleichzeitig die Afferenz eines Schmerz- und Juckreizes durch die Ekzemherde, durch zu festes Einreiben oder unangenehme Externa (Pines 1980). Für das Kind entsteht die Schwierigkeit, nicht zwischen liebevoller Zuwendung und unangenehmen Reizen unterscheiden zu können (Gieler und Detig-Kohler 1994). Da der Säugling die Anwesenheit der Mutter und die Salbe, die sie aufträgt, als alleinige Quelle für Erleichterung und Beruhigung erlebt, wird die Abwesenheit der Mutter bzw. Bezugsperson als Bedrohung empfunden, und es kommt so zu einer übermäßigen Fixierung an das mütterliche Objekt. Trennung von der Mutter wird vom hautkranken Kind »nicht nur so erlebt, als würde es nicht gehalten, sondern als würde ihm die Haut abgezogen« (Pines 1980). Psychosomatiker haben dieses psychodynamische Modell als »allergische Objektbeziehung« herausgearbeitet (Schur 1980 und Marty 1958).

Der starke Juckreiz beeinträchtigt das kranke Kind von frühester Kindheit an und verändert seinen Schlafrhythmus in erheblichem Maße. Durch die Unbehaglichkeit des Babys, wenn ihm warm wird, bleibt Kuscheln und Wiegen als die »natürlichste Art, das Baby in seinem Kummer zu trösten« der Mutter verwehrt (Pines 1980). Häufig werden die Kinder mit unnötigen Diäten zusätzlich belastet, in denen sie auf eine Vielzahl von Nahrungsmitteln (Milchprodukte, Süßwaren etc.) verzichten müssen.

Viele Eltern sind nicht in der Lage, die Hauterkrankung ihres Kindes zu akzeptieren und sind daher zu vielen Opfern bereit, um eine Besserung herbeizuführen. Nicht selten werden die Kinder durch Überfürsorglichkeit und Nachgiebigkeit der Eltern zu kleinen »Tyrannen« erzogen. Die Kleinkinder versuchen, aus einem Gefühl der Halt- und Orientierungslosigkeit heraus, die fehlende Geborgenheit durch eine andere Sicherheit, nämlich die des Herrschens, zu kompensieren (Prochazka & von Uslar 1989). Im Schulalter schließlich haben die hautkranken Kinder in der Regel unter ihren Mitschülern zu leiden, sei es durch Hänseln oder durch offene Ablehnung aufgrund der Hauterscheinungen. Schon in früher Kindheit treten somit die ersten Kontaktschwierigkeiten auf, die ihren ersten Höhepunkt in der Pubertät finden (Solomon & Gagnon 1987). So ist es nicht verwunderlich, dass schließlich bei der Untersuchung von erwachsenen Neurodermitikern mit ihren Bezugspersonen in experimentellen Kommunikationsstudien sich deutlich negative Interaktionsmuster zeigen (Wenninger et al 1991).

Die nicht intakte Haut scheint im Prozess der Ich-Entwicklung insofern zu einer Destabilisierung zu führen, als das Kind mit einer Entzündung der Haut die Affektregulation und die Introjektion der äußeren Objekte nicht in einer normalen Weise vollziehen kann. Offenbar kommt es im Sinne Freuds Oberflächendefinition sowohl zu einer inneren Wahrnehmung der Entzündung und der eher unbewussten Korrelationswahrnehmung zwischen Anspannung/Stress und verstärkter Entzündung wie auch zu einer höchst ambivalenten Empfindung der äußerlichen Berührung im Sinne der Einschreibung auf die psychische Hülle im Sinne Anzieus (1991). In Zeitreihenanalysen mit Neurodermitis-Patienten lassen sich diese Korrelationen durchaus klar zeigen, wenn auch nicht immer die emotionale Erregung einer Entzündung vorausgeht, sondern auch umge-

kehrt die Entzündung von einer emotionalen Reaktion gefolgt wird (Brosig et al 1999, Kupfer 1994).
Selbst die bekannten immunologischen Reaktionen der Haut (Buske-Kirschbaum et al 2001) können in das Konzept der psychischen Hülle übertragen werden, da auch hier mit heutigem Stand kein einheitliches pathogenetisches Konzept von Rezeptorenaktivität oder Interleukinreaktionen vorliegt, sondern diese eher als ein »signifiant formel« die Entzündungsreaktion mit steuern in einer komplexen immunologischen »Beziehungssuppe« (Ring 1988, Werfel & Kapp 1998, Novak & Bieber 2004). Auch psychoimmunologisch können wir innere Wahrnehmungen (die Einwanderung von veränderten T-Lymphozyten in die Haut) und die Einschreibung äußerer Wahrnehmung im Sinne von veränderter Allergen-Andockung an Langerhanszellen (Leung 1999, 2000) unterscheiden, die sich leicht mit dem Konzept Freuds »Körper-Ich« als Metapher darstellen lässt (Gieler et al 2002, Gieler & Niemeier 2003). Die psychische Hülle spielt hierbei insofern eine Rolle, als sie wie eine psychische Membran die Strukturierung der Ich-Entwicklung fördert oder aber bei der Neurodermitis – wieder in Parallelität der Haut-Entzündung – sich als nicht intaktes Selbst erweist, sodass auch die jetzt erlebten Affekte in verwirrend-ambivalenter Weise inkorporiert werden: Zum Teil werden sie als heftige Übergriffe der Mutter erlebt, wenn diese versucht durch vermehrte Be-Handlung auf die Erkrankung zu reagieren oder aber als Alleingelassensein mit dem Juckreiz, in dem sich das Kind nicht zu helfen weiß und damit Einsamkeit und Hilflosigkeit erlebt mit dem Gefühl, dass die eigene Grenze nicht ausreicht, das Haut-Ich somit mit der Umgebung keine Abgrenzung erfährt und dies erneut als schmerzend und/oder zumindest juckreizauslösend erlebt wird (Koblenzer & Koblenzer 1988).
Schematisch kann man sich diese Entwicklung, die zwangsläufig dazu führen muss, dass die Haut als eigenes Objekt (siehe auch Hirsch 1989: Der eigene Körper als Objekt) und nicht als zu sich selbst gehörig erlebt wird, mit der Abbildung 1 verdeutlichen.

Uwe Gieler

Entwicklung eines pathologischen Objektbeziehungsmusters bei Hauterkrankungen

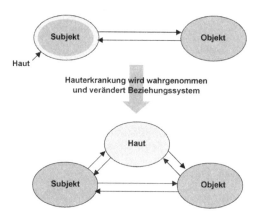

Abb. 1: Die Haut wird als fremdes Objekt erlebt, mit dem eine eigene Objektbeziehung aufgebaut wird.

In der klinischen Praxis wird dies von den Patienten häufig in Sätzen ausgedrückt wie »Meiner Haut geht es heute nicht so gut, ich weiß gar nicht wieso, weil es mir gut geht« und ähnliches.

Die psychische Hülle ist hierbei nach Houzel nicht als festes Konzept zu verstehen, sondern stellt eine dynamische sich entwickelnde Struktur dar, bei der die inneren Wahrnehmungen in ihren Wechselwirkungen auf die äußeren Einflüsse reagieren. Dies geschieht nur zum kleineren Teil bewusst, während vieles eher unbewusst wahrgenommen wird (siehe Abbildung 2). Erste Hinweise aus der modernen Hirnforschung unterstreichen hierbei, dass die meisten Wahrnehmungen einer Histamin-ausgelösten Juckreizreaktion vor allem in nicht bewussten, häufig archaischen Hirnarealen (z.B. Kleinhirn) auftaucht wie auch im Frontalhirn, also eher die emotionalen Verarbeitungsbereiche anspricht und sich damit auch in das implizite Gedächtnis inkorporiert.

Die psychische Hülle am Beispiel der Neurodermitis

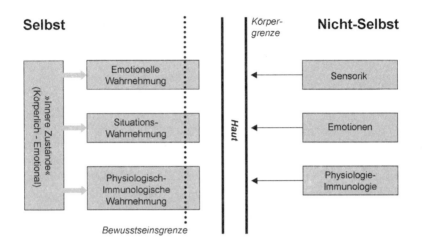

Abb. 2: Haut- Interaktion und Bewusstsein

Im Folgenden soll anhand einer längeren psychoanalytisch orientierten Psychotherapie dargestellt werden, wie die Neurodermitis sich als »Psychische Hülle« somatisch entwickelt in einer Situation, in der das Ich keine Chance hatte, seine Grenzen zu ziehen und die destruktiven Einflüsse der Eltern abzugrenzen. Die Psychotherapie konnte auf mehreren Ebenen diese Funktion der Haut als »Psychische Hülle« aufzeigen, da der Patient sowohl in Träumen, in seinem Hobby wie direkt in der Reinszenierung einer Symbiose mit dem Therapeuten diese dargestellt hat.

Eine Fallvignette:
Ein zunächst unauffällig wirkender, ordentlich gekleideter etwas untersetzter 23-jähriger Patient mit einer Hornbrille, der auf mich sofort sehr angepasst wirkt, kommt zur ersten Stunde mit einem 5-seitigen Papier, auf dem er einige seiner Träume aufgeschrieben hat. Schnell entsteht in mir ein

Gefühl der Hilflosigkeit, diesen großen Erwartungen gerecht werden zu können verbunden mit einem Hauch von Aggressivität, das ich aber an nichts festmachen kann. Er wirkt sehr motiviert, bedankt sich, dass er einen Termin bekommen hat. Seine Träume handeln fast immer von Flucht und Fliegen, meist auch unter Wasser, wo er sich in alte Schiffswracks flüchtet. Meist findet sehr viel Gewalt in diesen Träumen statt (Türen werden eingetreten, Morddrohungen, Schießereien), sodass sich mein Gefühl bestätigt, dass hinter der freundlichen Fassade ein starke Aggressivität vermutet werden kann. Auslösend für die Psychotherapie wäre für ihn ein Gespräch mit einer Tante gewesen, die ihm klar gemacht habe, dass sein Verhältnis zu seinen Eltern in keiner Weise so gut war, wie er es sonst vermutet hat. »Ich bin im Moment sehr durcheinander, ich weiß gar nicht mehr, woran ich bin, aber alle Anzeichen sprechen dafür, dass meine Eltern mich sowohl finanziell als auch körperlich missbraucht haben! Ich wollte eigentlich zu Ihnen kommen wegen meiner Neurodermitis, aber jetzt habe ich erkannt, dass da viel tiefere Ursachen stecken, ich hoffe Sie nehmen mich«. Den letzten Nebensatz sagt er wie ein getretener Hund, gedemütigt und traurig. Erschütternd war auch sein Ausspruch »Mein Leben hat eigentlich erst begonnen, als ich ins Internat kam« (siehe Lebensgeschichte).

Der Patient leidet an einer chronischen schweren Neurodermitis, vor allem der Hände sowie an einer Coxarthrose rechts als Folge von systemischen Corticoidtherapien. Schon seit der Kindheit hat er Allergien, die vom Vater, der als niedergelassener Arzt selbstständig tätig ist, mit Spritzen (Cortison) behandelt wurden. Die Mutter ist 3 Jahre jünger als der Vater, arbeitet in der Praxis mit, leidet an Kreuzschmerzen und vegetativen Beschwerden (Schlaflosigkeit, Depression). Ein 2 Jahre älterer Bruder lebt noch im Elternhaus, kann sich angeblich nicht lösen, studiert noch und leidet an Rhinitis allergica und Prostatitis.

Der Patient ist im elterlichen Haus aufgewachsen, seine Mutter wurde in ihrem 4. Lebensjahr in den Kriegswirren vom Vater der Mutter »entführt«, der die Ehefrau wegen einer anderen Frau verlassen hatte. Dieser starb im 5. Lebensjahr und die Mutter wurde dann von der Stiefmutter aufgezogen. Diese Entwicklung wurde beiden Söhnen immer erzählt, damit sie dankbar sein sollten, was die Mutter alles für sie (Patient und Bruder) leistet. Die Eltern zogen dann mit den Kindern in eine größere Stadt, in der der Vater eine Praxis eröffnete. In diese Zeit fällt die Circumcision des Patienten, die der Vater selbst durchführte (!) offenbar auch ohne Vorankündigung, sodass der damals

6-jährige Patient aus der Schule kam, zu seinem Vater in die Praxis geschickt wurde und dort gar nicht wusste, wieso er sich auf den OP-Tisch legen sollte. Er bekam dann eine Spritze und wurde beschnitten. Es tat ihm fürchterlich weh und er konnte hinterher kaum laufen. Zu dieser Zeit begann das Ekzem in den Beugen. Wegen seinen später vorhandenen »Verdauungsproblemen« habe der Vater dann noch mehrfach in Narkose (vom Vater selbst durchgeführt!) Dehnungen des Schließmuskels durchgeführt. Mit 13 Jahren wurde er wegen schlechter Schulleistungen auf ein Internat geschickt, das die Eltern für ihn ausgesucht hatten. Dort fühlte er sich sehr wohl, hatte gute Betreuer und einige Freunde (die er vorher nicht hatte). Er schaffte dann mit mäßigen Leistungen die Schule im Internat bis zum Abitur, aber konnte sich wohl fühlen, obwohl er sich von den Eltern abgeschoben fühlte. Nach dem Abitur baute er zusammen mit seinem Bruder ein altes Bauernhaus, das die Eltern gekauft hatten, aus und machte die Renovierung, hatte dafür aber, trotz Absprache mit dem Vater, nie eine Entlohnung erhalten. Da er mehrfach bei der Führerscheinprüfung durchgefallen war, ging er bereits mit 18 zu einigen Stunden Psychotherapie und konnte dann trotz der massiven Prüfungsangst den Führerschein schaffen. Nach dem Abitur begann er sein naturwissenschaftliches Studium, hatte viele Arbeitsstörungen, sodass er im 14. Semester noch nicht das Vordiplom abgeschlossen hat.

Sein Hobby ist es, Schneckenhäuser (!) zu sammeln und er hat bereits eine stattliche Anzahl von zum Teil sehr seltenen Exemplaren gesammelt, fährt regelmäßig auf entsprechende Fachausstellungen und hat bereits eine eigene Systematik für einen bestimmten Schneckentyp erarbeitet. Er bringt mir manchmal ganz stolz in die Psychotherapie ein neues Stück aus seiner Sammlung mit, erklärt mir sehr liebevoll, wie er anhand der Struktur der Schale die Klassifizierung vornehmen kann. Der indirekte Hinweis auf seine eigene Schale, die auch klassifiziert werden muss, ist zu diesem Zeitpunkt noch nicht bewusst.

Vor 2 Jahren hat er eine Französin kennen gelernt und lebt mit ihr zusammen. Sie haben sich an der Universität kennen gelernt, sie studiert Germanistik. Ein weiteres Hobby, das er mit der Freundin teilt, ist der Tauchsport, sodass er plant, mit der Freundin später gerne nach Frankreich zu ziehen und dort als Meeresbiologe zu arbeiten (Muscheln von Meeresschnecken ertauchen).

Die Krankheitsgeschichte des Patienten ist hinsichtlich der psychischen Problematik erschütternd, ich fühle mich häufig an die Geschichte des Falles

Schreber erinnert. Trotzdem wirkt der Patient relativ gefasst, hat offenbar stabile Ich-Anteile entwickelt, die es ihm ermöglichen, eine inzwischen bereits 2-jährige Beziehung zu haben, obwohl diese als sehr symbiotisch imponiert. Die Freundin wartet jeweils bei den ersten beiden Stunden draußen im Wartezimmer bis er fertig ist, um alles aus erster Hand zu erfahren. Der Patient berichtet jedoch bereits in den probatorischen Sitzungen über intensive Traumerlebnisse, die er sich selbst deuten kann (bei einem Verfolgungstraum assoziert er sich selbst mit einer Fabrik, die belagert wird!) und offenbar Nutzen daraus zieht, weil er bemerkt, dass die Träume bereits nach der zweiten Stunde plötzlich farbig geworden sind. Seine Abwehrmechanismen sind die überangepasste Art, mit der er dem Therapeuten fast alles von den Lippen abliest und es sofort unreflektiert übernimmt. Seine Eltern haben ihn oft geschlagen, daran konnte er sich zunächst nicht erinnern. Im Gespräch werden in der Übertragung die starken Wutaffekte deutlich spürbar, der Patient selbst wirkt dabei jedoch als Ausdruck seiner Affektabspaltung ruhig und distanziert. Die aggressiven Affekte sind ihm jedoch zugänglich, da er sich an die Tötung eines Meerschweinchens erinnert, dass er - als er 7 Jahre alt war - beim Spielen »wie gehe ich mit Kindern um« solange geschlagen hat, bis es tot war. Danach ist ihm klar geworden, dass er seine Wut im Zaum halten muss. Insgesamt wirkt er traurig und nachdenklich, berichtet von häufigem Grübeln über seine früheren Probleme, bedauert dabei jedoch eher den älteren Bruder, der noch bei den Eltern lebt und diese ertragen muss. Er selbst glaubt, sich durch die veränderte Studienortsituation inzwischen »abgenabelt« zu haben. Die probatorischen Sitzungen nimmt er dankbar wie ein Kind an, lässt sich deutlich in eine gewisse Regression fallen und freut sich kindlich, dass ich ihm eine Psychotherapie in Aussicht stelle. Störungen der Bewusstseinslage sind nicht erkennbar, ebenso keine ausgeprägten suizidalen Absichten. Diese sind ihm aus der Kindheit erinnerlich, spielen aber in der momentanen Lebenssituation keine Rolle.

Der Patient hat sein Ekzem nach der für ihn völlig unvorbereiteten und überraschenden Beschneidung im 6. Lebensjahr entwickelt, sodass eine Zuspitzung der ödipalen Situation im Vater-Kind-Verhältnis angenommen werden muss. Die Mutter wird von dem Patienten als sadistisch-selbstbezogen erlebt, die vorgeblichen finanziellen Probleme der Eltern als vorgeschoben, damit er und sein Bruder die Eltern später finanziell unterstützen sollen. Die gewalttätige, destruktive und über weite Strecken sadistische Erziehung (er musste für Gäste die Abendtafel decken und durfte selbst nicht mitessen) führte zunächst zu einer vollständigen Ausblendung der emotionalen Reaktionen, die ihm erst durch die Begegnung mit seiner jetzigen Freundin und durch Gespräche mit einer Tante, die ihm von den früheren Prügeleien erzählte, bewusster wurden.

Er selbst reagierte mit lethargischen Reaktionen und Zurückgezogenheit, seine Spielsachen versteckte er im Bettgestell, damit die Mutter ihn nicht beim Spielen mit Soldaten oder Tieren »erwischte«. Die intrapsychische narzisstische Wut wurde abgewehrt und von dem Patienten durch ein heftiges Kratzen in Problemsituationen (Abitur, Nichtbestehen der Führerscheinprüfung), die zu einer Verschlechterung der Hautentzündung führten, kompensiert. Aktuell ist durch die Bewusstwerdung seiner sehr instabilen und gefühlsleeren Kindheit eine Destabilisierung der Ich-Anteile eingetreten, die er durch sehr kindliche Reaktionen (freut sich, wenn er von der Freundin eine Spielpuppe geschenkt bekommt) oder durch asketische Verhaltensweisen, wie er sie durch die Erziehung der Mutter erlebt hat, schizoid zu kompensieren versucht. So muss er bis zur Therapiesitzung jeweils ca. 30 Minuten laufen, da er sich kein Auto leistet, will dies aber gerne in Kauf nehmen, bei jeder Wetterlage. Die Juckreizattacken sind offenbar hierbei als somatisches Äquivalent einer massiven aggressiven Affektlage anzusehen, die in emotional bedrohlichen Situationen, wo er als Mann gefordert ist, Ängste vor dem Versagen hat, auftreten.

Ein weiterer Traum während der wöchentlich einstündigen Psychotherapie handelt davon, dass er durch seine Schnecken ein System entwickelt hat, um seismografisch Erdbeben zu erkennen! Da das System anschlägt, versucht er verzweifelt, dies seinen Kollegen und den Menschen mitzuteilen, er kommt aber nicht aus dem Labor, in dem er mit den Schnecken sitzt, heraus!

Dieser Traum zeigt in verdichteter Form, was er intrapsychisch erlebt und wie sein Unbewusstes versucht, sich deutlich zu machen: Er nimmt »Erschütterungen« wahr, die bedrohlich sind (Erdbeben), er kann sich aber nicht mitteilen, nicht außerhalb der Hülle des Labors kommunizieren! So bleibt ihm in diesem Albtraum nichts anderes übrig, als mit seinen Schnecken, die sich in ihr Haus zurückziehen (!) auf die Katastrophe zu warten. Seine Sensibilität nimmt zwar vieles wahr, aber die Interaktion, das Durchbrechen der eigenen äußeren Hülle gelingt nicht. Die Haut repräsentiert in diesem Fall die innere Wahrnehmung und verhindert, dass seine katastro-

phischen Gedanken allzu zerstörerisch wirken können. Die internalisierten aggressiven Impulse, ursprünglich gegen die missbräuchlichen und übergriffigen Eltern gerichtet, haben sich in der Hülle gefangen und spiegeln somit die Ambivalenz in der Haut mit dem Wunsch nach Kontakt und der gleichzeitigen Angst vor Nähe wieder.

Der Patient erlebt seine Haut nicht als stabilen Schutz, als Umgrenzung seines Selbst, fühlt sich verletzlich und verletzbar und erlebt keine Hülle des Ichs. Die psychische Hülle wurde ihm genommen, da er sich ausgeliefert und schutzlos in der Kindheit den sadistischen Interaktionen seiner Eltern gegenüber befand und keine psychische Stabilität erlebte. Seine aggressiven Introjekte konnte er nur über die somatische Schädigung seiner körperlichen Hülle, der Haut und der Schleimhaut, ausdrücken.

Diskussion

Die Neurodermitis als Erkrankung der äußeren Hülle, der Haut des Menschen, weist als prototypische psychosomatische Krankheit auf das Konzept der psychischen Hülle in besonderer Art und Weise hin. Die klinische Erfahrung zeigt hierbei, dass Menschen mit einer ausgeprägten Neurodermitis – häufig bei den Erythrodermien, also dem Befall der gesamten Haut des Integumentes – ihr eigenes Selbst kaum regulieren können, nicht selten sind es dann auch Borderline-Störungen, die sich hierbei manifestieren oder umgekehrt, dass die Erythrodermie das gesamte Konzept des Schutzes vor der Außenwelt infrage stellt. Ich erinnere mich an einen Neurodermitis-Patienten, der mich als Oberarzt der Poliklinik fast täglich »belästigte«, weil er seine vollständig entzündete Haut nicht mehr aushielt, mich mit seinen Suizidgedanken quälte aber andererseits jedes Angebot, ihn stationär behandeln zu lassen, ihn zu pflegen und zu versorgen, vehement ablehnte, obwohl ich spürte, wie fraktioniert und instabil er in seiner Persönlichkeit war. Erst später – er wurde dann ein langjährig betreuter Patient, verstand ich, wie sehr mein Angebot der Versorgung ihn in seiner mühsam gehaltenen Autonomie gefährdete, seine Hülle drückte aus, was er innerlich empfand!

Zusammenfassend kann man die zentralen psychodynamischen Aspekte der Neurodermitis als Konzept der Individuation – Separation und im Licht der Bindungsforschung als Nähe-Distanz-Konflikt verstehen:

Das Konzept der Individuation – Separation

Die Intaktheit der Haut, ein Zustand, den Hautgesunde nicht bemerken und als Selbstverständlichkeit voraussetzen, zeigt uns im Grunde täglich, dass wir in unserem Wesen geschützt sind, dass wir Zärtlichkeit empfinden können, Nähe ertragen, uns distanzieren können und somit unsere Haut auch unser Selbst als psychische Hülle schützt. Wenn dies nicht intakt ist – man denke an die deutliche Verunsicherung durch kleine Hautverletzungen (man sagt bei Kindern, dass diese bereits ein Abziehen, ein Abhäuten erleben, wenn nur ein Pflaster gelöst wird!) – gelingt es kaum noch, uns selbstsicher und stabil zu fühlen. Wir reagieren wie zerrissen. Ein Patient in der langjährigen Psychotherapie sagte einmal, seine wunde Haut sei wie Löcher, die ihn mit anderen verbinden, um überhaupt einen Kontakt zu ermöglichen. Er erlebt dies durchaus schmerzhaft, seine »Löcher« machten ihn schutzlos, schienen ihn auszuliefern ohne das er glaubte, sich schützen zu können! Dieser scheinbare Widerspruch spiegelt hierbei eine doppelte Bedeutung wider, in dem diese Wunden als »Löcher« sowohl Eintrittspforte für Objekte – nicht nur von Bakterien – sein können und andererseits auch narzisstische Wunden darstellen. Besonders eindrucksvoll erlebte ich eine zweifache Begegnung mit einer Freundin, die er begehrte, einmal mit entzündeter Haut, bei der er völlig verunsichert und mit großen Selbstwertzweifeln und Ekel vor sich selbst das Rendezvous gestaltete (die Freundin wusste noch nichts von der Neurodermitis!) und beim nächsten Mal mit behandelter und gesunder Haut, bei der er selbstbewusst flirten konnte und seine inneren Stärken durchaus angemessen präsentieren konnte! Seine Hülle schützte ihn, sein Selbst war nicht »löchrig»!

Goethe sprach im Faust von 7 Häuten, die ein Mensch ablegen muss, um zum innersten Wesen des Menschen vorzudringen. Eine sicher heilige Zahl, die nur symbolisch zu verstehen ist und man nicht von der definitiven Anzahl ausgehen sollte. Aber ihm war wohl bewusst, dass wir uns auch psychisch »häuten« müssen, alte Häute ablegen, damit wir reifen können! Nicht umsonst sagt ein altes französisches Sprichwort: Es gibt drei Arten von Liebe: Die Liebe auf der Haut, die Liebe in der Haut und die Liebe unter der Haut! Auch der Wortstamm »Haut« geht indogermanisch auf »Howet« zurück, das wir noch im englischen »home« finden und drückt damit das zuhause, eine Schutzhülle aus, die metaphysisch bereits das Konzept Anzieus vorwegnahm.

Uwe Gieler

Das Konzept der Bindung und Nähe-Distanz-Problematik

Die Neurodermitis stellt hierbei nicht umsonst im Hinblick auf die moderne Bindungsforschung ein Nähe-Distanz-Problem dar (Gieler und Detig-Kohler 1994), das nach meiner Auffassung etwas anderes ist als ein Autonomie-Abhängigkeits-Konflikt, den viele Psychotherapeuten synonym sehen. Man kann jedoch autonom sein und trotzdem ein Konflikt mit Nähe-Distanz haben, der Neurodermitiker kann häufig in der psychotherapeutischen Situation kaum zwischen sich und dem Gegenüber unterscheiden, er passt sich an, spürt die Verbindung als Symbiose und muss sich doch gleichzeitig dagegen wehren. Die entzündete Haut dient gleichsam als Ventil für eine psychisch nicht lösbare Ambivalenz zwischen Wünschen nach Nähe und Streben nach Distanz. Eine Situation, die die frühe Bindung im Kleinianischen Sinne repräsentiert (Klein 1962), wie sie auch von Bick (1968), Kelleter (1990) und Klöß-Rothmann (1991) für die Behandlung der Neurodermitis-Patienten aufgegriffen und detailliert dargestellt wurde. Dionara Pines Verdienst ist es (Pines 1980), diese Ambivalenz für die therapeutische Situation in der Übertragung und Gegenübertragung dargestellt zu haben. Sie verdeutlichte die Situation, dass der Neurodermitis-Patient die mangelnde Unterscheidung, ob er eine liebevolle zärtliche Versorgung oder eine juckreizauslösende teils schmerzhafte Abgrenzung durch die Behandlung der Erkrankung erlebt wird, mit in die Übertragungsbeziehung einbringt und somit die Gefühle der Abgrenzung genau so wenig benannt und gefühlt werden können wie die Wünsche nach Berührung und Zärtlichkeit. Diese Unklarheit mit seiner psychischen Hülle des Selbst bringt den Betroffenen dazu, andere Systeme der Klärung zu entwickeln und in emotional spannungsbeladenen Situationen dies als Juckreiz-Kratz-Anfall auszuagieren. Man denke bloß an den bekannten so genannten Gruß des Neurodermitikers, das Streicheln des Nasenrückens als Ausdruck der Unsicherheit. Vielleicht sind auch die bereits von Bosse & Hünecke (1981) beschriebenen häufigen Fall-Träume, die Patienten mit Neurodermitis angeblich häufiger berichten, Ausdruck des Fallens in die Unendlichkeit der Psyche, ohne Grenze, ohne Begrenzung! Rechenberger, in der Tradition der orthodoxen Freudschen Triebtheorie stehend, beschrieb in ihrem Basiswerk »Tiefenpsychologisch ausgerichtete Diagnostik und Therapie von Hautkranken« (Rechenberger 1979) die Neurodermitis als Erkrankung der Symbiose, der Verschmelzung mit dem frühen Versorgungsobjekt und der mangelnden Loslösung. Dies hat sich in dieser Eindeutigkeit klinisch zwar nicht bestätigt, trotzdem gibt es immer wieder Neurodermitis-Patienten, bei denen der Eindruck entsteht, die Neurodermitis ist Ausdruck eines fast archaischen Symbiosewunsches und die Neurodermitis schützt vor diesem triebhaftem Wunsch nach Verschmelzung. Im Konzept der »Psychischen Hülle« verstehen wir jedoch die Neurodermitis besser, da die oben erwähnten Selbstzweifel, die tiefe Verunsicherung, welches Selbst eigentlich vorhanden sei und aktiv werde, sich durch die Entzündung der Haut darstellt!

Vielleicht ist auch die epidemiologische Tatsache, dass sich die Neurodermitis überwiegend häufig mit dem 3.- 4. Lebensmonat entwickelt, mit dem gerade dann vorhandenen »Abnabelungsprozess«, der ja de facto bei der Geburt stattfindet aber von uns ja für Ablösung im Allgemeinen verwendet wird, mit der unklaren Möglichkeit der reifen Ablösung verbunden. Nun zeigen die bisherigen Studien recht klar (Langfeld & Luys 1993), dass diese klinischen Veränderungen lediglich Folge der Erkrankung und nicht Ursache sein sollen, trotzdem könnten sie bei der genetisch determinierten Entstehung die vorhandenen Konflikte in der psychischen Hülle mobilisieren und damit relevant werden lassen. In Abbildung 3 wurde das von Maunder und Hunter (2001) publizierte Konzept der psychosomatischen Symptombildung für die Neurodermitis modifiziert, mit dessen Hilfe sich das komplex wirkende System im Hinblick auf den Einfluss psychischer Prozesse vorstellen lässt, was bereits von Müller-Braunschweig (1980) in ähnlicher Form beschrieben wurde. Deshalb finden sich häufig in Querschnittsstudien auch keine sehr deutlichen Hinweise auf psychosomatische Fehlentwicklungen, da es bei jedem Neurodermitis-Patienten intraindividuell darauf ankommt, ob salutogenetische Einflussfaktoren erlebt wurden und wie stark die genetisch-immunologische Belastung als Prädispostionsfaktor Einfluss nimmt. Wenn jedoch die Bindungsaspekte qualitativ wie quantitativ versagen, wie im Fallbeispiel, kommt es zur Dekompensation der psychischen Hülle und diese Situation wird symbolisch über die Haut-Hülle vermittelt bzw. die (psychische) Dekompensation wird durch die Somatisierung verhindert!

Schließlich sei noch angemerkt, dass das Konzept der »Psychischen Hülle« Anzieus auch durchaus kritisch gesehen werden kann. Gerade die »Signifiant Formel« stellen auch eine barock anmutende Formulierung dar, die man im Sinne der Kenntnisse moderner Immunologie und Komplexität der somatischen Funktionen bei der Neurodermitis durchaus entmystifizieren kann. Wieso sollte die Neurodermitis mit all ihren verschiedenen Facetten der Symptomatik, des altersabhängigen Verlaufs und der zahlreichen Expositions- und Realisationsfaktoren eine psychisch einheitliche Erkrankung sein, bei der Wissenschaftler sich immer wieder auf die Suche nach der Spezifität, wenn schon nicht mehr im Sinne der Persönlichkeit so doch bei der Konfliktspezifität oder Stress-Spezifität begeben? Vielmehr hat man in der klinischen Praxis den Eindruck, dass die Neurodermitis zwar durchaus als psychosomatische Erkrankung imponiert, jedoch längst nicht deutlich wird, wie viele Betroffene nun tatsächlich psychogene Mechanismen aufweisen und wie viele trotz oder manchmal gerade wegen der Stressfaktoren sogar eine Besserung zeigen, wie die Ergebnisse der japanischen Arbeitsgruppe um Kodama beim Erdbeben in Kobe zeigen konnten. Dort hatten zwar viele unter der Stresssituation eine deutliche Verschlechterung der vorhandenen Neurodermitis im Vergleich zu Neurodermitikern aus nicht betroffenen Gebieten, jedoch berichteten 8 % auch von einer Besserung ihrer Neurodermitis (Kodama et al 2000). Das Konzept der »Psychische Hülle« bietet somit durchaus einen symbolisch verstehbaren Ansatz in der Psychotherapie mit Neurodermitis-Patienten und wird nicht selten sehr hilfreich im Verständnis der Psychodynamik sein, trotzdem müssen die hier dargestellten Mechanismen in ihrer Komplexität wahrgenommen werden, weshalb inzwischen therapeutische Ansätze wie die Neurodermitis-Schulung diesem Konzept Rechnung trägt und in prospektiven randomisierten Studien ihre Effektivität bewiesen hat (Ehlers et al 1995, Gieler et al 2000). Dies muss bei den psychotherapeutischen Ansätzen noch geleistet werden! Immerhin konnte in einer repräsentativen Stichprobe von Arztpraxen von Bitzer (1997) gezeigt werden, dass vonseiten der Patienten psychotherapeutische Verfahren als sehr effektiv ähnlich wie Cortison eingeschätzt werden und in einer retrospektiven Studie konnte Williamson (2000) zeigen, dass Patienten mit psychodynamischer Psychotherapie signifikant mehr erscheinungsfreie Zeiten hatten als Neurodermitis-Patienten, die sich keiner Psychotherapie unterzogen hatten.

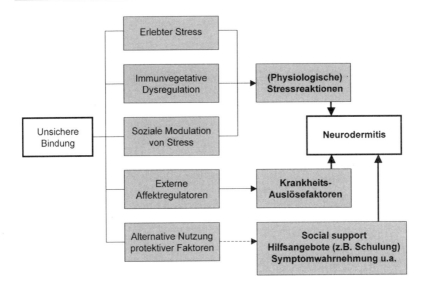

Abb. 3: Erklärungsmodell der Neurodermitis, modifiziert nach Maunder & Hunter (2001)

Literatur

Alexander F, French TM (1948): Studies in Psychosomatic Medicine. New York, Ronald Press.
Anzieu D (1991): Das Haut - Ich. Suhrkamp Verlag Frankfurt.
Bick,E. (1968): Hauterfahrung in frühen Objektbeziehung. Int .J. Psycho.-Anal. 49, 484.
Bitzer, E.M., Grobe, T.G., Dorning, H. (1997): Die Bewertung therapeutischer Maßnahmen bei atopischer Dermatitis und Psoriasis aus der Perspektive der Patienten unter Berücksichtigung komplimentär medizinischer Verfahren. ISEG Studie Endbericht.
Bosse, K. und P. Hünecke: Der Juckreiz des endogenen Ekzematikers. Münchner Medizinische Wochenschrift 123 (1981) 1013–1016.

Brosig, B., Kupfer, J., Köhnlein, B., Niemeier, V., Gieler, U. (1999): Atopic Dermatitis in Psychoanalytic Psychotherapy – A Psychobiological Case Study. Dermatology + Psychosomatics 1, Suppl. 1, 19–26.

Buske-Kirschbaum, A., Geiben, A., Hellhammer, D.: Psychobiological Aspects of Atopic Dermatitis: An Overview. Psychotherapy and Psychosomatics (2001) 70: 6–16.

Ehlers, A., Stangier, U., Gieler, U. (1995): Treatment of atopic eczema: A comparison of psychological and dermatological approaches to relapse prevention. J Consult Clin Psychol. 63 (4), 624–35.

Gieler, U., Detig-Kohler, C. (1994): Nähe - Distanz bei Hautkranken. Psychotherapeut 39, 259-263.

Gieler, U., Kupfer, J., Niemeier, V., Brosig, B., Stangier, U. (2000): Atopic eczema prevention programs – a new therapeutical concept for secondary prevention. Dermatology + Psychosomatics 1, 138–146.

Gieler, U., Niemeier, V., Brosig, B. (2002) Psychoimmunology and Evaluation of Therapeutic Approaches. in: Atopic Dermatitis (T Bieber, DYM Leung eds.). Marcel Dekker Inc. New York, Basel. pp 43–66.

Gieler, U., Niemeier, V. (2003): Psychophysiological Aspects of Atopic Dermatitis. In: Psychocutaneous Medicine (John YM Koo, Chai Sue Lee:eds). Marcel Dekker New York, Basel, 97–118.

Hirsch, M. (1989): Der eigene Körper als Objekt. Zur Psychodynamik selbstdestruktiven Körperagierens, Springer-Verlag Berlin / Heidelberg / New York.

Kelleter, R. (1990): Haut und Primärbeziehung. Zeitschrift für psychoanalytische Theorie und Praxis 2, 122–143.

Klein, M. (1962): Das Seelenleben des Kleinkindes. Stuttgart: Klett-Verlag.

Klöß-Rotmann, L. (1991): Haut und Selbst. Ein analytischer Beitrag zur Funktion des atopischen Ekzems im Behandlungsprozess. Praxis der Psychoanalyse.

Koblenzer, C., Koblenzer, P. (1988): Chronic intractable atopic eczema. Its occurence as a physical sign of impaired parent-child relationships and psychologic development arrest: improvement through parent insight and education. Arch Dermatol 124, 1673–1677.

Kodama, A., Horikawa, T., Suzuki, T., Ajiki, W., Takashima, T., Harada, S., Ichihasha M. (1999): Effects of stress on atopic dermatitis: Investigations in patients after the great Hanshin earthquake. J Allergy Clin Immunol 104, 173–176.

Kupfer, J. (1994): Psychoimmunologische Verlaufsstudie bei Patientinnen mit atopischer Dermatitis. Promotionsschrift Universität Gießen.

Langfeldt, P., Luys, K. (1993): Mütterliche Erziehungseinstellungen, Familienklima und Neurodermatitis bei Kindern – eine Pilotstudie. Praxis der Kinderpsychologie und Kinderpsychiatrie. Verlag Vandenhoeck & Ruprecht. Göttingen.

Larsen, F. S., Holm, N. V., Henningsen, K. (1986): Atopic dermatitis: a genetic-epidemiologic study in a population-based twin sample. J Amer acad Derm1 15, 487–494.

Leung, D. Y. M. (1999): Pathogenesis of atopic dermatits. J Allergy Clin Immunol 104 (Suppl.), 99–108.

Leung, D. Y. (2000): Atopic dermatitis: new insights and opportunities for therapeutic intervention. J Allergy Clin Immunol 105, 860–876.

Lingad H (2000): Der Repory-Grid-Test bei Neurodermitis-Patienten. Dissertation am Fachbereich Humanmedizin der Univ. Gießen.

Marty, P. (1958): La relation objectale allergique. Revue Francaise Psychoanalyse 22–35.

Maunder, R. G., Hunter, J. J. (2001): Attachement and Psychosomatic Medicine: Developmental Contributions to Stress and Disease. Psychosomatic Medicine 63, 556–567.

Müller-Braunschweig, H. (1980): Gedanken zum Einfluß der frühen Mutter-Kind-Beziehung auf die Disposition zur psychosomatischen Erkrankung. Psychotherapie und Med. Psychologie 30, 48–59.

Novak, N., Bieber, T. (2004): Pathophysiologie der atopischen Dermatitis: Neue Erkenntnisse und der Nutzen für die Praxis. Deutsches Ärzteblatt 101, A-108.

Pines, D. (1980): Skin communication: Early skin disorders and their effect on transference and countertransference. International Journal of Psychoanalysis 61, 315–323.

Prochazka, P., von Uslar, A. (1989): Die Machtverhältnisse in der Mutter-Kind-Beziehung bei der Neurodermitis constitutionalis atopica (Atopische Dermatitis). Zeitschrift für Hautkrankheiten 64, 863–866.

Rechenberger, I. (1979): Tiefenpsychologisch ausgerichtete Diagnostik und Behandlung von Hautkrankheiten Verlag für Medizinische Psychologie im Verlag Vandenhoeck & Ruprecht Göttingen.

Ring, J. (1988): Angewandte Allergologie. MMW Medizin Verlag, München.

Schur, M. (1980): Zur Metapsychologie der Somatisierung. in: K Brede (Hrsg.) Einführung in die psychosomatische Medizin. Syndikat-Verlag. Frankfurt/M.

Solomon R, Gagnon C (1987) Mother and Child Characteristics and Involvement in Dyads in Which Very Young Children Have Eczema. J Dev Behav Pediatr 8: 213–220.

Thomä, H. (1980): Über die Unspezifität psychosomatischer Erkrankungen am Beispiel einer Neurodermitis mit zwanzigjähriger Katamnese. Psyche 31, 589–624.

Wenninger, K., Ehlers, A., Gieler, U. (1991): Kommunikation von Neurodermitis-Patienten mit ihren Bezugspersonen - eine empirische Analyse. Zeitschr f klin Psychologie 20: 251–264.

Werfel, T., Kapp, A. (1998): Environmental and other major provocation factors in atopic dermatitis. Allergy 53, 731–739.

Williamson, P. (2000): Psychotherapie bei Neurodermitis-Patienten – eine retrospektive Studie an 43 Neurodermitis- Patienten. Dissertation Justus-Liebig-Universität Gießen.

Die Haut als Selbst und Nichtselbst[1]

Wolfgang Milch

»Und sie liegt über mir wie eine zweite Haut« sagte eine Patientin über ihre Mutter

Das Hautselbst kann nach Anzieu (1991) auch als die »narzisstische Hülle« verstanden werden, die alle körperlichen und psychischen Funktionen der Haut umfasst und ein Gefühl konstanter Zuverlässigkeit und basalen Wohlbefindens vermittelt. Anzieu, der sich auf Freud, Bion und Klein bezog, wandte den Begriff des Ich in einem umfassenden Sinne an, der heute eher demjenigen des Selbst entspricht. Er schrieb der Haut drei umfassende Funktionen zu: das Innere zu umfassen und zu halten, als Grenzfläche den Austausch zur Umwelt zu gewährleisten sowie Ort und Werkzeug der Kommunikation zu sein. Das klassische Triebkonzept ergänzte er, unter Bezugnahme auf Bowlby, durch den »Bindungstrieb« und den Anklammerungstrieb (Anzieu 1991, S. 24). Müsste man diese beiden in die Freud'sche Klassifikation einordnen, so würde Anzieu sie am ehesten dem Selbsterhaltungstrieb zuordnen. Er wies auf die Bedeutung des von Freud beschriebenen »Bemächtigungstriebs« für die Hautfunktionen hin, den er als eine Ergänzung zum Bindungstriebs ansah. Die Schwierigkeiten, die Hautfunktionen im Rahmen einer dualen Triebtheorie zu verstehen, drückt er folgenderweise aus: »Mit diesen theoretischen Schwierigkeiten (ich habe sie nicht alle aufgezählt) wird die Frage aufgeworfen, ob es sinnvoll ist, das Triebkonzept beizubehalten« (1991 S. 24).

An diese Überlegungen möchte ich anschließen und mich unter Bezugnahme auf die inzwischen weiterentwickelte Bindungstheorie insbesondere der Funktion der Haut als Ort der Grenzfläche und der Kommunikation zuwenden. Anzieu sprach in diesem Zusammenhang auch von der »Individuationsfunktion« der Haut, die eng an die »Intersensorialität« gekoppelt ist (1991, S. 137). Bei Schwächung des Gefühls für die Selbstgrenzen, droht die Gefahr, die innere und äußere Realität nicht mehr wahrnehmen zu können. Die von Anzieu (in diesem Buch) beschriebenen »formalen Signifikanten« schreiben sich in die Objektrepräsentationen ein und markieren Vorstellungen von Raum, Zeit und sich darin verändernden Körperzuständen. Ich sehe hier eine deutliche Parallele zu den »Markierungen« gespiegelter Botschaften, anhand derer Kinder das Eigene in der Spiegelung durch die Bezugsperson erkennen können (Fonagy et al. 2003).

Gerade weil die Haut Empfänger von Eindrücken von außen ist und gleichzeitig unser Innerstes ausdrückt, entwickelt sich an der Haut als einem »interface«, als Kontaktpunkt zwischen Systemen, das Eigene in Bezug zum Anderen. Da sich das Hautselbst als Teil des Körperselbst in der Interaktion mit den frühen Bezugspersonen entwickelt, drücken sich Störungen dieser Interaktion auch körperlich aus. Ich möchte deshalb der Frage nachgehen, was wir von Kindheit an von den uns wichtigen Anderen verkörpern und wie sich das in unserer Haut ausdrückt, die Haut also das Eigene und das Fremde zum Ausdruck bringt.

Die Bedeutung der Beziehung zwischen Selbst und Anderem für sich an der Haut manifestierenden psychischen Störungen soll an einem Beispiel reflektiert werden, bei dem ein Zwilling im ersten Lebensjahr eine Neurodermitis bekam und der andere symptomfrei blieb. Ich möchte zunächst die Geschichte der Mutter dieser Zwillinge schildern und dann die körperlichen Prozesse, die sich auf das Seelische auswirken, näher betrachten. Anschließend werde ich anhand von Ergebnissen der Kleinkindforschung Überlegungen anstellen, wie sich das Eigene im Kontakt mit dem Fremden entwickelt und wie sich Defizite und Konflikte auf die Haut auswirken.

Frau F. und ihre Zwillinge

An einem heißen Junitag wurde ich von der Universitätsfrauenklinik zu einer Patientin mit Risikoschwangerschaft gerufen. Die Anfang dreißigjährige Frau befand sich allein im Zimmer, sie wirkte isoliert, und sie saß sehr steif aufgerichtet im Bett, die Schultern hochgezogen, die Beine ausgestreckt, die Arme gerade über der Bettdecke und schaute mich mit einer Mischung von Neugier und Ängstlichkeit bei der Begrüßung an. Ihre Haut war aufgequollen und gereizt. Bei dem flüchtigen Händedruck bekam ich den Eindruck, sie nicht richtig zu fassen zu bekommen. Ihrem Gesichtsausdruck meinte ich einen besorgten, depressiven Ausdruck ablesen zu können. Sie berichtete, dass sie sich wegen einer Risikoschwangerschaft mit Zwillingen sehr viel Sorge mache. Sie habe während der Schwangerschaft bereits häufig Blutungen gehabt, die sie sehr belasteten, sie habe das irgendwie »nicht in den Griff gekriegt«. Seit vorgestern habe sie schwere Tage hinter sich, das läge daran, dass Alexander zwar richtig herum liege, aber der Sebastian verkehrt herum und der Arzt zu ihr gesagt habe, vielleicht sei es ja besser, gleich von vornherein einen Kaiserschnitt zu machen, weil sie und Sebastian unter der Geburt gefährdet seien.

Auf meine Frage hin, was denn den Kaiserschnitt notwendig machen könnte, antwortete sie, dass der Kaiserschnitt unter der Geburt das Kind vielleicht nicht mehr retten könne, weil Sebastian verkehrt herum liegt. Andererseits, aus einer Situation heraus, die keine Notsituation ist, wolle sie das eigentlich ablehnen, dass von vornherein der Kaiserschnitt gemacht würde. Wenn die Gefahr es notwendig machen würde, natürlich, dann würde sie klar sagen: »Schneidet mich auf, ja, aber jetzt nicht, ich möchte nicht, also ich möchte überleben, also mein Leben ist mir wichtiger als das von meinen Kindern. Ich möchte zwar wie meine Mutter, auch meinen Kindern viel opfern, aber nicht alles, also nicht mein Leben für meine Kinder opfern. Ich habe mit meinem Mann darüber gesprochen, der war auch ganz sprachlos, ich habe ihn aber dann direkt gefragt, was er denn lieber hätte, wer überleben sollte in so einer Situation und er hat gesagt, du und nicht die Kinder. Und da hätte ich heulen können vor Glück, aber dass der Arzt überhaupt so etwas gesagt hat, das hat mich sehr belastet«.

Als wir über die weitere Vorgeschichte sprechen, erzählt sie von schweren Depressionen einige Jahre zuvor, wobei ihr eine Gesprächspsychotherapie gut geholfen habe. Seit frühester Kindheit habe sie eine Neurodermitis, die schubweise verlaufe und zeitweise sehr quälend gewesen sei. In den beiden Jahren, in denen sie zum Studium von zu Hause ausgezogen sei, sei sie völlig beschwerdefrei gewesen. Das sei für sie erstaunlich.

Noch am Krankenbett führe ich mit Frau F. ein Erwachsenenbindungsinterview (AAI) durch, das mir ihre Vorgeschichte sehr viel näher bringt:

Auf die Initialfrage nach ihrem familiären Hintergrund schildert Frau F., dass ihre Eltern es der Natur überließen, wie viele Kinder sie bekamen. Sie selbst war deshalb auch nicht unbedingt geplant. Sie war eine Nachzüglerin mit vier sehr viel älteren Geschwistern.

Zu den Großeltern mütterlicherseits hatte sie immer eine herzliche Beziehung, während sie die Großmutter väterlicherseits ebenso wie die gesamte väterliche Verwandtschaft nicht mochte. Alle seien strenggläubig, immer sei etwas verboten, gleichzeitig hätten die Eltern immer sehr viel von außen gelenkt. Obwohl sie wisse, dass es gut gemeint sei, habe sie trotzdem viele Probleme, die sie bis heute nicht überwinden konnte.

In ihrer frühesten Kindheitserinnerung riss sie sich auf einer befahrenen Straße von der Hand des Vaters los, wurde fast überfahren, und der Vater beschimpfte sie heftig. Sie selbst sei so erschrocken gewesen, dass das völlig überflüssig war.

Zu der Mutter schildert sie eine heiße und innige Beziehung, die bis heute andauere, allerdings hätte diese sich nie was gönnen können und immer alles den Kindern gegeben. Auch werfe sie ihr vor, dass, wenn der Vater gefunden habe, dass die Kinder eine Tracht Prügel brauchten, die Mutter sich nicht dazwischen warf. Erst in der Therapie wurde ihr bewusst, dass sie ihrer Mutter viele Vorwürfe macht und sie enttäuscht war, dass die Mutter sie nicht schützen konnte. Häufig übernahm sie die Elternrolle für die Mutter und fühlte sich für sie verantwortlich, besonders als die Mutter an Krebs erkrankte. Sie beschreibt die Mutter mit folgenden Eigenschaften: »Duckmäuserig, hilflos, aufopfernd, fleißig, unkompliziert.«

Zu den Eigenschaften kann sie als Ausdruck eines gut funktionierenden episodischen Gedächtnisses detaillierte Beispiele schildern. Den Vater beschreibt sie mit folgenden Eigenschaften: »Leicht eingeschnappt, ermahnend, stur, unsicher.«

Auf die Frage nach einer gefühlsmäßigen Verletzung schildert sie einen sexuellen Missbrauch. Sie war damals »Pferdenärrin« und wurde von einem Pferdepfleger mit acht oder neun Jahren in den Wagen gezogen. Sie konnte nie jemandem etwas davon erzählen und behielt ein schlechtes Gewissen, dass es ihre Schuld war. Obwohl dieses Ereignis jahrelang dem Vergessen unterlag, merkte sie doch, dass sie gegenüber dem Vater Vorbehalte hatte, nicht mehr allein mit ihm im Bad sein wollte, obwohl dieser nie etwas in diese Richtung gemacht hatte. Wenn sie selbst Trost benötigte, half es am besten, wenn die Mutter sie am Rücken streichelte, das gelte auch jetzt noch für sie mit ihrem Mann.

Als sie nach Ablehnungen durch die Eltern gefragt wird, spricht sie von vielen Albträumen als Kind. An einen kann sie sich noch lebhaft erinnern und schildert ihn: »Ich war im Schulgebäude und das hatte ein Treppenhaus, wo man nach untern gucken konnte. Ich bin hinunter gelaufen, da ist ein Vogel hinter mir her, ein ganz großer Vogel ist über mir her geflogen und hat an mir rumgepickt, es war entsetzlich, ich bin gesprungen, um Selbstmord zu begehen oder ich bin runtergefallen, das weiß ich nicht mehr. Auf jeden Fall lag ich plötzlich unten, alle Knochen gebrochen, habe aber überlebt und dieser Vogel hat mich am lebendigen Leibe aufgefressen. Währenddessen lief ein Lied von Mozart oder Beethoven. Alle in der Familie habe gerne klassische Musik gehört und wahrscheinlich habe ich das in meinen Traum eingebaut. Ich weiß, ich bin schreiend zu meinen Eltern gelaufen und habe gefordert, dass sie sofort die Musik abstellen und habe ganz festgeglaubt, dass ich an diesem Tag sterbe. Das hat mein Vater überhaupt nicht ernst genommen, er hat gemeint: ›Das hast du doch nur geträumt‹. Ich erinnere mich auch, dass ich öfters heulend von den Albträumen vor dem Bett meiner Eltern stand und mein Vater hat mich weggeschickt und meine Mutter hat sich nicht getraut, sich durchzusetzen. Also da habe ich mich schon abgelehnt gefühlt!«

Auf die Frage nach Bestrafungen schildert sie demütigende und erniedrigende Situationen, bei denen sie wegen Kleinigkeiten geschlagen wurde. Sie habe deswegen versucht, den Zorn des Vaters bloß nicht auf sich zuziehen und war besonders lieb und artig als Kind. Außerdem habe sie ständig unter der Angst gestanden, dass, wenn sie böse ist, sie nicht in den Himmel kommt.

Auf die Frage nach Verlusten als Kind berichtet sie von einem Stofftier, dass sie von ihrer Lieblingsoma geschenkt bekam, einem Leoparden, mit dem sie immer spazieren ging. Ohne sie zu fragen, verschenkte die Mutter das Stofftier an eine »arme« Familie. Als Sechsjährige konnte sie das überhaupt nicht verstehen, es wurde ihr aber dann vorgeworfen, dass sie nicht teilen könne, die Familie sei doch so arm. Auch heute noch werden wütende Gefühle deutlich, allerdings durfte sie als Kind nie ihre Wut zeigen. Zu den Fragen um Verluste gehören auch die Sorgen um den Tod von anderen: Frau F. berichtet über häufige und panische Ängste, dass ihr Mann sterben könnte oder jetzt eines ihrer Kinder. Diese Angst habe sie die ganze Schwangerschaft begleitet, besonders als sie durchgehend Blutungen hatte. Bei dieser Schilderung kann sie die Ordnung ihrer Gedanken nicht mehr strukturieren und verliert immer wieder den Gedankenfaden. Von ihren Kindern wünscht sie sich, dass sie ihr einmal alles erzählen können, egal, was ihnen passiert und hofft, dass sie auch offen sein kann. Wenn diese Freunde mit heimbringen und Jubel und Trubel im Haus ist, würde sie das gerne ähnlich wie ihre Mutter unterstützen, aber sie möchte ihren Kindern nicht so viel Eigenes opfern wie ihre Mutter.

Die Auswertung des Erwachsenenbindungsinterviews weist auf eine unsicher verwickelte Bindung hin, bei der Hinweise für ein unverarbeitetes Trauma bestehen. Einzelne starke Affekte wie Angst und Wut und auch Vorwürfe werden während des Interviews deutlich. Frau F. fehlt aber ein feineres Sensorium für die situative Bedeutung von affektiver Kommunikation. Wegen der Kargheit der Schilderungen selbst von dramatischen Ereignissen war es für mich manchmal schwer, ihren Gedanken zu folgen, sodass ich immer wieder innerlich in eigenes Erinnern und Erleben »abtauchte«. – Auch zwischen den einzelnen Besuchskontakten sollte es mir später zunächst schwer fallen, ein »inneres Bild« von Frau F. zu behalten, später blieb es sehr blass. – Trotz vorangehender Psychotherapie sind ihre Fähigkeiten, selbstreflexiv über die Beziehungen ihrer Kindheit nachzudenken, nur begrenzt. Zu ihren »organisierenden Prinzipien« (Stolorow et al. 1996) gehört, dass sie sich nur akzeptiert und gemocht fühlen kann, wenn sie sich den vermeintlichen oder wirklichen Forderungen der Anderen völlig unterordnet.

Ultraschallbeobachtung der Zwillingsfeten

Dem mir entgegengebrachten Vertrauen der Mutter verdanke ich die Gelegenheit, mit ihr gemeinsam einen ca. 45 Minuten dauernden Film mit Ultraschallaufnahmen der Zwillinge aus der 21. Schwangerschaftswoche beobachten zu können. Die für ihr Alter adäquat entwickelten pränatalen Kinder sind während des gesamten Films wach und zeigen eine lebhafte Motorik. Sie sind sich überwiegend zugewandt, der eine steht aber zu dem anderen auf dem Kopf. Die Mutter kann beide schon gut auseinander halten, der größere ist Alexander, der aggressivere von beiden, der sie immer wieder schmerzhaft tritt und ihr sogar »Leberhaken« verpasst. Alexander hat eine wesentlich größere Bewegungsfreiheit, da sein »Amnionsack« viel weiter ist als der seines Bruders. Sebastian wirkt wie gefangen, er hat auch nach der Geburt eine reversible Fußdeformität, die auf die Enge zurückgeführt wurde. Ich vermute, dass die mütterlichen Reaktionen auf die lebendigeren Bewegungen von Alexander sehr viel lebhafter ausfielen, er also ganz früh die Erfahrung machen konnte, in der Mutter eine Reaktion auszulösen (s. u.). Frau F. zeigt mir eine Stelle auf dem Band, auf der er auch Sebastian kräftig ins Gesicht tritt (bei einer späteren Auswertung mit Vergleich der anatomischen Maße, ist es in diesem Moment zumindest der Kleinere, der den Größeren tritt). Auf dem Band ist für mich besonders beeindruckend, wie die Feten immer wieder miteinander in Hautkontakt treten, sich abgestimmt zueinander bewegen und miteinander zu spielen scheinen – so wie ich sie später bei meinen Hausbesuchen beobachten werde.

Geburt

Eine Woche nach der Geburt besuche ich Frau R. und ihre beiden Zwillinge. Stolz zeigt sie mir die beiden, die gemeinsam in einem Bettchen liegen und schlafen. Sie schildert mir die nun sichtbaren Temperamentsunterschiede zwischen den beiden: Alexander sei der aktivere und auch aggressivere, der seinen Bedürfnissen besser Ausdruck verleihen könne. Sebastian sei zäher, ruhiger, beschäftige sich mehr mit sich selbst und trinke sogar sehr gut. Alexander trinke lieber Muttermilch und Sebastian bevorzuge andere Milch. Sie überlege sich nun, wie sie Alexander mit der wenigen Muttermilch füttern könne. Sebastian trinke zügig, bei Alexander müsse sie die Milch fast »reinprügeln«.

Über die Geburt selbst berichtet sie Folgendes: Ungefähr sechs Wochen vor dem errechneten Termin wurde der Wehen hemmende Tropf abgestellt. Ca. 28 Std. später hatte sie auf der Parkbank zusammen mit ihrem Mann sitzend den Blasensprung und wurde in den Kreissaal gebracht. Nach weiteren sieben Stunden wurde erst Alexander geboren, der als führender in Schädellage lag, Sebastian lag dagegen quer im Uterus und musste extrahiert werden. Als sie diesen sah, bekam sie zunächst einen großen Schrecken, er sah wie tot aus, leichenblass und blutverschmiert und konnte erst nach Absaugen schreien. Er wurde ihr wenige Sekunden in den Arm gelegt und dann auf die Intensivstation der Kinderklinik bis zum übernächsten Tag verbracht. Sie selbst bekam Alexander in den Arm. Deshalb nehme sie an, dass sie zu Alexander auch eine andere Beziehung hat. Bis zum nächsten Mittag blieb für sie unklar, ob Sebastian überleben würde. Erst am Mittag des folgenden Tages konnte sie in der Kinderklinik anrufen und erfahren, dass er überlebt hatte. Für sie sei es ein großes Glück gewesen, dass ihr Partner bei der Geburt anwesend war.

Ihre eigene Neurodermitis sei während der letzten Zeit weitgehend symptomlos bis auf leicht schuppende Hände, wahrscheinlich wegen häufiger Handdesinfektion.

Wolfgang Milch

Die Hausbesuche

Als ich die Zwillinge im Alter von 4 Monaten zusammen mit einer Kollegin besuche, bekommt diese gleich bei der Begrüßung Alexander in den Arm gelegt, mit dem Kommentar, dass er bei jedem zufrieden sei. Bei Sebastian sei das anders, dieser könne sich nur bei Frau F. selbst beruhigen. Beim Wickeln ist wenig Hautkontakt zu beobachten, manchmal scheint sie fast wie mit »spitzen Fingern« die Berührung zu vermeiden. Als sie dann aber zu Abschluss dem einen auf die Fußsohle küsst, fängt der andere an, bitterlich zu weinen. Beide Kinder scheinen diesbezüglich zu kurz zu kommen und wenn der eine etwas bekommt, löst das im anderen starken Neid aus. Wir fragen uns, ob daraus eine Modellszene entsteht, die die weitere Entwicklung mitprägt.

Bei einem weiteren Hausbesuch im Alter der Kinder von 26 Monaten werden wir Zeugen des lebhaften Spiels der beiden, die das gesamte Wohnzimmer als Spielwiese benutzen. Sie nehmen mit uns Kontakt auf, indem sie Autos auseinander nehmen und uns diese zur Reparatur bringen. Aus der wilden Jagd mit Bobbycars um und unter dem Esstisch zieht sich Sebastian bald zurück, schaukelt heftig auf einer Wippe, wie um sich in der schaukelnden Bewegung zu beruhigen. Plötzlich bricht er das Schaukeln ab und stößt die Wippe immer wieder heftig gegen ein Vertiko, während sein Bruder die Fahrt fortsetzt. Erstaunlicherweise bietet die Mutter keinen Einhalt, der einen Einfluss auf das Kind hätte. Ihre Worte scheinen für ihn keinen Nachdruck zu besitzen.

Zwischen den Zwillingen treten immer wieder Konflikte auf, wobei sich Alexander viel besser behaupten kann. Er verhindert, dass Sebastian seinen Stuhl besetzen kann und thront auf beiden, obwohl Sebastian seinen zunächst lauthals einfordert. Ohne erkennbaren weiteren Protest nimmt dieser das dann hin, fällt aber im weiteren Spiel durch Wutausbrüche auf. Den auffälligsten hat er, als seine Mutter Alexander bei Wickeln kitzelt.

Frau F. macht während dieses Besuchs einen eher gedrückten Eindruck, die Neurodermitis ist auch wieder schlimmer geworden. Sie berichtet, dass die unterschiedliche Entwicklung von beiden Kindern sich kontinuierlich fortsetzt: Alexander sei der führende, er sei weiter in der motorischen Entwicklung fortgeschritten, sowohl in der Feinmotorik als auch in der Körperbeherrschung. Sebastian sei der eher ungeschicktere, kleinere, zurückgebliebene. Er wende sich häufig an den Bruder, um sich helfen zu lassen. Sie habe den Eindruck, dass er sich kleiner mache, um sich vor Anforderungen zu schützen.

Bei einem der letzten Hausbesuche »gesteht« sie mir unter heftigen Schuldgefühlen, dass sie nach ihrer Freude über die Schwangerschaft unglücklich reagierte, als sie erfuhr, mit Zwillingen schwanger zu sein. Als die Ärztin sie darüber aufklärte, dass sehr viele Zwillingsfeten in der Frühschwangerschaft »abgehen«, hätte sie das zutiefst gehofft, da sie sich überfordert fühlte.

Die Fremdesituation

Bei diesem Entwicklungstest werden die Kinder einzeln jeweils während dreiminütiger Situationen beobachtet, bei denen sie in Anwesenheit der Mutter spielen, eine Fremde hinzukommt, die Mutter hinausgeht und später wiederkommt, die Kinder ganz allein sind und dann abschließend in Anwesenheit der Mutter weiterspielen.

In der Situation des Alleinseins reagieren die Zwillinge sehr unterschiedlich. Während Alexander heftig protestiert, sich aber anschließend von der Fremden beruhigen lässt, ist bei Sebastian kaum eine Reaktion auf das Verlassenwerden von der Mutter zu beobachten. Wir wissen aber von solchen »pflegeleichten« Kindern, dass sie heftigst unter Stress stehen, der sich vornehmlich körperlich manifestiert – also wegen der anfälligeren Selbstregulation dem Auftreten einer Neurodermitis Vorschub leisten kann. Anstatt der gefühlsmäßigen Reaktion reagiert dann der Körper. Sebastian ist dementsprechend unsicher-vermeidend gebunden, die Gesamtauswertung spricht dagegen bei Alexander für eine sichere Bindung.

Wie erfahren wir durch die Haut eine Validierung unseres subjektiven Erlebens?

Schon vor der Geburt entwickelt sich eine Gegenseitigkeit als körperliche Abstimmung zwischen Mutter und Kind und in unserem Beispiel auch zwischen den Zwillingen, in Form von Spannung und Entspannung oder rhythmischen Bewegungen, die sich wiederholen. Für die Abstimmung in Form von Berührungen ist die Haut das wichtigste Organ um sich und den anderen zu erfahren. Die Feten registrieren wiederkehrende Erfahrungen, deren Engramme ihnen u. a. helfen, die Flut der auf sie einstürmenden Informationen zu reduzieren. – Die Suche und das Auffinden solcher »Kontingenzen« befähigen das Baby auch, nach der Geburt die Mutter an ihrem Geruch, ihrer Stimme oder auch ihren Herztönen wiederzuerkennen und sie von anderen Müttern unterscheiden zu können. Auf die Bewegungen des Kindes reagiert die Mutter reflektiv mit einer Anspannung der Bauchdecken, schnellerem Herzschlag, vermehrter Atmung, geräuschvolleren Darmaktivitäten oder auch bewusst mit Sprache, Tasten, Streicheln und Zurückdrücken, wenn z. B. ein Füßchen allzu sehr spürbar wird. Bei den Zwillingen kommen gegenseitige Interaktionen hinzu, die so dramatisch ausfallen können, das von »fighting twins« gesprochen wird. In den von mir beobachteten Ultraschallbildern – ähnlich wie im späteren kindlichen Spiel – waren die Bewegungen der beiden Feten aufeinander bezogen. Ich vermute, dass daraus Engramme frühster Bewegungsmuster entstehen, im Sinne von Stern (1992) handelt es sich um RIG's. Bei den Hausbesuchen war für mich eindrücklich, dass sich die frühen Bewegungen wie sie im Ultraschall zu beobachten waren, im späteren Spiel der Kinder wiederholten, das hatte bereits Piontelli (1996) beschrieben. Charakteristische Eigenheiten ihres aufkeimenden Körperselbst schienen sich bis ins dritte Lebensjahr weiter verfolgen zu lassen.

Die beiden Feten sind im gemeinsamen Spiel schon um Kohärenz bemüht und schützen sich z. B. vor lauten Geräuschen, indem sie sich mit den Händen die Ohren zuhalten oder am Daumen lutschen und regulieren damit ihren inneren Zustand. Entsprechend selbstpsychologischen Annahmen scheint die Kohärenz des Selbst und ihre Wiederherstellung eine der grundlegendsten Motivationen zu sein.[2]

Bereits Feten lösen im Hautkontakt Reaktionen der Umgebung aus, die sie sichtbar lustvoll erleben. Ich gehe davon aus, dass es sich um Effektanzselbstobjektbedürfnisse handelt (oder »Wirkmächtigkeit«, Freud sprach in einem ähnlichen Zusammenhang von dem »Bemächtigungstrieb«), wobei diese Bedürfnisse auf der Haut gespürt und möglicherweise auch organisiert werden. Es handelt sich dabei um Selbstobjektbedürfnisse, da das Erleben eigener »Wirkmächtigkeit« Wohlbefinden und Beruhigung zur Folge hat, sich somit auf die Kohäsion des Selbst auswirkt (Milch 2001).

Die Haut als körperliches Organ ist der früheste Ort, an dem körperliche Erfahrungen zur Entwicklung und Aufrechterhaltung des Selbst möglich sind. Metaphorisch ausgedrückt erfährt das Kind im Hautkontakt: »Ich berühre dich, also fühle ich mich auch von dir berührt und spüre, dass ich existiere!« Die Haut lässt Differenzierungen zwischen innen und außen zu. So können schon Feten unterscheiden, ob der Daumen in ihrem Mund der eigene ist oder zu dem Zwillingsgeschwister gehört (Stern 1992). Etwas im anderen auszulösen und dabei Wohlbefinden zu signalisieren, lässt sich sofort nach der Geburt beobachten, wenn Neugeborene im Hautkontakt auf der Mutter liegend sich von den Strapazen der Geburt erholen und sich dabei beruhigen.

Die moderne Kleinkindforschung geht davon aus, dass die beobachtbaren Affekte mit Hautveränderungen, mimischen Muskelbewegungen und damit verbunden mit Reaktionen des autonomen und zentralen Nervensystems einhergehen. Dabei wird der Körper und insbesondere die Haut als funktionelle Einheit mit der mimischen Muskulatur zum wichtigsten Übermittler von Affekten, der Auskunft über den eigenen inneren Zustand und denjenigen des Gegenübers gibt. Säuglinge sind bereits kurz nach der Geburt in der Lage, die Mimik der Bezugsperson zu imitieren. Dabei wird propriozeptiv das wahrgenommen, was das Kind auch sieht und was sich auf dem eigenen Gesicht vom Gesichtsausdruck des anderen spiegelt (Dornes 1997). Auch Erwachsene nehmen auf diese Weise die Gestimmtheit eines Gegenübers wahr, auch sie erspüren den inneren Zustand des anderen via Mimik, sodass dieser Mechanismus als eine Grundlage der Empathie angesehen werden kann (Milch 1997).

Als Objekt des Übergangs ist die Haut der Ort, an dem äußere Einflüsse spürbar werden. So ist die Interaktion immer auch auf der Haut spürbar, wenn die Mimik des anderen sich im eigenen Gesicht spiegelt. Die Mimik wird sensorisch erfasst und die Informationen werden zum Gehirn weitergeleitet, um verarbeitet und dem Bewusstsein zugänglich zu werden. Aus den Qualitäten der bei sich selbst empfundenen mimischen Reaktion erfolgt die innere Verarbeitung, sodass auf die Gefühlslage des anderen zurückgeschlossen werden kann, mit allen Auswirkungen auf den jeweiligen Stand der Kommunikation (Äquivalenzmodus, Fonagy et al. 2003). Die eigene Mimik spiegelt dann dem anderen den eigenen inneren Zustand. Die Haut wird deshalb zu Recht als Spiegel der Seele bezeichnet, ist aber auch immer der Spiegel des anderen und kann beispielsweise Wohlbefinden Wärme und Zuneigung, aber auch Unwohlsein, Kälte, Abneigung oder auch Angst und Wut signalisieren.

Die Haut, als der Ort der Begegnung zwischen innen und außen, wird deshalb in zwei unterschiedlichen Bezugsrahmen erlebt: die Haut als Empfänger von Eindrücken und die Haut als Ausdruck innerster Regungen und Gefühle. Ich vermute, dass beide Bezugsrahmen cerebral auch an unterschiedlichen Orten gespeichert werden.

In der Interaktion wird die Haut auch zum Ort des Empfindens der Selbstobjektaspekte der Objektbeziehung, das bedeutet aller Einflüsse der Objekterfahrung auf den Zustand der Kohäsion des Selbst (Milch 1996). Als Beispiel kann eine Mutter sowohl beruhigend die Haut streicheln als auch beängstigend das Kind krampfhaft festhalten. Mit den Selbstobjekterfahrungen werden unsere subjektiven Körpererfahrungen ebenso wie unsere Objekterfahrungen und unser inneres Erleben bestätigt, oder mit anderen Worten, unser affektives Erleben wird durch die bestätigende Responsivität eines Selbstobjekts validiert.

Später bekommt die Haut selbst Eigenschaften eines Selbstobjekts. Durch die Berührung von sich selbst entsteht wohltuende Beruhigung, wenn wir z. B. bei Aufregung die Haut drücken oder uns die Nase reiben. Die Kohäsion des Selbst wird auch durch Streicheln, Reiben und Kratzen des eigenen Körpers oder beim Daumenlutschen gefördert. Noch später dient die Haut als Übergangsobjekt, auf die man vor dem Spiegel einen versichernden Blick wirft, bevor man sich in der Öffentlichkeit zeigt, oder sich auch kneift, um zu spüren, ob man vielleicht träumt.

Wie entsteht das Eigene in der Interaktion mit dem Anderen?

Beim Austausch von Affekten, stellt sich die Frage, wie Kinder die Fähigkeit erwerben, den eigenen Gefühlen eine Validität zu verleihen und ihnen zu vertrauen. Wie können Kinder lernen, zwischen den eigenen affektiven Zuständen im Spiegel der affektiven Reaktion der Bezugsperson einerseits und den subjektiven Affekten der Bezugsperson andererseits zu differenzieren. Es ist eine schwierige Aufgabe, da Kinder nicht nur internale von externalen Stimuli differenzieren müssen, sondern sie müssen auch die subjektiven Gefühle ihres Gegenübers von deren Spiegelung der eigenen affektiven Zustände unterscheiden. Für diese wichtige Funktion, das Eigene im Fremden wiederzuerkennen, d. h. den Glanz im Auge der Mutter auf das eigene Tun beziehen zu können und nicht auf deren narzisstische Bedürftigkeit – scheinen mir zwei aus der Kleinkindforschung bekannte

Kommunikationsabläufe von Bedeutung: *Die transmodale affektive Kommunikation* und die herausgehobene *Betonung der gespiegelten Affekt-Signale der Bezugsperson.* Beide haben für die Psychosomatik eine große Bedeutung, weil dadurch Stress reduziert wird und auf eine symbolische Weise, unter Einbeziehung der selbstreflexiven Dimension, introspektiv die innere Reaktion erspürt werden kann, sodass eine psychische Reaktion und keine körperliche auf Konflikte möglich wird.

Schon Säuglinge können die Aktivitätskontur einer Sinneswahrnehmung unabhängig von der jeweiligen Wahrnehmungsmodalität wiedererkennen. Die Gestalt eines bestimmten Ablaufs wird invariant wahrgenommen, sei sie nun visuell, auditiv, sensuell oder propriozeptiv. Mit der transmodalen Wahrnehmung erfasst das Kind die zeitlichen Muster im Modus der Bewegung, der Mimik und der Sprache, sodass die unterschiedlichen Wahrnehmungsmodi kontingent wahrgenommen werden. Durch die Antwort der Bezugsperson im anderen Modus kommt das zum Ausdruck, was hinter dem Verhalten steht, der Gefühlszustand, der geteilt wird. Aus dem Unterschied zwischen den eigenen Äußerungen und der Spiegelung des Gegenübers im anderen Wahrnehmungsmodus entsteht eine Spannung, die eine starke, entwicklungsfördernde Potenz enthält und dazu führt, dass die Spannung zunächst in der Beziehung und später intrapsychisch (i. S. der Selbstregulation) gehalten werden kann. Daraus entstehen validere Repräsentanzen von Interaktionserfahrungen. Erlebnisse und Gefühlszustände werden zu gemeinsamen Erfahrungen, die als generalisierte Repräsentanzen von Interaktionen das Kind im späteren Leben begleiten, die Basis für die spätere Kommunikation bilden und vor neurotischen, psychosomatischen oder wahnhaften Verarbeitungen von Konflikten schützen. Transmodale Formen der Kommunikation kommen in kreativen Therapieformen, wie der Körper-, der Kunst- oder der Musiktherapie zur Anwendung, wobei das gleiche in einem anderen Modus wiedergegeben wird, der Kern der Aussage aber gleich bleibt. Die Wirksamkeit dieser Verfahren für psychotische, persönlichkeitsgestörte oder auch psychosomatische Patienten ist neben anderen Einflussgrößen aus der entwicklungsfördernden Potenz transmodaler Kommunikation und den daraus entstehenden Repräsentanzen erklärbar.

Auch innerhalb einer verbalen Psychotherapie von Erwachsenen kann die Einführung und die Arbeit an gemeinsamen inneren Bildern helfen, ein tieferes Verständnis zum Ausdruck zu bringen, wobei der Modus des Visualisierens das gemeinsame hintergründige Verständnis signalisiert. Levin (2003) empfiehlt in dieser Hinsicht eine »metaphorische Sprechweise«, da diese durch ihre suggestiv-plastische Evidenz und Bildhaftigkeit dissoziierte Informationen verknüpfen kann – analog zur cross-modalen Integration in der frühkindlichen Erfahrung. Körpersprache kann damit auch (wie die Sprache der Haut) zunehmend in gesprochene Sprache umgesetzt werden (Erdely 1989, Schöttler 1981, 1998). Das Körpererleben wird auf einer symbolischen Ebene erfasst und rückwirkend wieder beeinflusst – ein wesentlicher Schritt hin zu einer stabileren Selbstregulation über die sog. alexithyme Patienten nicht verfügen. Sie sind »blind« für ihre eigene affektive innere Welt und können Stimmungen in Interaktionen nicht erfassen und gehen mechanistisch mit sich und anderen um. Sie sind in dem direkten Körpererleben verhaftet und eigene Affekte oder diejenigen von anderen können sie nur unzureichend wahrnehmen.

Steht nur ein Kommunikationsmodus zur Verfügung, stellt sich die Frage, wie das Kind dann zwischen dem eigenen, von der Bezugsperson gespiegelten und dem authentischen Ausdruck eines eigenen Affekts der Bezugsperson unterscheiden lernt. Besonders wenn es sich um eine Mischung von beidem handelt, muss das Kind versuchen, seine Wahrnehmung zu verbessern, um den gespiegelten Anteil immer klarer wahrzunehmen als eine wiederkehrende, kontingente Erfahrung über eigene Affektzustände. Gergely et al. (2002) fanden eine Lösung für dieses Problem als sie beobachteten, dass eine perzeptuelle Eigenart in den Darstellungen der Affektantworten der Eltern die gespiegelten kindlichen Affektzustände kennzeichnet. Damit die Möglichkeit einer falschen Zuschreibung der Herkunft einer Emotion vermindert wird, sind Bezugspersonen instinktiv dazu motiviert, ihre Äußerung der Affektspiegelung so zu markieren, dass diese von ihrem eigenen, authentischen Emotionsausdruck vom Kind unterschieden werden kann. Diese Markierung wird üblicherweise dadurch erreicht, dass in einer überbetonten Weise gesprochen wird, häufig mit hoher Stimme, sodass das Kind diese »Baby-Sprache« mit den charakteristischen phonologischen und syntaktischen Veränderungen erkennen kann. Durch das gegenseitige Spiegeln entsteht eine *dritte Position* zwischen zwei aufeinander eingestimmten Menschen. Wenn das Kind älter wird und symbolisch zu denken lernt (ab ca. dem 18. Lebensmonat), öffnet sich ein symbolischer intersubjektiver Raum von Repräsentanzen zwischen dem Baby und der empathischen Bezugsperson, der die Mentalisierung und Affektregulierung ermöglicht und erleichtert.

Später findet sich eine ähnlich »markierte« Ausdrucksweise, wenn die Kinder im vorgestellten Spiel (pretend play) in einer »als-ob-Form« Emotionen darstellen. Die Unterscheidung des Kindes zwischen gespiegeltem Affekt und dem selbst empfundenen Affekt des Erwachsenen nennen Gergely und Watson (1996) das »referentielle Entkoppeln« (referential decoupling), wobei die wahrgenommene Emotion dabei von seinen Referenten »abgekoppelt« wird. Da das Kind zunächst einen referentiellen Standpunkt benötigt, um eine Emotion auch einer Person zuzuordnen, wird dieser Prozess auch als »referentielle Verankerung« bezeichnet.

Gergely und Watson (1996) vermuten, dass das Kind das »realistische« Affektverhalten der Bezugsperson und die markierten affektspiegelnden Äußerungen in unterschiedlichen strukturellen Repräsentanzen cerebral speichert. Wenn ein Selbstzustand aufkommt, wird auf assoziative Weise eine »proto-symbolische«, sekundäre Emotionsrepräsentation aktiviert, die es dem Kind erlaubt, dem Selbstzustand eine Emotion zuzuschreiben. Darüber hinaus können Selbstzuständen auch Körperempfindungen zugeordnet werden, die auch als biologische Marker bezeichnet werden (Damasio 1998). Als Marker kommt der Haut eine besondere Funktion zu und könnte gerade bei der Neurodermitis gestört sein. So als hätte Anzieu (1991, S. 151) diese Beobachtungen schon vorweggenommen, spricht er von Störungen der grundlegenden sensomotorischen Differenzierungsfähigkeiten, die er auf Kommunikationsstörungen zurückführt und die zu psychosomatischen Störungen der Haut führen. Die von ihm beschriebenen »formalen Signifikanten« geben dem Raum durch die spezifischen Objekterfahrungen psychische Eigenschaften und werden auch zu »Signifikanten der Abgrenzung« (Anzieu, Beitrag in diesem Buch), die durch die Selbst-Objekt-Differenzierung den Objekten eine Identität verleihen (ebenso wie dem Selbst) und ermöglichen, in den Prozess der Symbolisierung einzutreten. Gelingt das nicht, so drückt sich die Verzweiflung auf archaische Weise nicht symbolisch, sondern durch eine somatische Funktionsstörung aus.

Auf der Haut als dem »interface« des intersubjektiven Austauschs (bei einem körperlichen »Entgegenkommen«) kann die Störung der Affektspiegelung subjektiv zu Juckreiz und zu einer chronischen Reizung führen. Bei Vorliegen einer genetischen Bereitschaft kommt dem Juckreiz ein besonderer Stellenwert für die Manifestierung einer Neurodermitis zu. Ich möchte hier die bereits von Anzieu (1991) wiedergegebene Diskussion aufgreifen, ob die Hautreaktion Ausdruck eines Mangels an Hautkontakt ist und mit einem Aufforderungscharakter einhergeht oder nach Spitz (1965) dessen Abwehr bzw. eine Anpassungsbemühung darstellt. Für Anzieu (1991, S. 53) ist nicht nur der Mangel an Hautkontakt gefährlich, sondern auch die Überstimulierung, da sie den noch unvollkommenen Reizschutz des Kindes überfordert. Es ist ein Berührungsverbot erforderlich, den der psychische Apparat zu Bildung einer eigenen psychischen Hülle benötigt. Wenn ich davon ausgehe, dass phylogenetisch Juckreiz der Entfernung von Fremdkörpern dient, wäre in der Entzündung der Haut als chronischer Reizzustand beides enthalten, der Wunsch nach Berührung, aber auch der Versuch, das Fremde draußen zu halten, um das Eigene zu schützen und nicht von Wellen der Erregung überschwemmt zu werden. Diese Vorstellungen erhalten insofern eine neue Erklärung als unzureichende Markierung in den verschiedenen Modalitäten der Kommunikation den Berührungskontakt gefährlich macht, weil Eigenes und Fremdes nicht unterschieden werden können. Deshalb soll die »Markierung« des Affektausdrucks der Bezugsperson näher untersucht werden.

Abweichende Stile der Affekt-Spiegelung führen zu erheblichen Problemen bei der Affektverarbeitung und der Selbstregulation körperlicher Abläufe (Fonagy et al. 2003). Die Funktion der »Markierung« des Affektausdrucks der Mutter kann zu schwach oder unzureichend sein und wird von dem Kind nicht wahrgenommen (so wie ich das bei Frau F. in ihrem ängstlichen Verhalten und ihrer depressiven Stimmung beobachten konnte). Dann bekommen alle Affekte eine eindimensionale realistische Färbung. Der gespiegelte Affekt kann von demjenigen der Bezugsperson nicht entkoppelt werden und wird dieser immer zugeschrieben. Er dient nicht als Verankerung der emotionalen Welt des Kindes, das daher auch kein sekundäres Repräsentanzensystem aufbauen kann. Das Kind bekommt Mängel in der Selbstwahrnehmung und der eigenen Kontrolle von Affekten. Eigene negative Affekte, die es gespiegelt bekommt, werden aus Abwehrgründen dann der Außenwelt zugeschrieben und nicht sich selbst. Die Wahrnehmung einer entsprechenden »realistischen« negativen Emotion bei der Bezugsperson wird den negativen Zustand des Kindes noch steigern und nicht zur Beruhigung führen (z. B. eine ärgerliche Ermahnung bei Fehlverhalten, wie ich bei den Hausbesuchen beobachten konnte). Das wiederum steigert die Unsicherheit der Bezugsperson. Konkretistisch muss sich das Kind an dem Wahrgenommenen festhalten. Eltern solcher Kinder sind unfähig, innere Zustände zu halten und fühlen sich leicht von den negativen Gefühlen ihrer Kinder überschwemmt. (Wie in der Überforderung und entsprechenden Äußerungen von Frau F. deutlich wurde).

Wenn die Affektspiegelung der Eltern zwar eine »Markierung« enthält, aber inkongruent oder kategorial verdreht ist, so sind fehlerhafte Zuschreibungen des inneren Zustandes die Folge. Als Beispiel führen Gergely und Watson (1996) ein Kind an, dessen erotisch gefärbte Erregung über den physischen Kontakt mit der Mutter in dieser Angst und defensiven Ärger erzeugte aufgrund ihrer eigenen intrapsychischen Konflikte wegen ihrer körperlichen Zartheit. Bei dem Kind kann das zu einer Verwechslung von liebevoller Erregung mit Aggression führen, weil das sekundäre Repräsentanzensystem als Ausdruck des primären Affektzustandes uneindeutig und gestört ist.

Für die Körpersprache gelten m. E. die gleichen Prozesse, auch hier werden die gespiegelten Informationen in einem sekundären Repräsentanzensystem gespeichert. Die Bedeutung der Spiegelungsprozesse und der »Markierungen« gelten für die Körperpsychotherapie, wenn defizitäre Interaktionserfahrungen korrigiert werden sollen. Für meistens »frühgestörte« Patienten mit Schwierigkeiten auf diesem Gebiet kann es besonders wichtig sein, dass in expliziter Form körpersprachlich ebenso wie sprachlich-symbolisch Affektbotschaften an sie rückgemeldet werden. Auch könnten die Befunde auf die Bedeutung von Rollenspielen oder psychodramatischen Elementen hinweisen.

Abschließende Überlegungen

Es ist in dem geschilderten Beispiel für mich eindrücklich und mit wahrnehmbarer Evidenz erkennbar, wie sich das Selbst der beiden Zwillinge unterschiedlich entfaltet, entsprechend einem »inneren Design«. Das »virtuelle Selbst« als Vorstellung der Eltern über die mögliche Entwicklung ihres Kindes hat in diesem Beispiel einen deutlichen Einfluss auf die Entwicklung der Zwillinge in ihrer Unterschiedlichkeit. Offenbar überträgt die Mutter zwei eigene Selbstanteile auf jeweils einen der beiden: eine protestierende und eine duldende Seite. Sie ist zwar mehr mit der duldenden Seite identifiziert, hat aber andererseits auch Schuldgefühle, weil sie sich von einer Zwillingsschwangerschaft überfordert fühlte und hoffte, nur ein Kind zu bekommen. Hier wiederholt sich ihr eigenes Gefühl, ein unerwünschtes Kind zu sein. Die Projektionen gehen mit einem Mangel an Differenzierungsfähigkeit gegenüber ihren Kindern einher. Die mangelnde Differenzierungsfähigkeit entspricht der unsicher verwickelten Bindungsqualität der Mutter im AAI. In ihrer subdepressiven Stimmungslage wirkt ihre Stimme tonlos verhalten und die Körperkontakte mit den Kindern scheu und ängstlich. Entsprechend der Delegation an die Kinder ist sie Alexander gegenüber distanzierter, weil dieser aus ihrer Sicht eher ihrem Mann ähnlich ist und kann sich ihm gegenüber differenzierter verhalten (eine bessere sensomotorische Differenzierungsfähigkeit nach Anzieu). Es wäre zu erwarten, dass die sprachlichen Markierungen für das Kind deutlicher erkennbar ausfallen. Zu beobachten ist, das verbale Verbote bei Alexander eine stärkere Wirkung zeigen und er gleichzeitig spielerischer mit der Mutter umgehen kann.

Die Differenzierung gegenüber dem ihr selbst ähnlicheren Sebastian fällt Frau F. viel schwerer, wie sie im Gespräch auch bestätigt. Aber gerade Sebastian ist von den beiden Frühgeborenen der Stressanfälligere, der sehr viel mehr Hautkontakt und auch markierende Interaktion benötigt. Ich nehme an, dass sich in seiner Neurodermitis das Bedürfnis nach Kontakt und nach Abgrenzung und Differenzierung ausdrückt. In der ständigen Anspannung in dem Konflikt zwischen diesen beiden Bedürfnissen entsteht eine Reaktionsbereitschaft, die progressiv in Wutanfällen und regressiv in Kratzanfällen und Hautsymptomen zum Ausdruck kommt.

Anmerkungen

1 Dieser Beitrag ging aus einem von der Internationalen Psychoanalytischen Vereinigung geförderten Forschungsprojekt hervor.
2 Schon Freud befasste sich in seinen theoretischen Schriften mit dem »Konstanzprinzip« (Briebach 1986)

Literatur

Anzieu, D. (1991): Das Haut-Ich. Frankfurt a. M. (Suhrkamp).
Briebach (1986): Das Konstanzprinzip im theoretischen Werk Sigmund Freuds. Ein Beitrag zur Aktualität der Metapsychologie. Frankfurt (Campus).
Damasio, A. R. (1998): Descartes Irrtum. Fühlen, Denken und das menschliche Gehirn. 3. Aufl. München (DTV).
Dornes, M. (1997): Die frühe Kindheit. Entwicklungspsychologie der ersten Lebensjahre. Frankfurt (Fischer).
Eichert, I. (1995): Was hat die Haut mit der Seele zu tun? In: Dt. Derm. 43, S. 1236–1246.
Erdely, Z. (1989): Wie sag ich's meiner Mutter. Frankfurt (Suhrkamp).
Fonagy, P.; Target, M.; Gergely, G.; Allen, J. G. & Bateman, A. W. (2003): The developmental rootes of Borderline Personality Disorder. Early attachment relationships: A theory and some evidence. In: Psychoanal Inqu 23, S. 412–459.
Gergely, G. & Watson, J. S. (1996): The social biofeedback model of parental affect mirroring. In: Int J Psycho-Anal 77, S. 1181–1212.
Gergely, G.; Fonagy, P. & Target, M. (2002): Bildung, Mentalisierung und die Ätiologie der Borderline-Persönlichkeitsstörung. In: Selbstpsychologie 3, S. 61–72.
Levin, F. M. (2003): Mapping the Mind. The intersection of psychoanalysis and neuroscience. London (Karnac).
Milch, W. (1996): Selbststörungen bei Hautkrankheiten. In: Gieler, U. & Bosse, K. A. (Hg.): Seelische Faktoren bei Hautkrankheiten. Beiträge zur psychosomatischen Dermatologie. 2. Aufl. Göttingen (Hogrefe), S. 39–51.
Milch, W. (1997): Kleinkindforschung und Erwachsenenbehandlung. Zur Bedeutung der modernen Säuglingsforschung für die Praxis der psychoanalytischen Selbstpsychologie. In: Forum Psychoanal 13, S. 139–153.
Milch, W. (2001): Lehrbuch der Selbstpsychologie. Stuttgart (Kohlhammer).
Piontelli, A. (1996): Vom Fetus zum Kind: Die Ursprünge des psychischen Lebens. Stuttgart (Klett-Cotta).
Schöttler, C. (1981): Zur Behandlungstechnik bei psychosomatisch schwer gestörten Patienten. In: Psyche 35, S. 111–141.
Schöttler, C. (1998): Self-Psychological aspects in the treatment of psychosomatic disorders. In: Psychoanal Inqu 18, S. 403–423
Spitz, R. (1965): The First Year of Life. New York (International Universities Press).

Stern, D. N. (1992): Die Lebenserfahrung des Säuglings. Stuttgart (Klett-Cotta).
Stolorow, R. D.; Brandchaft, B. & Atwood, G. (1996): Psychoanalytische Behandlung. Frankfurt (Fischer).

Kulturwissenschaftliche Perspektive

Das Haut-Ich und die Literatur
Körperbilder der Dichterin Sylvia Plath[1]

Claudia Benthien

Als Literatur- und Kulturwissenschaftlerin habe ich in dem vorliegenden Band eine besondere Rolle inne, da ich mich nicht ›hauptberuflich‹ mit der Haut erkrankter Menschen oder den Körperbildern von psychischen Patientinnen und Patienten beschäftige, sondern mit Vorstellungen, Phantasien und Phantasmen der Körperoberfläche in den Künsten, speziell im Bereich der Literatur. Doch verstehe ich meine Arbeit in gewisser Hinsicht ebenfalls als ›diagnostische‹, insofern ich die literarischen Körperbilder und ihr Verständnis der Haut als symptomatisch lese – symptomatisch aber nicht für ein bestimmtes, individuelles Krankheitsbild, sondern eher für ein kollektives psycho-physisches Selbstbild des Menschen, das für die Moderne kennzeichnend ist. Dieses versteht die Haut als eine rigide Grenze zwischen dem privaten Inneren und der externen Welt. Ich möchte meinen Aufsatz mit einigen Zitaten aus literarischen Texten des frühen 20. Jahrhunderts eröffnen, um anschaulich zu machen, wie dieses Körperbild der Moderne charakterisiert ist. In zwei Romanen Hans Henny Jahnns heißt es:

»Ich war so ernst und erfüllt, dass ich nach seinem Herzen fassen wollte. Und er war so feierlich und heilig stumm, dass es mir schien, er fasste nach meinem Herzen. Aber es blieb die Haut, die wir berührten, die wir einander wundtasteten.« (Jahnn 1986, Bd. 1, S. 353).

»Denn was wir Menschen um einander wissen, ist mehr nicht, als wir mit den Händen dem anderen Leib abtasten können. Und unsre Hände sind voll Schwielen, und unsre Augen halten bei dem Äußern auf, und unsre Ohren hören nur die Worte [...].« (ebd., S. 395).

»Ich konnte ihn nur anschauen. Und sah immer nur die Grenze seiner Haut. Höchstens, dass ein seidiger Abgrund aus dem Glas seiner Augen hervorschimmerte.« (Jahnn 1985, S. 710).

Ähnlich wie bei Jahnn heißt es auch in einem Drama Robert Musils über die Menschen, sie seien: »Fettmassen, Skelette; eingenäht in einen gefühlsundurchlässigen Ledersack von Haut« (Musil 1957, S. 317).

Sowohl Jahnn als Musil beziehen sich bei ihren Haut-Bildern auf Georg Büchner, in dessen *Dantons Tod* es bereits 100 Jahre zuvor hieß: »Was weiß ich? Wir wissen wenig voneinander. Wir sind Dickhäuter, wir strecken die Hände nacheinander aus, aber es ist vergebliche Mühe, wir reiben nur das grobe Leder aneinander ab, – wir sind sehr einsam.« (Büchner 1967 Bd. 1, S. 9).

Büchner, Jahnn und Musil beschreiben eine Isolation, der das vereinzelte Subjekt in seinen leiblichen Grenzen ausgesetzt ist, welche als undurchdringlicher Panzer erlebt werden. Unter der Haut, dort, wohin man nicht vordringen kann, befindet sich das ›Herz‹ oder die ›Seele‹ des Gegenübers. Die Augen sind die einzigen ›Fenster‹ hinein in das verborgene Innere, sie müssen Zeugnis ablegen für das, was im Inneren unsichtbar und ungreifbar geschieht. Die Haut erhält eine Stellvertreterfunktion: Als Körpergrenze wird sie zum ›Medium‹, indem sie statt des Eigentlichen angeblickt und berührt wird, weil eben nur sie zugänglich ist.

Franz Kafka erfasst in einem Tagebucheintrag durch die Formel »Meine Gefängniszelle – meine Festung« (Kafka 1990, S. 859) das Paradox, dass eine Grenze zugleich trennt und Schutz bietet. Ebenfalls im Tagebuch notiert er:

»Was verbindet Dich mit diesen festabgegrenzten, sprechenden, augenblitzenden Körpern enger als mit irgendeiner Sache, etwa dem Federhalter in Deiner Hand? Etwa, dass Du von ihrer Art bist? Aber Du bist nicht von ihrer Art, darum hast Du ja diese Frage aufgeworfen. Die feste Abgegrenztheit der menschlichen Körper ist schauerlich [...]« (ebd., S. 872).

Die isolierten Leiber, die als objekthafte Gegenstände, ähnlich einem Schreibgerät wahrgenommen werden, sind fremdes, unerfassliches Anderes, auf ewig unerreichbar.

Die Überwindung dieser »Alltagsrealität der getrennten Säcke« (Tibon-Cornillot 1979, S. 35) wird in der Literatur der Moderne zunehmend als gewaltsam beschrieben. Der Wunsch, den verpanzerten Leib zu verletzen und in den Körper des oder der anderen einzudringen, findet sich besonders häufig bei männlichen Autoren des 20. Jahrhunderts – Klaus Theweleit hat diesen geschlechtsspezifischen psychohistorischen Zusammenhang untersucht (Theweleit 1993). In dem Begehren, die Körpergrenze zu durchdringen, drückt sich die phantasmatische Hoffnung aus, dort, in der verborgenen Festung des Leibes, etwas Ursprüngliches und Authentisches aufzufinden. Mit allen Mitteln wird im Körper vergeblich eine ›Seele‹ gesucht, die dieses Haus, welches so verschlossen ist, vermeintlich bewohnt.

Der Mensch als *homo clausus*

Wie sich bereits an den diesen wenigen Zitaten zeigt, markiert die menschliche Haut weniger eine tatsächliche als vielmehr eine symbolisch hochbesetzte Grenze, die kulturellen und historischen Veränderungen unterworfen ist. Lange galt ausschließlich das als historischen Wandlungen unterworfen, was sich am Äußeren des Körpers abspielt oder an ihm von außen manipuliert wird: Kleidung, Frisuren, Tätowierungen, Schminke, durch Diäten oder auch operativ hervorgerufene Modifizierungen der Körperformen, seiner Maße oder Hauttönung. Die Körperselbstwahrnehmung – somit auch die Haut und das Tasten – wurde bisher als außerhalb des Geschichtlichen liegend, als lediglich physiologisch determiniert, aufgefasst. Doch die menschliche Haut ist nicht immergleich ›da‹, sondern auch sie ist kulturellen Vorstellungen und Bedeutungsgebungen unterworfen, die sie je anders erscheinen lassen. Der Historikerin Barbara Duden zufolge ist bis heute eine der »hartnäckigsten Denkformen« die implizite Unterscheidung und Gegenüberstellung des Biologischen als eines Bereichs, »der als unwandelbar begriffen wird« und der anderen Felder von Kultur und Gesellschaft, »die sozialen Setzungen, Deutungen und Prägungen unterworfen sind« (Duden 1991, S. 10). In diesem Sinne wird der Leib zwar als »Träger« von sozialen und kulturellen Handlungen verstanden, selbst jedoch als »immer faktisch physiologisch determiniert gedacht« (ebd.).

In den Kulturwissenschaften hat sich demgegenüber die Einsicht durchgesetzt, dass es einen Körper außerhalb seiner kulturellen Konstruktionen und Wahrnehmung überhaupt nicht gibt. Die Darstellungen des Körpers werden daher selbst als Erscheinungsformen des Körpers betrachtet; so wird nicht länger die unausgesprochene Annahme zugrunde gelegt, dass es jenseits des Kulturellen einen tatsächlichen Körper gibt. Aus diesem Grund sind künstlerische Quellen (literarische Texte, Kunstwerke usw.) auch zu wichtigen Quellen für eine Kulturgeschichte des Körpers geworden, die gleichrangig neben etwa der Medizin- und Wissenschaftsgeschichte analysiert werden. Zuweilen sind es gerade die Dichter, die spezifische Erfahrungsmöglichkeiten des Körpers in der Sprache wach halten oder entwickeln, welche sonst keinen Ausdruck fänden. So ist es signifikant, dass etwa psychologische, psychoanalytische, psychosomatische, teilweise auch dermatologische Abhandlungen, sobald sie Hauterkrankungen und deren ›seelische‹ Ursachen thematisieren, oft auf Sagen, Märchen, Redewendungen und literarische Beispiele zurückgreifen. Es geht mir dabei natürlich nicht um ein Konkurrenzverhältnis, sondern eher um die Betonung des Dialogs zwischen physiologischem und ästhetischem Wissen – und so habe ich auch die Einladung verstanden, als Vertreterin der Kulturwissenschaften an diesem Buchprojekt zu Didier Anzieu mitzuwirken.

Betrachtet man Sprichworte, Redewendungen und literarische Bilder der Haut, so wird die Gleichzeitigkeit von zwei Modellen, das Verhältnis von Haut und Ich zu denken, deutlich. Diese Modelle unterscheiden sich anhand ihres symbolischen Bezuges zur Körperoberfläche. So gibt es zum einen die Vorstellung, dass die Haut das Selbst, das Eigentliche in sich schließt und umhüllt – literarische Beispiele habe ich bereits genannt, hier noch einige Redewendungen: ›sich in seiner Haut wohlfühlen‹, ›nicht aus seiner Haut können‹, ›aus der Haut fahren‹, ›nicht in der Haut eines anderen stecken wollen‹ oder ›etwas geht unter die Haut‹. In solchen Redewendungen wird ein Selbst thematisiert, das sich in einer Haut befindet, die wiederum als *Interface*, als Membran und Medium, zwischen ihm und der Welt fungiert. Im Gegensatz dazu setzt eine zweite Gruppe von Redewendungen die Körperoberfläche mit der Person gleich. Die Haut steht als *pars pro toto* für den ›ganzen‹ Menschen. Als Beispiele: ›jemand ist eine arme, freche, alte, ehrliche Haut‹, ›man muss seine Haut verkaufen‹, ›etwas geht mir auf die Haut‹, ›jemand erfährt etwas an eigener Haut‹ oder ›es gilt, seine Haut zu retten‹. Sprachhistorisch scheint dieser Bereich der ältere zu sein; viele der von mir aus alten Wörterbüchern zusammengetragenen Wendungen zu diesem semantischen Feld sind heute ungebräuchlich oder klingen veraltet.

Dermatologen werden beide Modi aus der täglichen Praxis und der Rede ihrer Patientinnen und Patienten kennen. Zumindest für die Literatur lässt sich aber sagen, dass der zweite Bedeutungsbereich – die Gleichsetzung von ›Selbst‹ und ›Haut‹ – inzwischen der ungebräuchlichere ist. Eine grundsätzliche Korrespondenz zwischen Haut und Selbst, und damit auch die Möglichkeit der ›Lesbarkeit‹ der Körperoberfläche, wurde in Frage gestellt (ich werde später Beispiele dafür nennen). Meines Erachtens ist es kulturgeschichtlich besonders ersterer Bereich, die Vorstellung des ›Steckens‹ in einer Haut, der in der Literatur der Moderne besonders prägnant zu finden ist. Diese Vorstellung aber hat sich als höchst problematisch entwickelt. Zum einen liegt dies an der grundsätzlichen Problematisierung von Identitätszuschreibungen: der Kritik und dem Leiden daran, dass die Haut die soziale Identität unweigerlich markiert, etwa was Hautfarbe, sozialen Status und Alter angeht. Ein zweiter Aspekt erscheint mir psychohistorisch gleichwohl zentraler: Der Mensch empfindet sich immer weniger geborgen in seiner Haut als vielmehr verborgen – weniger behütet als gefangen. Spätestens im 20. Jahrhundert wurde die Haut zur Leitmetapher der Isolierung. Trotz der stetigen Normalisierung der Durchdringung und der Offenlegung des Körperinneren im medizinhistorischen Verlauf erweist sich die Körperoberfläche auf einer symbolischen Ebene als zunehmend rigidere Grenze, was mit einem sich wandelnden Menschenbild zu tun hat.

So wurde noch im 17. und frühen 18. Jahrhundert die Haut als eine poröse, unabgeschlossene Fläche verstanden, die vielzähligen medizinischen Praktiken der Diagnose wie auch der ›Krankheitsableitung‹, durch Öffnung und Herausfließen, diente (vgl. Schönfeld 1943). Die Körperoberfläche wurde noch nicht als liminale, abschließende Wand verstanden, sondern als dreidimensionale, mit der Welt verwobene Schicht. Dies ändert sich im Laufe des 18. Jahrhunderts, mit der Entstehung des ›bürgerlichen‹ Körpers. Die Vorstellung der Haut als einer ›Mauer‹, wie sie etwa die Zitate Jahnns imaginieren, festigt sich als kanonisiertes Körperbild erst im Laufe der Rationalisierungs- und Psychologisierungsschübe im Verlauf der Aufklärung und im Prozess der Modernisierung. Dem Soziologen Norbert Elias zufolge bestimmt das Bild des einzelnen Menschen, ein *homo clausus* zu sein – eine kleine Welt für sich, die unabhängig von der großen Welt um sie herum existiert –, in unserer Kultur das Bild vom Menschen (Elias 1990, S. IL). Der Kern, das Wesen, das eigentliche Selbst erscheint als etwas, das durch eine unsichtbare Mauer von allem, was draußen ist, abgeschlossen ist. Diese Erfahrung des ›Innen‹ und des ›Außen‹ ist, obwohl sie uns unmittelbar einleuchtend erscheint, keineswegs die Grunderfahrung aller Menschen in allen Kulturen, sondern vielmehr ein spezifisch neuzeitlicher, europäischer Typ der Selbsterfahrung – und als solche hat sie auch Eingang gefunden in die psychoanalytische Theoriebildung.

Claudia Benthien

Psychoanalytische Körpermodelle und Anzieus Konzeption des Haut-Ichs

In der psychoanalytischen Literatur ist vielfach von *Körperbildern* und vom *Körperschema* die Rede, deren Existenz als notwendig zur Identitätsbildung und zum Erhalt der Stabilität des Selbst gelten. Während das Körperschema primär als sensomotorisches Raumschema verstanden wird, welches sich auf die Bewegungswahrnehmung, die Situierung des Körpers in der Umwelt und die Lage und Richtung der einzelnen Glieder zueinander bezieht und insofern bewusstseinsfähig ist, referiert der von Paul Schilder eingeführte, auf den Imagobegriff Freuds referierende Begriff *Body Image* (Körperbild) weniger auf die organischen und in gewisser Weise universellen, sondern vielmehr auf die subjektiven, unbewussten Inhalte der Körpererfahrung, mithin auf Repräsentationen des eigenen Körpers (vgl. Joraschky 1986, S. 36). Er bezieht sich auf die subjektiven Inhalte der Körpererfahrung.

Die Fähigkeit zu externem räumlichem Vorstellungsvermögen ist an die Entwicklung eines psychischen Innenraums, »an eine innere Welt, die Gedanken, Wünsche und Phantasien beherbergen kann« (Reiff 1989, S. 250) gebunden, die anfänglich nicht vorhanden ist. Zunächst ist die einzige Unterscheidung, die das kleine Kind zu treffen imstande ist – diejenige zwischen Innen und Außen – geometrisch als einfache lineare Grenze darstellbar, welcher eine duale Struktur zugrunde liegt. Der eine Teil diesseits der Geraden wird mithilfe der so genannten *doppelten Wahrnehmung* (als berührendes Subjekt und als berührtes Objekt) als innen erfahren, der andere als außen. Durch Introjektion und Projektion – also Verschiebung über diese Grenze hinweg – wird erstmalig Unlust konservierbar, und die »automatische, gebieterische Triebabfuhr« wird gebremst; noch erlebt sich das Kind als ein Pol der Linie, als ausschließlich »gegenüber der Welt, nicht in der Welt« (ebd.). Die anschließende Entwicklung eines psychischen Raumes findet auf zwei Stufen statt: Reiff unterscheidet in Anlehnung an Piaget die Entwicklung der räumlichen Wahrnehmung und des Handelns – das sensomotorische Stadium – von einer anschließenden, mit der »semiotischen Funktion« einsetzenden Entwicklung der räumlichen Vorstellung:

Die Spiegelung des Kindes im Dialog mit der Mutter, der Rollentausch, erschafft nun in dieser Welt eine Zone der Gemeinsamkeit und Identifizierung, die wir insbesondere durch Winnicott als Übergangsbereich kennen. In diesem Übergangsbereich lernt das Kind sich über den anderen als eine Ganzheit wahrnehmen und agierend kennen [...]. Der Raum, in dem diese Vorgänge stattfinden, ist immer ein erfüllter Raum, ein Raum der Anwesenheit. Erst die Symbolisierung der realen Abwesenheit der Mutter konstituiert erstmals einen ›leeren‹ Raum, der Raum als Nichtseiendes, der alle Formen des Seienden hervorbringt und in sich trägt. Das Kind entwickelt darin die Vorstellung von sich als einem nach außen abgegrenzten Wesen (ebd.).

Analog zur Kontrollfähigkeit, auf der körperlichen Ebene bestimmen zu können, was nach außen oder nach innen gelangt, entwickelt sich im psychischen Sinne die Möglichkeit einer Zeichenverwendung, die Signifikant und Signifikat voneinander scheidet. Das Zeichen gehört nun nicht mehr ausschließlich der jeweiligen Situation abbildhaft an, sondern steht jetzt repräsentierend für Abwesendes (ebd., S. 250 f). Insbesondere Inkorporations- und Ausscheidungsvorgänge, die über den Mund, die Atmungsorgane, die Haut und den Intestinaltrakt stattfinden, sind in frühen Entwicklungsphasen bedeutungsprägend (vgl. Müller-Braunschweig 1986, S. 21), da sie sich im Sinne von Freuds Begriff der *Anlehnung* als Modell für jeglichen Kontakt und kommunikativen Austausch anbieten:

»Erfahrungen und Phantasien nach dem oral einverleibenden Modus [...] signalisieren nicht nur das Erreichen rudimentärer Selbst-Objektgrenzen, sondern fördern auch die Differenzierung zwischen Selbst- und Objektrepräsentanzen, indem sie die Unterscheidung Innen-Außen zwischen dem Selbst als einem Behälter und dem Nicht-Selbst, das in den Körper (Mund) genommen werden kann, erlernen helfen« (Mertens 1981, S. 22).

Um Inkorporation und Ausscheidung kontrollieren zu können, also um ›Öffnungen‹ überhaupt als solche wahrnehmen zu können, ist ein primäres Körperbewusstsein einer Fläche und eines Volumens notwendig.

Gisela Pankow hat für die Psychose eine Theorie der Räumlichkeit entwickelt, die sich auf die »Dialektik und Dynamik des bewohnten Leibes« bezieht. Sie spricht von einem »immanenten Gesetz des Leibes«, das implizit durch zwei Grundfunktionen des Körperbildes gegeben ist. Aufgrund von Störungen dieser Grundfunktionen lässt sich bei psychisch Kranken zwischen einer neurotischen und einer psychotischen Struktur differenzieren (Pankow 1982, S. 90-92). Pankow zufolge sind diese

Symbolfunktionen ursprünglicher als die Kategorien ›Innen‹ und ›Außen‹ (wie beispielsweise Reiff sie verwendet), da diese bereits den Begriff der Grenze, und damit Vorstellungen von Abgeschlossenheit und ›Ganzheit‹ des Leibes, voraussetzen. Bei den beiden Symbolfunktionen hingegen geht es erst um Prozesse der Bildung dieser Grenzen und um die Erfahrung von Sinngebung und Ganzheit.

Die erste Funktion ist nach Pankow eine »Dialektik zwischen dem Teil und dem Ganzen«, also die Fähigkeit zur Erfassung der Einheitlichkeit und Integrität des Leibes: Während der Neurotiker fähig ist, beispielsweise trotz eines amputierten Beines oder Armes die Ganzheit des Leibes zu erfassen, ist das dem Psychotiker nicht möglich. Ein Neurotiker kann auf der Symbolebene seinen Leib zwar als zerrissen erleben, als *Corps morcelé*, die imaginäre Einheit dieses zerstückelten Leibes bleibt aber bestehen, was beim Psychotiker nicht der Fall ist. Die zweite Grundfunktion besteht in dem Vermögen, Teile des Leibes ihren spezifischen Funktionen zuzuordnen. So ist der Neurotiker zwar fähig, die Einheit des Leibes von der Form her zu erfassen, d. h. die erste Grundfunktion des Körperbildes ist bei ihm (im Gegensatz zum Psychotiker) intakt. Aber es gelingt ihm oftmals nicht, den einzelnen Teilen des Leibes ihre entsprechenden spezifischen Funktionen zuzuordnen.

Die Behandlung von Psychotikern und Borderline-Fällen erfordert in der Therapie eine besondere Auseinandersetzung mit dem Problem der Isolierung. Denn Pankow zufolge ist das »Im-Leibe-Sein« bei diesen Patienten gestört; sie finden keinen Austausch mit dem Gegenüber. Anhand des individuellen Körperbildes soll die spezifische »Dynamik der Räumlichkeit des Leibes« des Patienten erfasst werden (vgl. ebd., S. 94). Eklatante Störungen des Körperbildes zeigen sich beispielhaft bei einer psychotischen Patientin darin, dass sie einen auf ihr haftenden schlechten Geruch als symbiotische Verschmelzung mit dem verstorbenen Vater erfährt. Das Paradox, dass ein begehrtes Objekt zum Teil des eigenen Leibes wird, hebt sich auf, wenn berücksichtigt wird, dass »in der Welt der Schizophrenie« Objektrelationen nicht in normaler Form vorhanden sind, da die Erkrankten »keine Leibesgrenzen haben« (ebd., S. 99). Bei einer anderen Patientin führt das ›zufällige‹ Tragen der Kleidung der Eltern während einer Therapiesitzung zu einem Bewusstwerden des Gegenübers – als ›Fremdes‹ auf ihrer Haut – und damit zur Überwindung des Verhaftetseins in der Symbiose. Eine echte Identitäts- und Objektfindung hat bei diesen Patientinnen während der frühkindlichen Phase nicht stattgefunden oder ist aufgrund traumatischer Ereignisse verloren gegangen. Die beiden Fallgeschichten sind als Beispiele für unseren Zusammenhang insofern von Bedeutung, als dass in beiden Fällen die Grenz- und Identitätsproblematik sich nicht bloß ›symbolisch‹, sondern auch ›leibhaftig‹ auf der Körperoberfläche manifestiert. Andere gestörte Körperbilder von psychotischen Patienten sind beispielsweise das einer durchlöcherten Haut, das eines hohlen, fragilen Ballons oder das einer Spaltung zwischen dem Ober- und dem Unterleib (vgl. Reiff 1989).

Ausgehend von der These Freuds, dass das Ich zunächst »vor allem ein Körperliches« ist, entstand in der psychoanalytischen Theorie der Begriff des *Körper-Ichs*. In der frühkindlichen Entwicklung, so stellte die Kinderanalytikerin Margaret Mahler fest, bedeutet die Verschiebung von vorwiegend propriorezeptiv-enterorezeptiver Besetzungen auf die sensiorezeptive [= empfindungsfähige] Besetzung der Peripherie des Körpers einen wichtigen Schritt. Diese Besetzungsverschiebung stellt eine wesentliche Vorbedingung für die Bildung des Körper-Ichs dar: »Das sensoriperzeptive Organ – die ›periphere Rinde des Ichs‹, wie Freud es genannt hat – dient in erster Linie der Abgrenzung des Selbst von der Objektwelt« (Mahler u. a. 1980, S. 66). Das erste spielerische Aufgeben der ursprünglichen Symbiose mit der Mutter führt im Alter von etwa sechs Monaten zu einer Reihe von motorischen Versuchen, die Individuation zu erproben. So stemmt das Kind beispielsweise seinen Körper von dem der Mutter weg, um sie in ihrer ganzen Gestalt und in ihren äußeren ›Grenzen‹ besser sehen zu können oder es beginnt, Umgebung und Bezugspersonen mit den Händen abzutasten, um in der Berührung und dem Aufgeben dieses Kontaktes die eigenen und fremden Körpergrenzen zu erfahren (vgl. Mahler u. a. 1980). Nachdem der Säugling zunächst – angelehnt an die Empfindungen im Mutterleib – die Phantasie einer gemeinsamen Haut mit der Mutter entwickelt, findet in der anschließenden Stufe ein schrittweises Aufgeben dieser imaginären, beide umschließenden Hülle statt. Nach und nach erfolgt die Anerkennung einer eigenen, abgeschlossenen und autarken Haut, was nicht ohne Widerstand und Schmerzen geschieht.

Mit der an der Bezeichnung *Körper-Ich* angelehnten Konzeption des *Haut-Ich* hat Didier Anzieu eine Systematik der psychischen und größtenteils unbewussten Besetzungen der Haut entwickelt, wie sie sich in frühkindlicher Entwicklung und Interaktion herausbilden. Unter dem Haut-

Ich versteht Anzieu eine psychische Hülle, »ein Bild, mit dessen Hilfe sich das Ich des Kindes während früher Entwicklungsphasen – ausgehend von seiner Erfahrung der Körperoberfläche – eine Vorstellung von sich selbst entwickelt als Ich, das die psychischen Inhalte enthält« (Anzieu 1992, S. 60). Die menschliche Haut ist, so Anzieu, sowohl eine organische als auch eine imaginäre Gegebenheit (ebd., S. 13). Bei der Geburt ist das Haut-Ich noch eine »virtuelle Struktur« (ebd., S. 136), die sich erst im Laufe des Kontakts zwischen dem Säugling und seiner primären Umwelt realisiert. Es bildet sich im frühkindlichen Prozess von Loslösung und Individuation.

Bei seiner These von Ich-Funktionen, die sich analog zur physiologischen Erfahrung der Haut als Begrenzung des eigenen Körpers entwickeln, bezieht Anzieu sich auf das zweite topische Modell Freuds. Er verweist darauf, dass Freud das Bewusstsein explizit als »die Oberfläche des seelischen Apparates« bezeichnet (topisch gesehen von der Außenwelt her als erstes) und das Ich selbst dementsprechend als »Oberflächenwesen« (ebd., S. 112 u. 114; Freud 1978, S. 288 u. 294). Bei Freud heißt es:

Das Ich ist in letzter Instanz von den körperlichen Empfindungen abgeleitet, vor allem von denen, die von der Oberfläche des Körpers herrühren. Es kann also als eine seelische Projektion der Oberfläche des Körpers betrachtet werden neben der Tatsache [...], dass es die Oberfläche des seelischen Apparates ist.[2]

Die Ich-Instanz des psychischen Apparats – also diejenige Instanz, die zwischen den Befehlen des Über-Ichs, den Ansprüchen des Es und den Forderungen der Realität zu vermitteln hat – entsteht Freud zufolge ursprünglich aus der Erfahrung von Berührungen. Anzieu baut auf dieser These sein Konzept des Haut-Ich auf, welches er als Hülle für das psychische Selbst versteht, als Barriere zum Schutz der Psyche, das somit Filterfunktionen übernimmt und zugleich die Einschreibung erster Spuren regelt. Die psychischen Funktionen des Haut-Ich lehnen sich – dem Freudschen Prinzip entsprechend – jeweils an körperliche Funktionen an, also an konkrete physiologische Eigenschaften der Haut, wie die des Reizschutzes, des Stützens, des Beinhaltens, der Vernetzung der verschiedenen Sinnesorgane und der sexuellen Erregbarkeit.

Wichtig erscheinen mir in der von Anzieu aufgestellten Systematik (Anzieu 1992, S. 131–43) besonders zwei extreme Phantasmen: das masochistische Phantasma des enthäuteten Körpers und das narzisstische Phantasma der verdoppelten Haut. Beide Störungen des Haut-Ich stehen im

Zusammenhang mit der frühkindlichen Phantasie einer gemeinsamen Haut mit der Mutter:

> Im masochistischen Phantasma tut die grausame Mutter nur so, als ob sie ihre Haut dem Kind gibt; sie ist ein vergiftetes Geschenk mit der unheilvollen Absicht, dem Kind das an dieser Haut haftende eigene Haut-Ich wieder wegzunehmen und schmerzhaft zu entreißen, um so das Phantasma einer gemeinsamen Haut wiederherzustellen [...]. (Anzieu 1992, S. 164)

> Im narzisstischen Phantasma behält die Mutter die gemeinsame Haut mit dem Kind nicht, sondern gibt sie ihm weiter, und das Kind trägt sie triumphierend [...]. (ebd., S. 163).

Die narzisstische Persönlichkeit möchte sich mit ihrer eigenen, verstärkten und verdickten Haut begnügen und mit den anderen keine gemeinsame Haut haben, da dies ihre Abhängigkeit offenbaren würde. Die Notwendigkeit, ein ins extreme verpanzertes Haut-Ich zu besitzen, führt zu der immer stärker werdenden Angst vor dem Zerfall des starr versiegelten psychischen Behälters. Das masochistische Phantasma besteht nach Anzieu in einem kontinuierlichen ›Enthäutetwerden‹, d. h. der Schutzlosigkeit und fortwährenden regressiven Abhängigkeit von Bezugspersonen. Viele der literarischen und bildkünstlerischen Imaginationen, die ich untersucht habe, berühren diese Phantasmen.

Vorstellungen des psychischen Schutzes und der Integrität des Selbst werden dauerhaft über die Haut symbolisiert. Es sind Selbstkonzepte, die an Bilder des Umhüllenden, der Kohärenz und mithin des ›Hautartigen‹ gebunden zu sein scheinen. Problematisch an der Psychoanalyse bleibt die These, dass Körperbilder immer dieser Art waren und überzeitlich so sein werden. Dies ist, so die basale Einsicht der Kulturwissenschaften, natürlich falsch: Körperbilder und Selbstvorstellungen sind historische Produkte; sie unterliegen kontinuierlichen Wandlungen und kulturellen Deutungen. Es geht also immer um die Gratwanderung zwischen anthropologischer Konstanz und kulturellem Wandel. Die folgende Analyse der Hautbilder Sylvia Plaths stellt somit zwar eine literarische Fallstudie dar, diese ist aber in einen spezifischen historisch-kulturellen Kontext eingebettet und von diesem nicht abstrahierbar.

Claudia Benthien

Die Hautbilder der Dichterin Sylvia Plath

Die exzessiven Hautbeschreibungen in der Prosa und Lyrik der amerikanischen Dichterin Sylvia Plath, die 1963 im Alter von 30 Jahren in London Selbstmord beging, und vermutlich unter einem Borderline-Syndrom litt, sind schon früh Material für psychoanalytische Studien gewesen. Aus literaturwissenschaftlichem Blickwinkel wurden sie eher vernachlässigt, hier ging es zumeist genereller um die Rolle des weiblichen Körpers in der Literatur im Verhältnis zur Tätigkeit als Schriftstellerin. Alle Texte, die ich im Folgenden diskutieren möchte, entstammen den 1960er Jahren und sind zum Teil direkt vor dem Selbstmord entstanden.

Die Darstellung der Haut bei Plath ist zum einen stark geprägt von Strategien der Distanzierung und Enigmatisierung, von einem Gestus der Abwehr und Aggressivität. Im autobiographischen Schreiben ist zudem das Bild der Wunde und das der Narbe von Bedeutung sowie die Wahrnehmung der eigenen Haut entweder als undurchdringliche Mauer oder aber als eine äußerst fragile Schutzschicht. Auch der Zusammenhang von (weiblicher) ›Hautunreinheit‹, physischer Verletzung und Selbstverwerfung ist exemplarisch. Es finden sich nicht nur auf die individuelle Hautbeschaffenheit der anderen Figuren eingehende ausführliche physiognomische Beschreibungen, sondern die Erzählerfigur (zumeist eine Ich-Erzählerin) nimmt sich in vielen Prosatexten selbst ausdrücklich mittels der eigenen, im Spiegel gesehenen oder imaginierten Haut wahr. In Plaths lyrischem Werk ist die Häutung zentrale Metapher des Rollenwechsels oder der Fragilität des Ichs. Zudem lässt sich an den Werken der Autorin beispielhaft zeigen, inwieweit Hauttönungen und -strukturen ihre semiotische Eindeutigkeit in der literarischen Beschreibung im 20. Jahrhundert bereits weitgehend verloren haben. Von einer bedeutungstragenden Membran – einem ›Spiegel der Seele‹ – entwickelt sich die Haut zu einer fremdartigen Oberfläche, die nicht länger lesbar ist.

Verfremdung der Haut und Problematisierung von Körpergrenzen in Plaths Prosa

Zunächst möchte ich einige Hautbilder in der Prosa Plaths diskutieren, die deutlich machen, inwieweit die individuelle Haut hier keine Charaktereigenschaften spiegelt, sondern zunehmend die Funktion der Verrätselung des Gegenübers einnimmt. In Plaths Roman *The Bell Jar* hat die Haut einer jungen Frau »a bronzy polish under the pale dusting powder«; ihr Gesicht ist »dusky as a bleached-blonde Negress« (Plath 1971, S. 6). Die Ich-Erzählerin Esther Greenwood sagt über sich selbst: »The city had faded my tan, though. I looked yellow as a Chinaman« (S. 9). Beide Gesichtstönungen werden mit Hautfarben anderer Völker kontextualisiert, ohne dass diese Bezugnahme aber auf deren attribuierte Eigenschaften verweist. Das gebräunte Gesicht eines jungen Mannes »seemed almost black« (S. 67), während eine Prostituierte eine »rat-colored skin« (S. 64) hat. Letzteres ist zwar eindeutig abwertend, sagt aber gleichwohl nichts Konkretes über die beschriebene Person aus. Esthers Mutter besitzt ein Gesicht, das gelblich wie eine Zitronenscheibe ist – »sallow as a slice of lemon« (S. 107) –, wohingegen dasjenige ihrer Zimmernachbarin in der Klinik »like maps of the craters on the moon« aussieht, »because it had at one time been badly pitted with acne« (S. 174). Plath stellt hier zwar Analogien zu anderen Lebewesen und Gegenständen (Zitrone, Mond, Ratte) her, die aber die vorgestellten Personen nicht wirklich individualisieren oder ihr Wesen illustrieren (in dem Sinne, dass ›Äußeres‹ auf ›Inneres‹ verweist), sondern vielmehr nur deren Obskurität betonen. Die einzige Figur in *The Bell Jar*, die sich durch eine ›neutrale‹ Haut auszeichnet, ist ein junger Professor, den Esther als ihren ersten Liebhaber auswählt; er besitzt »the pale, hairless skin of a boy genius« (S. 186). Hier überrascht hingegen die Logik der Zuschreibung der Haarlosigkeit und Blässe zur Eigenschaft des jungen männlichen Genies, die als willkürliche Setzung erscheint und nicht weiter ausgeführt wird.

An die Stelle der Kodierung von Hauttypen und -farben, die die Literatur der Moderne weitgehend aufgibt, tritt bei Plath ein gesteigertes Interesse an der physischen Materialität der Haut. Dieser mikroskopische Blick auf die Gesichtsoberfläche inspiziert individuelle Merkwürdigkeiten, fragt nach den physiologischen Ursprüngen oder sucht Analogien im Bereich der Dingwelt. Die folgenden zwei Beispiele aus den Erzählungen *Johnny Panic and the Bible of Dreams* und *Above the Oxbow* sollen dies verdeutlichen:

»Her face, hefty as a bullock's, is covered with a remakable number of tiny maculae, as if she's been lying under water for some time and little algae had latched on to her skin, smutching it over with tobacco-browns and greens. These moles are noticeable mainly because the skin around them is so pallid« (Plath 1979, S. 158).

»The raised scar running diagonally from his right eyebrow across his nose and deep into his left cheek showed white against his tan. Pale, almost dirty, the scar tissue had a different texture from the rest of his skin; it was smoother, newer, like plastic calking a crack« (ebd., S. 158).

Die Erzählinstanz beschreibt die Gesichtshaut wie ein Mensch mit dem Blick auf das Fremde einer anderen Kultur, wie ein plastischer Chirurg (oder auch ein Dermatologe). Die Beobachtungen der Verfärbungen und Strukturen sind neugierig und gründlich, sie besitzen eine präzise Sprache, nehmen aber keinerlei psychologische oder ästhetische Deutungen vor – in dem Sinne etwa, dass eine Narbe Mut signalisiere oder unzählige Leberflecken unschön seien. Das beschreibende Auge sieht so genau hin, wie es kulturell nicht gucken darf: detailgetreu, medizinisch, sachlich. Es blickt auf das Antlitz des Gegenübers wie auf totes Fleisch, und nicht wie auf ein menschliches Gesicht. Nur deshalb können Vergleiche zu ›Plastik‹ oder ›Algen‹ erfolgen, anderen Formen von physischer Materie. Die andere Person ist etwas Fremdes, das weder mit Empathie noch mit Antipathie erblickt wird.

Auffällig ist, dass die Haut in Plaths Prosa mit allen Sinnen wahrgenommen wird, nur nicht durch Berührung. Während – wie in der Literatur üblich – vielfache visuelle Eindrücke des Gegenübers geschildert werden, ist ungewöhnlich, dass auch Geschmacksempfindungen,[3] akustische Eindrücke[4] und Geruchssensationen[5] der Haut Berücksichtigung finden. Die Elimination der ertasteten und erspürten Körperoberfläche steht dagegen im Zusammenhang mit einem unausgesprochenen Berührungsverbot, was der psychoanalytischen Theorie zufolge mit der ursprünglichen Verleugnung der Getrenntheit einhergeht (dem Verlust der ›gemeinsamen Haut‹ bzw. dem unbewussten Begehren, in einen symbiotischen Zustand zurückzukehren). Dass die Haut als Ort der Berührung, als libidinös aufgeladene Grenz- und Kontaktfläche nicht zum Tragen kommt, mag an dem durchgehend präsenten Motiv »of wanting to incorporate and be incorporated« (Biven 1982, S. 215), liegen oder, wie Plath selbst im Tagebuch wünscht, »to crawl back abjectly into the womb« (Plath 1983, S. 59).

In einer autobiographischen Kindheitserinnerung beschreibt Sylvia Plath die für sie traumatische Situation nach der Geburt ihres jüngeren Bruders, die sie als plötzliche, gewaltsame Abtrennung vom Körper ihrer Mutter erlebt, von der sie bis dahin gestillt wurde. Die eigene Haut ist hier Metapher der als schmerzhaft erlebten kindlichen Individuation: »As from a star I saw, coldly and soberly, the *separateness* of everything. I felt the wall of my skin: I am I. That stone is a stone. My beautiful fusion with the things of this world was over« (Plath 1979, S. 23). Die Haut wird hier als Mauer wahrgenommen, die das Selbst, einstmals verschmolzen mit den Dingen, von der Welt abtrennt. Auch das Gegenüber ist Stein. Das Ich, welches dies beschreibt, befindet sich in einer extrem distanzierten Position der eigenen Haut gegenüber, die es ›kalt‹ und ›nüchtern‹ ins Auge fasst. Durch den Ausschluss des Taktilen und das benannte Gefühl der Getrenntheit von eigenem und fremdem Leib entsteht ein erhöhtes Bewusstsein der Diskrepanz zwischen ›innerem‹ Selbst und äußerer Hülle.

Berührung ist bei Plath, wenn sie überhaupt zum Thema wird, stark aggressiv geprägt: durch Bisse, Schnitte, Operationen, Unfälle. Es geht also um Grenzproblematiken und ist daher nicht zufällig, wenn die Protagonistin Esther Greenwood in *The Bell Jar* den Beginn ihres psychischen Leidens als erlittene Unfähigkeit schildert, das unwillkürliche Eindringen der Umwelt (hier exemplarisch des Lichts) zu verhindern:

»I feigned sleep until my mother left for school, but even my eyelids didn't shut out the light. They hung the raw, red screen of their tiny vessels in front of me like a wound. I crawled between the mattress and the padded bedstead and let the mattress fall across me like a tombstone« (Plath 1971, S. 101).

Die Haut-Ich-Instanz ist so fragil, dass die Protagonistin eine zusätzliche Stütze bedarf, um die Einheit der Person zu bewahren. Dass diese dann zur Grabplatte wird, deutet die Situation als unlösbaren, paradoxen Konflikt. Die Augenlider stellen keine schützenden Häutchen dar, sondern sind rohe, verwundete Hautlappen, die das Licht nicht abhalten. Die Erzählerin imaginiert sich als so ungeschützt und angreifbar, dass als logische Konsequenz später ihre Gesichtshaut vor Angst »stiff, like pergament« (S. 117) werden muss, als ihr eine Elektroschockbehandlung droht. Der jeweils andere hingegen ist durch eine maskierende, dicke Haut wie verpanzert: Für die Protagonistin Dody Ventura in *Stone Boy with Dolphin* wird das Gesicht ihres Begleiters Hamish zu einer Wachs- oder Gummimaske, hinter der er selbst sich verbirgt: »his wax mask escorting her« (Plath 1979, S. 177); »the crack Hamish came, intent, behind a glistening pink rubber mask« (ebd., S. 184).

Insbesondere jene Textpassagen, in denen Plath literarisch die Erfahrungen ihrer an einen Selbstmordversuch anschließenden Psychose verarbeitet, zeigen eine schmerzhafte Spaltung zwischen fragilem Selbst und äußerer Hülle auf. Gisela von Wysocki spricht zu Recht davon, dass es sich bei Plaths Schreiben generell um »ein gefährliches Selbstausbeutungsmodell« handele »ohne jede Rücksicht der eigenen Hülle, der psychischen Haut gegenüber«, und so den »Charakter der Unbarmherzigkeit« besäße (Wysocki 1997). In *The Bell Jar* betrachtet die Erzählerin, die nach dem Suizidversuch im Krankenhaus erwacht, zunächst ihren Körper, dann ihr Gesicht im Spiegel, ohne sich jedoch mit dieser ihr fremd und missgestaltet erscheinenden Person identifizieren zu können:

»I looked down at the yellow legs sticking out of the unfamiliar white silk pajamas they had dressed me in. The skin shook flabbily when I moved, as if there wasn't a muscle in it, and it was covered with a short, thick stubble of black hair« (Plath 1971, S. 141).

»One side of the person's face was purple, and bulged out in a shapeless way, shading to green along the edges, and then to a sallow yellow. The person's mouth was pale brown, with a rose-colored sore at either corner.

The most startling about the face was its supernatural conglomeration of bright colors« (ebd., S. 142 f).

Die Ich-Erzählerin erlebt die äußere Gestalt als scheußliche, verfärbte Hülle, die ihr wie ein *alter ego* gegenübertritt – was durch die unpersönlichen Artikel, den distanzierten Beschreibungsstil und die Rede von ›der‹ Person deutlich wird. Sie empfindet keinerlei Mitgefühl, sondern Ekel und Abscheu gegenüber diesem Körper, der als eine seelenlose, dreckige Marionette beschrieben wird. Bereits in der früher entstandenen Erzählung *Tongues of Stone* (1955) – die ja schon im Titel die Unmöglichkeit festhält, dass das leidende Subjekt sich ausdrückt oder verbale Tröstungen erhält – ist diese Begegnung mit dem makelbehafteten Antlitz im Spiegel präfiguriert. In dieser früheren Version des Themas wird zudem das Bild eines kontaminierten Körper-Behälters entworfen, der Berge von Unrat in sich ansammelt, sodass der giftige Abfall schließlich sogar durch die Augen sichtbar wird:

»She imagined the waste piling up in her, swelling her full of poisons that showed in the blank darkness of her eyes when she stared into the mirror, hating the dead face that greeted her, the mindless face with the ugly purple scar on the left cheek that marked her like a scarlett letter.

A small scab began to form at each corner of her mouth. She was sure that this was a sign of her coming dessication and that the scabs would never heal but would spread over her body, that the backwaters of her mind would break out on her body in a slow, consuming leprosy« (Plath 1979, S. 264). Das Phantasma, dass die Wunden nicht verheilen werden, sondern stattdessen lepraartig nach und nach die ganze Körperoberfläche befallen, um so eine entzündete, dunkle Kruste zu bilden, ist Ausdruck der existenziellen Scham einer Person, die mit dem Selbstmord eine narzisstische Krise zu lösen suchte und (sogar darin) gescheitert ist (vgl. Henseler 1974). Die im Zitat erwähnte Narbe steht im direkten Kontext zu Plaths eigener Gesichtsnarbe, die sie nach dem Selbstmordversuch als bleibendes Stigma erfährt und literarisch verarbeitet, während sie ihrer Umwelt kaum sichtbar war: Sylvia Plath nahm während einer psychischen Krise im Alter von 20 Jahren im Haus ihrer Mutter Schlaftabletten und legte sich in einen verborgenen, engen Schacht eines Kellerraums, dessen Öffnung sie verschloss. Die Symbolik des von ihr gewählten Ortes, der zugleich Grab und Mutterschoß ist, und verstärkende Stützhaut, soll an dieser Stelle nur erwähnt werden. Plath wurde nach Tagen gefunden und gerettet, ihr Gesicht war stark entzündet und verletzt. Sie behielt aufgrund einer tiefen Schürfwunde zeitlebens eine Narbe unter dem linken Auge.

In der Erzählung *Stoneboy with Dolphin* schildert Plath, wie die Studentin Dody Ventura auf einer Party in Cambridge Leonard, einen von ihr verehrten Dichter in die Wange beißt – eine Szene, die Bezug nimmt auf die reale erste Begegnung zwischen ihr und dem Lyriker Ted Hughes, ihrem späteren Ehemann. Im Verlauf des Textes reflektiert die Protagonistin diesen oral-sadistischen Akt, »which would mark her by tomorrow like the browned scar on her cheek« (Plath 1979, S. 186). Durch die Bisswunde, die auf Leonards Wange eine Narbe hinterlassen wird, gleicht sie Leonard sich an, macht ihn zu einem symbolisch Verbündeten, der wie sie gezeichnet ist.

Der stigmatisierte Körper wird als ›Gefängnis‹ erlebt. Er verdammt seine Trägerin dazu, wie Kain (oder wie Nathaniel Hawthornes schuldbeladene und ausgestoßene Protagonistin Hester Prynne, auf deren titelgebenden »scarlett letter« Plath im obigen Zitat ja ebenfalls anspielt (Hawthorne 1986)) fortwährend mit dem Mal herumzuirren, ohne je den Frieden (den Tod) zu finden. So heißt es in der entsprechenden Szene in *The Bell Jar* ganz explizit über den Körper, »it would trap me in its stupid cage« (Plath 1971, S. 130). Die Protagonistin imaginiert ihren Körper als einen Käfig, welcher sie zugleich gefangen hält und preisgibt – eine alptraumartige Situation ganz ähnlich derjenigen, welcher Kafkas *Hungerkünstler* ausgesetzt ist. Plath beschreibt in *Tongues of Stone* diese Situation in immer neuen Metaphern. Da ist die Rede von ›seelenlosem Fleisch‹ und ›abgestorbenem Gehirn‹, von ›fahler Haut‹ mit ›purpurnen Verwundungen‹, offenen Narben und Verkrustungen und vom ›Zurückgestoßenwerden in die Hölle ihres leblosen Körpers‹:

»But she was caught in the nightmare of the body, without a mind, without anything, only the soulless flesh that got fatter with the insulin and yellower with the fading tan« (Plath 1979, S. 262).

»Then came the crisis, and now she sat trapped for sixty years inside her decaying body, feeling her dead brain folded up like a gray, paralyzed bat in the dark cavern of her living skull« (S. 264).

»She had fought back to darkness and lost. They had jolted her back into the hell of her dead body. They had raised her like Lazarus from the mindless dead, corrupt already with the breath of the grave, sallow-skinned, with purple bruises swelling on her arms and thighs and a raw open scar on her cheek that distorted the left side of her face into a mass of browning scabs and yellow ooze so that she could not open her left eye« (S. 265).

Das Im-Körper-Sein als Bestrafung, als erzwungene Rückkehr aus der Transzendenz in einen langsam verfallenden Fleischhaufen: mit diesen drastischen Bildern wird Leiblichkeit von der Ich-Erzählerin beschrieben – oder vielleicht besser verworfen.

Eine derartige Spaltung zwischen dem Psychischen und dem Somatischen, wie sie im Bild der lebenslänglichen Haft in einem kontinuierlich verrottenden Körper umschrieben wird, ist im Stadium der Psychose letzter Ausweg zum Erhalt eines integralen Selbst vor der Gefahr einer totalen Zerstörung (vgl. Anzieu 1992, S. 174). Das Gefühl, eine einheitliche Person zu sein, bei der Psyche und Körper integriert sind, stellt insofern eine potenzielle Gefährdung dar, als dass ein Angriff auf einen der beiden Teile eine Zerstörung der ganzen Person bedeuten würde. Ein Anteil des Selbst wird geopfert, um den anderen zu retten. In Plaths literarischen Körperbildern ist es der somatische Teil, der abgespalten wird, um den psychischen in seiner Integrität zu bewahren. Das Körperselbstgefühl wird negiert, sodass ›der Körper‹ als fremd gesteuerte Marionette wahrgenommen werden kann, als ein Objekt, das libidinös nicht besetzt ist: »a dull puppet of skin and bone that had to be washed and fed day after day after day« (Plath 1979, S. 262).

Die eigene Haut ist in besonderer Weise schambesetzt, wenn sie als äußerst makelbehaftet erlebt wird. Psychoanalytiker stellen bei vielen ihrer Analysanden eine intensive, teilweise exzessive Beschäftigung mit der eigenen Haut fest, wobei die Körperoberfläche in den meisten Fällen als sehr viel entzündeter, vernarbter und ›unreiner‹ empfunden wird, als es objektiv der Fall ist. Die einfühlsame Fallschilderung einer Patientin aus Léon Wurmsers psychoanalytischer Studie *The Mask of Shame* soll an dieser Stelle exemplarisch stehen:

Wie manch andere, ähnliche Patientin, war auch sie besessen von ihrer ›Akne‹: Ihre Haut sei ein rechtes Feld von schrecklichen Knollen und Narben, schuppig, schmutzig, abstoßend, ›verfaulend‹. Sie erlebte Berührung entweder als Anzeichen heftiger Verachtung und des Ekels oder – wenn nicht abgebrochen – als Ausdruck der Annahme, ja Liebe. Streicheln und Berührtwerden stellten demnach einen der stärksten Beweise dafür dar, dass ihre Scham in Wirklichkeit unbegründet war.

Es waren hauptsächlich anale Elemente in dieser primitiven Form der ›Scham‹, was das Berühren ihrer Haut betraf. Hin und wieder hatte sie (wie ähnliche Patientinnen) das Gefühl, als ob ihr Körper ganz mit Stuhl beschmiert wäre. Aber auch visuelle Aspekte waren dabei: Sie fürchtete, sie würde ihre ganze innere Schlechtigkeit, Schmutzigkeit und Destruktivität sichtbar auf der Haut tragen.

Es gab jedoch auch taktile Erfahrungen noch früheren Ursprungs, die (wie bei ähnlichen Fällen) hinter den visuellen und analen Schamerlebnissen wahrnehmbar waren. Letztlich war es, als ob diese Tochter einer verbittert-depressiven Mutter und eines verführerisch-brutalen Vaters sagte: »Wenn ich nicht berührt werde, dann bin ich verworfen. Ich muss innen und außen total schlecht sein, wenn man mich nicht einmal berühren und anschauen kann. Ich muss mich unberührbar und unsichtbar verhalten, ich muss aller Berührung und allem Schauen aus dem Wege gehen – um so völlige Zerstörung anderer und meiner selbst zu vermeiden. Berührung bedeutet totale Vereinigung und Verschmelzung, Nichtberührung totale Isolierung und Trennung« (Wurmser 1993, S. 185 f.).

Die stigmatisierte Haut zeigt auf der Ebene der Sehens den verborgenen ›schlechten Charakter‹, auf der Ebene des Tastsinns verhindert sie jede empathische Berührung, die dieses Gefühl der Unreinheit und Wertlosigkeit eliminieren könnte. Wurmsers Analysandin, welche unter einer schweren chronischen Depression leidet, erfährt sich als von einer schmutzigen, abstoßenden und gleichzeitig sie nicht ausreichend bergenden Körperhülle umgeben, die niemand aus freien Stücken berühren kann, ohne ›kontaminiert‹ zu werden. Gleichzeitig erlebt sie verbale oder physische Kontaktaufnahme als Penetration, als aggressiven und sexuellen Akt der Überschreitung (und Aufhebung) der Körpergrenze. Auf oralem Niveau muss, so Wurmser, die verschlingende und hypnotisierende Verschmelzung durch Scham blockier werden, »auf dem Niveau der Analität die kontaminierende ›schmutzige‹ Vereinigung«. Die als ›abstoßend‹ imaginierte Haut bildet eine Art Kontaktblockade, die die ersehnt-gefürchtete Berührung unmöglich macht.

Eine real verunstaltete Haut ist ein wortwörtlich so ›umfassendes‹ Stigma, dass das Subjekt nicht fähig ist, sich von dem Makel zu distanzieren. Diese Erfahrung, die mancher Neurodermitiker oder Psoriatiker am eigenen Leib macht (vgl. Gieler / Bosser 1996, Lévy u. a. 1997), wird in der psychischen Erkrankung zum imaginär gesteigerten Symptom, dass das Leiden in der Körperimago verzerrt widerspiegelt. Derartig Leidende fügen ihrer Haut auch bewusst Verletzungen zu, indem sie sie durch starkes Kratzen reizen oder mit Gegenständen traktieren, um so eine Schmerzhülle zu erhalten, die das verloren gegangene Gefühl der Einheit, Abgeschlossenheit und Geschütztheit neu vermittelt (Biven 1982, S. 224; vgl. auch Séchaud 1996).

Die Haut-Metamorphosen in Plaths Lyrik

In der Lyrik Sylvia Plaths fungiert der Körper oftmals als »an embarrassing reminder of the self's failures, an icon of the poet's vulnerability« (Lant 1993, S. 625), so die Amerikanistin Kathleen Margaret Lant. Im Gegensatz zu der gleichen Generation männlicher Dichter (beispielsweise Robert Lowell und Alan Ginsberg), bei denen der nackte, sich aller seiner Hüllen entledigende Körper für Selbstbefreiung, Authentizität und Stärke steht, ist der weibliche Körper, »in terms of the figurative systems of Western discourse [...] vulnerable in that it is sexually accessible, susceptible to penetration, exploitation, rape, pregnancy« (ebd., S. 626). Der nackte Frauenkörper – über Jahrhunderte in den Künsten symbolisch überfrachtet, idealisiert und verteufelt – kann auch in der Lyrik nicht so ungefragt wie der Männerkörper das positive, eigentliche Selbst einer Person repräsentieren. Die Tradition der ›nackten Wahrheit‹ – deren Metaphorik der Philosoph Hans Blumenberg untersucht hat (Blumenberg

1960) – ist somit eine ausschließlich männliche, in welcher der weibliche Körper lediglich als Modell fungiert. Während die amerikanischen Dichter, beginnend mit Walt Whitman, Nacktheit als Gestus der Ehrlichkeit und Freiheit feierten, präsentierten die Dichterinnen seit Emily Dickinson ihr lyrisches Ich eher als ein zugerüstetes, verhülltes und in Masken verstecktes (vgl. Diggory 1979, S. 136). Insofern erstaunt es nicht, wenn Nacktheit bei Plath mit Verwundung oder Makelhaftigkeit einhergeht und in keinster Weise mit Befreiung. In ihren Gedichten finden sich Bilder von Masken, Verbänden, Mumifizierungen, die die Haut zugleich stützen *und* verbergen. Es geht zwar auch hier um Transformationen, aber diese haben kein nackteres und damit authentischeres Selbst zur Folge.

In dem enigmatischen, vielschichtigen Gedicht *Lady Lazarus* steht das Bild der Selbsthäutung für eine Metamorphose, die zugleich Wachsen und Sterben ist. Beschrieben wird ein passiver, als Objekt präsentierter Körper, der den vergnügungsheischenden Massen wie eine Sensation im Monstrositätenkabinett eines Jahrmarkts vorgeführt wird, und der gleichwohl ein inneres Bewusstsein von sich behält:

»The peanut-crunching crowd / Shoves in to see // Them unwrap me hand and foot – / The big strip tease. / Gentlemen, ladies // These are my hands / My knees. / I may be skin and bone, // Nevertheless I am the same, identical woman. / The first time it happened I was ten. / It was an accident. // The second time I meant / To last it out and not come back at all. / I rocked shut // As a seashell. / They had to call and call / And pick the worms off me like sticky pearls. // [...] For the eyeing of my scars, there is a charge / For the hearing of my heart – / It really goes« (Plath 1981, S. 245 f).

Das lyrische Ich, das fortwährend zwischen aktiver Selbstkontrolle und leichenhafter Passivität changiert, häutet und tötet sich zyklisch, ohne damit einhergehend ›rein‹ zu werden. Explizit nimmt die Dichterin auf ihren Selbstmordversuch im Kellerschacht Bezug, wenn sie davon spricht, dass sie beim zweiten Versuch ›nicht wiederkommen wollte‹. Die Narben bleiben trotz des Abwerfens der Haut bestehen, sie ist immer noch »the same, identical woman«. Das lyrische Ich ist leidendes, passives Objekt, dessen Wunden die Voyeure gegen eine Gebühr betrachten und dessen Herz sie schlagen hören können. Dass diese von Würmern zerfressene *persona* noch lebt, scheint nicht sofort evident zu sein. Sie ist eine Art

Marionette, die Häutungs-Metamorphose ist kein aktiver Vorgang, sondern auch sie ›geschieht‹ ihr. Plath bezieht sich in diesem Gedicht auf die nach dem zweiten Weltkrieg kursierenden grausamen Mythen und Legenden, wonach in deutschen Konzentrationslagern die Haut von getöteten Opfern abgezogen wurde und daraus Alltagsgegenstände, wie Lampenschirme und Buchumschläge, angefertigt wurden (vgl. Oettermann 1994, S. 109 ff).[6] Plath hat in *Lady Lazarus* auf diese faschistische Praxis Bezug genommen und sie zugleich ins Subjektive überhöht:

»I have done it again. / One year in every ten / I manage it – // A sort of walking miracle, my skin / Bright as a Nazi lampshade, / My right foot // A paperweight, / My face a featureless, fine / Jew linen. // Peel off the napkin / O my enemy. / Do I terrify?« (ebd., S. 244).

Das lyrische Ich nimmt durch die (sicherlich vermessene) Identifikation mit dem Judentum die Rolle eines Opfers an, das wie Lazarus in den Tod geht, um auferweckt zu werden. Der schmerzhafte Vorgang der Häutung – »the big strip tease« (S. 245), wie es sarkastisch heißt –, ist zwar für die Betrachtenden bedrohlich, nimmt aber dem lyrischen Ich nicht grundsätzlich seine Selbstidentität, da ihm immer wieder eine neue Haut wachsen wird. Die Schindung wird als Bild einer qualvollen, aber notwendigen Herausschälung aus veralteten, inauthentischen Hüllen verstanden, die aber nie an ein finales, gegebenenfalls befreiendes Ende gerät.

Johann Wolfgang von Goethe hat seiner Autobiographie *Dichtung und Wahrheit* das Motto »der nicht geschundene Mensch wird nicht erzogen« (Goethe 1986, S. 9) vorangestellt – und bezieht sich damit auch auf dasjenige der *Confessions* Jean-Jacques Rousseaus: »intus et in cute« (Rousseau 1978, S. 249).[7] Mit diesen Motti ist ein Programm markiert, das einen essenziellen Zusammenhang von Schreiben, Selbstenthüllung und dem Aufsichnehmen von Schmerzen konstituiert. In Plaths *Lady Lazarus* ist jedoch die Gewissheit, dass die Selbstschindung zu etwas Authentischem führt (und vor allem zu etwas, das Beachtung finden wird), grundsätzlich geschwunden.

In ihrem Gedicht *Getting There* geht es, wie in *Lady Lazarus*, um Enthäutung und Reinheit, aber gleichzeitig – wie dort – um eine konstante Anwesenheit des Todes: »And I, stepping from this skin / Of old bandages, boredoms, old faces / Step to you from the black car of Lethe, / Pure as a baby« (Plath 1981, S. 249). Bereits in *Face Lift* verwendet Plath dieses

Bild der Herausschälung des Selbst aus den Häuten seiner Geschichte, bis es wieder an den ersehnten Ursprung zurückkehrt, wo es noch »pink and smooth as a baby« (Plath 1981, S. 156) war. Die dort geschilderte, im Heimlichen vollzogene Schönheitsoperation wird, auch wenn einerseits ganz realistisch von einem in Mullbinden und Gaze gewickelten Gesicht, von schmerzenden Nähten und Chirurgen die Rede ist, zugleich als eine Art imaginäres ›Heraussickern des Alterns‹ aus dem Körper verstanden: »For five days I lie in secret, / Tapped like a cask, the years draining into my pillow. / Even my best friend thinks I'm in the country. / Skin doesn't have roots, it peels away easy as paper« (ebd.). Es bleibt ambivalent, ob dieses verjüngende *lifting* ein Herauslaufen von inneren Säften ist, die durch das angezapfte ›Körper-Fass‹ herausrinnen, oder nicht vielmehr ein Abflocken der äußeren, wurzellosen Hautschichten. Beide Vorgänge sind Teil einer komplexen Metamorphose. Am Ende des Gedichts betrachtet das nunmehr verjüngte Ich ein Reagenzglas, in dem der abgestoßene, ausgelaufene Teil des Selbst, verbildlicht als alte, lappige Haut – »dewlapped lady« und »sockface« (ebd.) – nun gefangen ist.

Eine Aufspaltung des Selbst in zwei *personae* – eine artifiziell erzeugte, aber geliebte und eine verhasste, aber authentischere – findet sich ebenfalls in dem Gedicht *In Plaster*. In diesem prosaischen, im Erzählstil gehaltenen Vers-Bericht, spricht das lyrische Ich über sein Double, mit dem es in einer erzwungenen, unerklärlichen Symbiose lebt: »This new absolutely white person« (Plath 1981, S:. 158), die sich plötzlich neben dem »I« befindet – und zugleich um es herum ist, denn es ist auch seine zweite Haut – steht für die begehrte reine, marmorne Oberfläche der Frau. Diese Porzellanhülle wird zur idealen Körpermaske des fragilen Ichs, da sie alle Eigenschaften besitzt, nach der es sich zeitlebens gesehnt hat. Gleichwohl verunsichert es sie von Grund auf. Geschildert wird ein symbiotisches Abhängigkeitsverhältnis, in dem beide Anteile einander stützen.

Das Ich liegt zunächst neben der weißen Körpermaske, »shaped just the way I was«, die kalt, unbelebt und »unbreakable« (S. 158) ist. Nach und nach verschmelzen beide, da sie sich gegenseitig ergänzen: Das Ich gibt der weißen Hülle Inhalt, Wärme und Volumen, die Maske gibt dem Ich Halt und eine äußere Identität. In der dritten Strophe wird dieses Verhältnis im Bild der Vase und der blühenden Blume gefasst:

»Without me she wouldn't exist, so of course she was grateful. / I gave her a soul, I bloomed out of her as a rose / blooms out of a vase of not very valuable porcelain, / And it was I who attracted everybody's attention, Not her whiteness and her beauty, as I had at first supposed« (S. 159).

Bereits hier deutet sich eine Konkurrenz zwischen beiden an, denn das lyrische Ich muss insistieren, dass es selbst mehr Aufmerksamkeit erhält.

In der vierten Strophe wird das Ich nach und nach schwächer und beginnt, die Porzellan-»She« zu bewundern, »her tidiness, and her calmness and her patience« (S. 159). Das Ich wird nun plötzlich in seiner Fragilität gezeigt, dessen haltlose Knochen durch die Gipsform gestützt werden müssen. Beide verschweißen sich so mehr und mehr miteinander. Während es zunächst heißt, dass die Beziehung beider sich intensiviere, geht diese Nähe anschließend verloren, und das Ich fühlt sich zunehmend von seiner Körpermaske bedroht und behindert; gleichzeitig fürchtet es den Verlust der Stütze. Dann wird in der fünften Strophe deutlich, dass sich die Gips- / Marmor- / Porzellanhaut so fest um die eigentliche Haut herumgelegt hat, dass kein Zwischenraum zwischen beiden mehr besteht. »I« und »she« haben für eine Zeit einen gemeinsamen Körper gebildet, jetzt aber lässt die Porzellanhaut Luft hindurch (sie lockert ihre Umschließung), was bewirkt, dass die nunmehr überempfindliche, dem direkten Kontakt mit der Außenwelt nicht mehr gewachsene Haut des Ichs sich löst und abblättert:

»She stopped fitting me so closely and seemed offish. / I felt her criticizing me in spite of herself, / As if my habits offended her in some way. / She let in the drafts and became more and more absent-minded. / And my skin itched and flaked away in soft pieces / Simply because she looked after me so badly« (S. 159).

Anzieu hat dargestellt, inwieweit das ›normale‹ Haut-Ich aus einer doppelten Oberfläche besteht, einer äußeren Hülle, die externe Reize aufnimmt, und einer Hülle der inneren Erregungen (Anzieu 1992, S. 163). Zwischen beiden besteht notwendigerweise ein Abstand, der einen gewissen Spielraum zulässt, sodass zwischen inneren und äußeren Wahrnehmungen differenziert werden kann und ebenso zwischen dem Bild, das andere von der Person haben und dem Bild des Ichs von sich selbst. Der Verlust dieses Abstands wird deutlich in Plaths Bild der Mumie, welche dem lyrischen Ich das Gesicht entwendet hat und es nun selbst wie eine aufgezeichnete Maske trägt:

»And secretly she began to hope that I'd die. / Then she could cover my mouth and eyes, cover me entirely, / And wear my painted face the way a mummy-case / Wears the face of a pharaoh, though it's made of mud and water« (Plath 1981, S. 159).

Eine narzisstische Persönlichkeit hat nach Anzieu das Bedürfnis, sich mit der eigenen psychischen Hülle zu begnügen, um mit dem anderen keine gemeinsame Haut haben zu müssen, die ihre Abhängigkeit offenbart und hervorruft. Um das geschwächte Haut-Ich zu stärken, kann es den Abstand zwischen beiden Oberflächen verringern und wenn möglich aufheben. Zur Folge hat dies, dass die verdoppelte Hülle zwar Sicherheit vermittelt, dass es ihr aber auch an Geschmeidigkeit fehlt und sie bei der kleinsten narzisstischen Verletzung reißt oder brüchig wird (Anzieu 1992, S. 163). Eine solche psychische Struktur der Stärkung des Haut-Ichs durch das Verschweißen der inneren und der äußeren Oberfläche zu einer dicken, rigiden Schicht, wie Plath sie in ihrem Gedicht *In Plaster* figuriert, ruft viele Assoziationen wach, die die Dichterin auch explizit aufgreift: Die Vorstellung, bei lebendigem Leib in einem Sarg zu liegen, das Bild des mumifizierten Körpers sowie die reale doppelte Umhüllung in der Gebärmutter im Leib der Mutter: »Living with her was like living with my own coffin; / Yet I still depended on her« (Plath 1981, S. 160).

Das Gedicht thematisiert die Unmöglichkeit des Ichs, sich von einer Maske lösen zu können, mit der es an der Haut verwachsen ist: »She had supported me for so long I was quite limp – / I had even forgotten how to walk or sit« (S. 159). Aus dem drängenden Wunsch, sich von der als Sarg und Gefängnis empfundenen Maske zu lösen, wird nach und nach die Erkenntnis der essenziellen Abhängigkeit von dieser Stützschicht. *In Plaster* endet nicht (wie *Getting There* und *Face Lift*) mit der bereinigten, nackten, verletzlichen Unschuld des Säuglings, sondern mit der verzweifelten Hoffnung, eines Tages stark genug zu sein, sich von seinem »own coffin« zu befreien. Es ist ein Testament des Gefangenseins in Rollen, die sie äußerlich wie ein »saint« erscheinen lassen, während sie sich innerlich weiterhin »ugly and hairy« (S. 160) fühlt. Die verdoppelte, verstärkte Haut, die zur Maske und zum Panzer wird, bietet letztlich keinen Ausweg aus jener Problematik von Ich-Fragilität und Selbstbegrenzung, wie sie Plath exemplarisch literarisiert hat.

Sylvia Plath hat in ihrem Tagebuch folgendes Selbstporträt festgehalten, welches das komplexe Verhältnis von der Wahrnehmung der eigenen Haut, dem Selbstwertgefühl und dem Status ihres Schreibens deutlich zeigt:

»Nose podgy as a leaking sausage: big pores full of pus and dirt, red blotches, the peculiar brown mole on my under-chin which I would like to have excised. Memory of that girl's face in the med school movie, with a little black beauty wart: this wart is malignant: she will be dead in a week. [...] Body needs a wash, skin the worst: it is this climate: chapping cold, dessicating hot: I need to be tan, all-over brown, and then my skin clears and I am all right. I need to have written a novel, a book of poems, a Ladies' Home Journal or New Yorker story, and I will be poreless and radiant. My wart will be nonmalignant« (Plath 1983, S. 286).

Die schlechte Haut und das möglicherweise bösartige Mal am Kinn spiegeln in Plaths Selbstwahrnehmung die deprimierende Situation wider, mit der dichterischen Arbeit keinen Erfolg zu haben. Würde hingegen ein literarischer Text von ihr veröffentlicht, so die Folgerung, wäre die Haut »poreless and radiant«. Das Dichten als ›Heilmittel‹ (vgl. Axelrod 1990) soll sich hier ganz explizit als psychohygienische Reinigung der Haut bewähren. Die Autorin setzt den gegenwärtigen Zustand ihrer Haut mit den großen, schmutzigen Poren figürlich für ihr Unwohlsein ein: Erst der ›porenlose‹ Zustand, in dem die Haut kein durchlässiges Sieb mehr, sondern eine glatte Leinwand ist, gäbe ihr Wohlbefinden und Selbstsicherheit. So war vielleicht das Schreiben für Sylvia Plath immer auch eine Form der Rückgewinnung einer eigenen, autarken Haut und die Sprache eine Form der (im Idealfall nicht destruktiven) Selbstberührung. Beenden möchte ich meine Ausführungen daher mit einem Zitat des französischen Semiotikers und Literaturtheoretikers Roland Barthes. In seinen *Fragmenten einer Sprache der Liebe* schreibt er: »Le language est une peau: je frotte mon langage contre l'autre. C'est comme si j'avais des mots en guise de doigts, ou des doigts au bout des mes mots« (Barthes 1977, S. 87).

Anmerkungen

1 Dieser Beitrag ist eine erweiterte Version eines Abschnitts aus dem Kapitel »Verrätselung. Die Fremdheit der Haut« meines Buches *Haut. Literaturgeschichte – Körperbilder – Grenzdiskurse*. Reinbek: Rowohlt, 1999, wie ich ihn am 1.2.2002 als Festvortrag auf der *10. Jahrestagung des Arbeitskreises für psychosomatische Dermatologie* der Justus Liebig-Universität in Gießen gehal-

ten habe. Ich danke den Veranstaltern, besonders Prof. Dr. Uwe Gieler und PD Dr. Burkhard Brosig, sehr herzlich für die Einladung und dem Rowohlt-Verlag für die Möglichkeit des Abdrucks an dieser Stelle.

2 Diese Fußnote wurde in der englischen Ausgabe von *Das Ich und das Es* mit Freuds Genehmigung seit 1927 hinzugefügt, in den deutschen Ausgaben erscheint sie bisher nicht und eine deutsche Version ist nicht erhalten. In der englischen Freud-Ausgabe heißt es: »I. e. the ego is ultimately derived from bodily sensations, chiefly from those springing from the surface of the body. It may thus be regarded as a mental projection of the surface of the body, besides, as we have seen above, representing the superficies of the mental apparatus.« In der deutschen Fassung gebe ich die Fußnote nach Laplanche / Pontalis wieder (Laplanche / Pontalis 1994, S. 198f; vgl. auch Anzieu 1992, S. 112; Freud 1978, Anm. 2, S. 294).

3 »Teeth gourged. And held. Salt, warm salt, laving the tastebuds of her tongue.« Beschrieben wird hier, wie eine weibliche Protagonistin einen Mann in die Wange beißt. Plath, Sylvia. »Stone Boy with Dolphin«. *Johnny Panic and the Bible of Dreams and other prose writings*. New York u. a.: Harper & Row, 1979. 173–95. S. 184. Vgl. auch Stevenson, Anne. *Sylvia Plath. Eine Biographie*. Übs. v. Manfred Ohl u. Hans Sartorius. Frankfurt a. M.: Fischer, 1992. S. 146.

4 Die Ich-Erzählerin in *The Bell Jar* nimmt bei einer Geburt im Krankenhaus teil, bei der ein Kaiserschnitt erfolgte: »I heard the scissors close on the woman's skin like cloth and the blood began to run down – a fierce, bright red.« Plath (1971), S. 53.

5 »These cadavers were so unhuman-looking they didn't bother me a bit. They had stiff, leathery, purple-black skin and they smelt like old pickle jars.« Ebd., S. 51

6 Unter Historikern ist in den letzten Jahren eine Debatte darüber entbrannt, ob es sich dabei um eine Tatsache handelt, was meines Wissens noch nicht endgültig geklärt werden konnte. Jedenfalls war dies in den 1960er Jahren, zur Zeit Plaths, in den USA die gängige Behauptung.

7 Goethe zitiert den Spruch, der auf ein Fragment des attischen Komödiendichters Menander Bezug nimmt, auf griechisch (Goethe 1986, S. 9; vgl. den Kommentar, S. 1074). Rousseaus Motto nimmt Bezug auf eine Satire des römischen Satirikers Aulus Persius Flaccus (34–62 n.Chr.), wo es heißt: »Ego te intus et in cute novi«. Mit dem Motto drückt Rousseau also die Gewissheit aus, sich selbst zu kennen und seinen Charakter rückhaltlos darzulegen. Zu Beginn des zweiten Teils wird das Motto erneut genannt (vgl. den Kommentar, Rousseau 1978, S. 680).

Literatur

Anzieu, Didier (1992): Das Haut-Ich. Übs. v. Meinhart Korte u. Marie-Hélène Lebourdais-Weiss. 3. Aufl. Frankfurt a. M.

Axelrod, Steven Gould (1990): Sylvia Plath: The Wound and the Cure of Wounds. Baltimore.

Barthes, Roland (1977): Fragments d'un discours amoureux. Paris.

Baym, Nina (Hg.) (1986): Nathaniel Hawthorne. The Scarlett Letter. New York u. a.

Benthien, Claudia (1999): Haut. Literaturgeschichte – Körperbilder – Grenzdiskurse. Reibek.

Biven, Barrie M. (1982): The role of the Skin in Normal and Abnormal Development with a Note on the Poet Sylvia Plath. In: International Revue of Psycho-Analysis 63.9, S. 205–58.

Blumenberg, Hans (1960): Paradigmen zu einer Metaphorologie. In: Archiv für Begriffsgeschichte 6. Bonn. S 7–142.

Diggory, Terence. (1979): Armored Women, Naked Men: Dickinson, Whitman and Their Successors. In: Gilbert, Sandra, M. & Gubar, Susan (Hg.): Shakespeare's Sisters: Feminist Essays on Women Poets. Bloomington, S. 135–50.

Dorfles, Gillo. (1974): ›Innen‹ et ›Aussen‹ en architecture et en psychanalyse«. In: Nouvelle Revue de Psychanalyse 9, S. 229–38.

Duden, Barbara (1991): Geschichte unter der Haut. Ein Eisenacher Arzt und seine Patientinnen um 1730. Stuttgart.

Elias, Nobert (1990): Über den Prozess der Zivilisation 1. Frankfurt a. M.

Frisé, Adolf (Hg.) (1957): Musil, Robert. Prosa, Dramen, Späte Briefe. Reinbek.

Gieler, Uwe. & Bosse, Klaus Andreas (Hg.) (1996): Seelische Faktoren bei Hautkrankheiten. Bern.

Henseler, Heinz (1974): Narzisstische Krisen. Zur Psychodynamik des Selbstmords. Reinbek.

Hughes, Ted (Hg.) (1981): Sylvia Plath. Collected Poems.

Hughes, Ted & McCullough, Frances (Hg.) (1983): Sylvia Plath. The Journals of Sylvia Plath. New York.

Joraschky, Peter. (1986): Das Körperschema und das Körper-Selbst. In: Brähler, Elmar u. a. (Hg.): Körpererleben. Ein subjektiver Ausdruck von Leib und Seele. Beiträge zur psychosomatischen Medizin. Berlin u. a. S. 34–49.

Kittler, Wolf u. a. (Hg.) (1900): Franz Kafka. Tagebücher. Schriften, Tagebücher, Briefe. Kritische Ausgabe 3. Frankfurt a. M.

Lacombe, P. (1959): Du rôle de la peau dans l'attachement mère-enfant. In: Revue francaise de Psychanalyse 23.1, S. 83–102.

Lant, Kathleen Margaret (1993): The Big Strip Tease: Female Bodies and Male Power in the Poetry of Sylvia Plath. In: Contemporary Literature 34.4, S. 620–69.

Laplanche, J. & Pontalis, J.-B. (1994): Das Vokabular der Psychoanalyse. Übs. v. Emma Moersch. 12. Aufl. Frankfurt a. M.

Lehmann, Werner R. (Hg.) (1967): Georg Büchner. Sämtliche Werke und Briefe. Hamburg

Lévy, Alfred; Danzer, Gerhard & Rattner, Josef (1997): Haut und Seele. Auf dem Weg zu einer psychosomatischen Dermatologie. Würzburg.

Mahler, Margaret S.; Pine, Fred & Bergman, Anni (1980): Die psychische Geburt des Menschen. Symbiose und Individuation. Übs. Hilde Weller. Frankfurt a. M. (Fischer).

Mertens, W. (Hg.) (1981): Neue Perspektiven der Psychoanalyse. Stuttgart (Kohlhammer).

Mitscherlich, Alexander u. a. (Hg.) (1978): Sigmund Freud. Das Ich und das Es. Psychologie des Unbewussten. Studienausgabe 3. Frankfurt a. M., S. 273–330.

Montagu, Ashley (1982): Körperkontakt. Die Bedeutung der Haut für die Entwicklung des Menschen. Übs. v. Eva Zahn. 3. Aufl. Stuttgart.

Müller, Klaus-Detlev (Hg.) (1986): Johann Wolfgang Goethe. Aus meinem Leben. Dichtung und Wahrheit. Sämtliche Werke. Briefe, Tagebücher und Gespräche I/14. Frankfurt a. M..

Müller-Braunschweig, H. (1986): Psychoanalyse und Körper. In: Brähler, Elmar (Hg.): Körpererleben. Ein subjektiver Ausdruck von Leib und Seele. Beiträge zur psychosomatischen Medizin. Berlin / Heidelberg, S. 19–33.

Oettermann, Stephan (1994): Zeichen auf der Haut. Die Geschichte der Tätowierung in Europa. Hamburg.

Pankow, Gisela. (1982): Körperbild, Übergangsobjekt und Narzissmus. In: Jahrbuch der Psychoanalyse 14, S. 216–28.

Plath, Sylvia (1971): The Bell Jar. New York.

Plath, Sylvia (1979): Johnny Panic and the Bible of Dreams: Short Stories, Prose and Diary Exerpts. New York.

Reiff, Helmut (1989): Haut, Körper und Symbol. Zur Rolle des Körperbildes in der psychoanalytischen Psychosomatik. In: Jahrbuch der Psychoanalyse 25, S. 236–255.

Rousseau, Jean-Jacques (1978): Die Bekenntnisse. Übs. v. Alfred Semerau. München.

Rupprecht, Gerd (Hg.) (1985): Hans Henny Jahnn. Perrudja. Hamburg.

Schönfeld, Walter (1943): Die Haut als Ausgang der Behandlung, Verhütung und Erkennung fernörtlicher Leiden. Eine geschichtliche Studie. In: Sudhofs Archiv 36, S. 43–89.

Schweikert, Uwe (Hg.) (1986): Hans Henny Jahnn. Das Holzschiff. Die Niederschrift des Gustav Anias Horn. Fluss ohne Ufer 1. Hamburg.

Séchaud, Evelyne (1996): Vom Haut-Ich zur Schmerzhülle. In: Kunst- und Ausstellungshalle der BRD (Hg.): Tasten. Schriftenreihe Forum 7. Göttingen, S. 164–84.

Stevenson, Anne (1992): Sylvia Plath. Eine Biographie. Übs. v. Manfred Ohl u. Hans Sartorius. Frankfurt a. M..

Theweleit, Klaus (1993): Männerphantasien 1. Reinbek.

Tibon-Cornillot, Michel (1979): Von der Schminke zu den Prothesen. Elemente einer Theorie zwischen dem Außen und dem Innen des Körpers. In: Tumult 2, S. 25–46.

Wurmser, Léon (1986): Die innere Grenze. Das Schamgefühl. Ein Beitrag zur Über-Ich-Analyse. In: Jahrbuch der Psychoanalyse 21, S. 16–41.

Wurmser Léon (1993): Die Maske der Scham. Die Psychoanalyse von Schamaffekten und Schamkonflikten. 2. Aufl. Berlin.

Wysocki, Gisela v. (1997): Das Leben. Ein hektisches Dabeigewesensein: Die ›Glasglocke‹ von Sylvia Plath in neuer Übersetzung. In: Die Zeit 15 (4.4.1997), S. 53.

Metaphern der Haut – Epilog

Burkhard Brosig

Kehren wir noch einmal zurück zu der im Einleitungs-Teil skizzierten Schwierigkeit, den Begriff des *signifiant formel* ins Deutsche zu übertragen. Dieser Begriff, oder noch klarer, diese dem Begriff inhärente Schwierigkeit scheint mir, in verdichteter Form, etwas Zentrales zum Verständnis des Konzepts von den »Psychischen Hüllen« von Anzieu beitragen zu können. Was meint diese Formulierung, die wir, probehalber, als Form-Signifikant oder auch formaler Signifikant übersetzen könnten? Etwas freier übersetzt hieße *signifiant formel* vielleicht, inhaltlich möglicherweise präziser, *Form-Bedeutungsträger* oder auch formaler Träger einer noch mit konkretem Inhalt gefüllten Bedeutung. Oder, wieder etwas freier, könnten wir in Anlehnung an die Begrifflichkeit von Bion *Form-Grid* oder eben *container* für die Übersetzung festlegen. Im Konzept der »Psychischen Hülle« macht sich Didier Anzieu also auf, seine theoretische Fundierung des »Haut-Ich« evolutionär fortzuschreiben (Doron 2003) und um zwei wesentliche Punkte zu erweitern.

Einer dieser Punkte wird durch die Verwendung des *signifiant formel* beschrieben, der eine Brücke zur Symboltheorie in der Tradition der französischsprachigen, linguistisch geprägten, strukturalistischen Psychoanalyse in Nachfolge von Jacques Lacan schlägt. Ich verwende in diesem Zusammenhang absichtlich die Formulierung »in Nachfolge«, um mich gegen die reduktionistische Sichtweise einer bloßen Schulenbildung um Lacan auszusprechen. Vielmehr ist in diesem Zusammenhang die breite Lacan-Rezeption sowohl in der Psychoanalyse als auch in den Kulturwissenschaften gemeint. Diese späte Nachfolge Anzieus erscheint umso erstaunlicher, als dieser, Lehranalysand von Lacan, wie schon eingangs beschrieben, sich in den Jahren nach Abschluss der Analyse seinem Lehranalytiker zunehmend entfremdet hat (Widlöcher 2001, Anzieu 1986). Wir postulierten deshalb in der Einleitung eine »Rückkehr zu Lacan«, die, im Sinne einer inneren Bewegung der Aussöhnung, gewisse Anteile der lacanianischen Theorie erneut aufnimmt, um sie mit Elementen der modernen englischsprachigen Psychoanalyse in der Tradition Melanie Kleins zu verbinden. So wird aus dem Haut-Ich (Anzieu 1985), seinem ersten Entwurf einer Psychoanalyse der Haut, nun die »Haut als psychische Hülle«, die sich thematisch anlehnt an die Konzepte des *containers* nach W. Bion (1962) und des Netzes der Signifikanten in der Terminologie von Lacan.

Der Begriff des *signifiant formel* stellt dabei eine flexible, mehrfach auszugestaltende, gleichsam überdeterminierte Form dar, die viele Bedeutungen annehmen kann und eine elastische Metapher für die Funktion des Ich als psychischer Struktur darstellt. Die Psychoanalytikerin und Dermatologin Eichert findet dafür die Metapher des Pergaments, die von der Haut abstammt und der »Einschreibung« zu Verfügung steht:

»Das Haut-Ich erfüllt die Funktion der Einschreibung der taktilen sensorischen Spuren, es ist das originäre Pergament, das die durchgestrichenen, weggekratzten und dann überschriebenen Entwürfe einer ›ursprünglichen‹ präverbalen Schrift aus Hautspuren konserviert.« Eichert (1995, S. 1246).

Mit etwas Abstand betrachtet, erscheint mir das Wesentliche dieser Begrifflichkeit vom *signifiant formel* zu sein, dass es eine multipel ausdeutbare, Anzieu hätte vermutlich gesagt »formbare« Metapher darstellt, die sich in einem klinischen Kontext leicht in innere Bilder von der Haut als einer einhüllenden Struktur umsetzen lässt. Anzieu steht dabei ganz in der Tradition Freuds, der seine klinisch-psychoanalytischen Konzepte ja auch zunächst biologisch zu fundieren trachtete. So argumentiert Anzieu in seinem Werk Le Moi-Peau (Anzieu 1985) ja zunächst auch mit der psychophysischen Funktion der Haut als einem Organ, dass neben Schutz- und Hüllen-Funktionen ein wichtiges Sinnesorgan ist. Es erscheint aus diesem Zusammenhang nahe liegend, dass er die Funktion der Haut als eine frühe Form des Ichs, als dessen entwicklungsgeschichtlichem Vorläufer beschreibt. Mit Anzieu (1985) könnte man sagen, dass sich das Ich über die frühen Beziehung- und Bindungserfahrungen auf der Haut strukturiert.

Ich komme damit zum zweiten Punkt der Erneuerung des Konzeptes vom Haut-Ich, dem der Konzeptualisierung als einem Behälter im Sinne des *containers*, so wie er von Bion verstanden wurde. In seiner Annäherung an die britische Objekt-Psychoanalyse in der Nachfolge von Melanie Klein, und dies scheint mir in seinem ausdrücklichen Verweisen auf das Prinzip des *containments*, so wie sie von Bion vertreten wird, ideengeschichtlich sehr klar nachzuzeichnen, gestaltet sich dieses Haut-Ich zudem als eine zwar rezeptive, dabei jedoch höchst aktive Oberfläche psychischen Funktionierens. Versteht schon Bion in seiner Theorie des *containers* diesen Behälter nicht bloß als eine einfache, unbelebte, nicht reagible, einem Sack gleichende, Hülle, so wird in der Rezeption von Anzieu das Haut-Ich durch die nun geschaffene Nähe zum Begriff des *containers* durch dessen aktive Konnotationen und Potenzen geradezu mit Energie aufgeladen. In einem Interview mit Gilbert Tarrab (Anzieu 1986), unterstreicht der Autor, wie sehr er sich den Konzepten des *containers* nach Bion nahe fühlt und wie viel er von diesen Konzepten klinisch in seinem Umgang mit Patienten, gerade jenen, die dem so genannten Borderline-Spektrum nahe stehen, gelernt hat.

Es gehört nun zu den Kühnheiten und der intellektuellen Risikobereitschaft Anzieus als psychoanalytischem Denker diesen Objekt-psychoanalytischen Begriff des *containers* mit dem linguistischen des *signifiant*, im Kontext der Tradition der lacanianischen Psychoanalyse, verbunden zu haben, sodass aus dem *container* gleichzeitig ein Netz der *signifiants formels* werden konnte. In beiden Begrifflichkeiten klingt die Schwierigkeit des Individuums an, aus unklaren, infraverbalen, protosymbolischen, also körperlich-diffusen Empfindungen schließlich mentale Konzepte zu entwickeln, eben Symbole und deren Vorläufer, die im Register der sich aus Zeichen entwickelnden Sprache verstanden werden können. Auch wenn die Begrifflichkeiten von Bion und Lacan sehr unterschiedlichen Universen angehören und zunächst einmal inkompatibel erscheinen, gelingt es Anzieu, von beiden Welten gleichermaßen zu profitieren und seine Konzeptualisierung des Haut-Ichs in seiner Essenz neu zu fundieren und in der Folge auch klinisch fruchtbar zu machen. Etwas überspitzt ausgedrückt, scheint Anzieu, fest davon überzeugt, dass das Unbewusste letztlich in der Schnittstelle zwischen Körper und Seele angesiedelt sei und damit im engeren Sinne als psychosomatisch aufzufassen wäre, dieses Unbewusste als »strukturiert wie eine Körpersprache« aufzufassen. Diese Körpersprache, so zeigt er überzeugend in seinen Fallbeispielen, oszilliert dabei zwischen einem sprachlich hoch entwickelten symbolischen Pol und einem protosymbolischen, mehrdeutigen, den mehrdeutigen Zeichen nahe stehenden Pol der *signifiants formels*. Insofern erscheint es nachvollziehbar, dass er für seine Re-Formulierung des Haut-Ich diesen Begriff des *signifiant formel* verwendet, der, auch im Gegensatz zum Begriff des signifié als einem bereits eindeutig Bezeichneten stehend, in seiner ganzen Mehrdeutigkeit die Schwierigkeit körpersprachlicher Mitteilungen, dann doch letztendlich sehr präzise, umreißt.

Didier Houzel hat in seinem Kapitel zur »Haut als psychischer Hülle« diese Konzeptualisierung noch einmal aufgenommen und mit den frühen

Ideen von Freud zum Ich als einer neurophysiologisch determinierten Struktur, so wie sie im »Entwurf« entwickelt wurden, abgeglichen. Auch er setzt sich, wie dies Anzieu (1986) vollzieht, vehement gegen Lacan ab, und schlägt einen Bogen zur britischen Objekt-Psychoanalyse. Dennoch erscheint die reiche Metaphorik, mit der er das Konzept der Haut als psychischer Hülle durcharbeitet, letztlich sehr nahe an dem, was Lacan an sprachlicher Finesse in seinen unendlichen Ketten der *signifiants* und *signifiés*, von Metaphern und Metonymien in seiner Rückkehr zu Freud (Weber 1978) als einem klinischen Hermeneutiker in die Psychoanalyse hineingetragen hat.

Annie Anzieu schließlich betrachtet diese Haut als psychische Hülle aus der Perspektive der Mutter-Kind-Interaktion und beschreibt in Ihren klinischen Fallbeispielen sehr berührend und dicht, wie die innere Repräsentanz der »toten Mutter«, gedacht in der Konzeptualisierung von André Green, in der Verinnerlichung dieser Mutter-Kind-Beziehung sowohl eine tote als auch eine übererregbare Hülle schafft, so wie sie bei den schwerer gestörten, dem Borderline-Spektrum nahe stehenden Patientinnen mit Hysterie anzutreffen wäre. Für sie wird die Haut der Hysterikerin dabei ein gleichsam rot-glühendes Schutzschild, welches erregte Resonanz nur vortäuscht, erregbar wirkt, dabei gleichzeitig jedoch, eben weil maximal stimuliert, unempfindlich bleibt und das Individuum genau durch diese Situation zu schützen weiß.

In der Auswahl der weiteren Beiträge haben die Herausgeber nun vor allem dieses Spektrum zwischen französischsprachiger psychoanalytischer Tradition berücksichtigt, wobei der Beitrag aus Paris von Sylvie Consoli zur Psychoanalyse einer Patientin mit Artefakten (die sie im französischen *pathomimie* nennt) thematisch sicher sehr nahe an den Konzepten von Anzieu und seiner Frau und seinen Kollegen, die am Band »Les enveloppes psychiques« (Anzieu 2003) mitgewirkt haben, stehen dürfte. Der Beitrag von Heinrich Schimpf, umgekehrt, betont sicher die Auffassung der britischen Objektpsychoanalyse und entwickelt in seiner klinischen Narration zu einem Falle von pathologischer Hypersekretion auf der Haut das Denken in den Kategorien von Bion und seinen Begriff des *containments*. So versuchten wir als Herausgeber in den weiteren klinischen Beiträgen das von Anzieu vorgegebene Spektrum zwischen Objekt-psychoanalytischem Verstehen und strukturalistisch-hermeneutischem Deuten zu berücksichtigen. Wie im Eingangskapitel schon angedeutet, vermag es die Kulturwissenschaftlerin Claudia Benthien schließlich, dieses Wechselspiel zwischen Hermeneutiker und Klinik auf dem »Schlachtfeld der Haut« mit literarischen Beispielen, die auch als klinischen Fallbeispielen gelesen werden können, jedoch weit über diese hinausgreifen, zu illustrieren.

Uwe Gieler und Wolfgang Milch vermochten es schließlich, neuere neurophysiologische als auch bindungstheoretische Befunde, die Anzieu bei seiner Formulierung der »Haut als psychischer Hülle« noch nicht vorlagen, auf das Konzept zu beziehen und damit auch aus Sicht der neueren empirischen Forschung zu fundieren. Gerade die moderne neuropsycho-immunologische Forschung ist es ja, die die intensive Verbindung zwischen Hirn-Psyche-Haut empirisch untermauert und damit das Substrat für die klinisch-konzeptuellen Entwürfe zum Haut-Ich liefert. Auch wenn, in der Tradition von J. Lacan, die hermeneutische psychoanalytische Sichtweise zunächst ohne diese Fundierung im Bereich der Biologie auszukommen scheint und die Befunde aus dem Bereich der Psychobiologie ja wirklich nicht einfach in klinische Tatbestände umgesetzt werden können, so erscheint es mir doch offensichtlich und evident, dass diese letztgenannten beiden Beiträge, teils in einer Analogie, die zuvor beschriebenen Konzepte abzustützen in der Lage sind.

Was macht also die Haut als einer psychischen Hülle so einzigartig? Kehren wir noch einmal zu der initialen Idee von Anzieu zurück, das Haut-Ich hermeneutisch zu fundieren, verlässt sich feststellen, dass diese Struktur im Verstehen die Funktion einer Doppelnatur, janusköpfig, repräsentiert. Die Haut ist sowohl Grenzfläche als auch Hüllfläche, sie markiert sowohl das Innen als auch das Außen, lässt sowohl das Selbst als auch das Nicht-Selbst durch seine Ich-Funktionen spürbar werden. In dieser Funktion integriert es sowohl afferente als auch efferente Innervationen, wobei beide Aufgaben in sehr weiten Teilen des Gehirnes repräsentiert sind und über gewaltige Projektionsflächen verfügen. Die Haut ist daher auch Ort der Intimität in seinen multiplen Bedeutungen als Ort der Sexualität, der Nähe und Bindung, und schließlich der Abgrenzung gegen die Wahllosigkeit der Objekt-Begegnung. In diesem Sinne steht die Haut, in seiner inneren psychischen Repräsentation für das Individuum, als ein *signifiant formel* für das Mehrdeutige.

Um eine biologische Analogie zu bedienen, scheint mir die Haut, parallel zu den weiterverarbeitenden kontrastbildenden Neuronen der Netzhaut, die, den Farb-Zapfen für die Empfindungen Rot, Grün, Blau nachgeschaltet sind, informationsverarbeitend eben an der Stelle der rot/grün und gelb/blau anzeigenden Neuronen zu liegen und damit Unterschiede kenntlich zu machen. Sie wäre damit für die Weiterverarbeitung von Differenzen, für die Kontrastierung zuständig, so wie dies von den genannten Gegenfarben-Neuronen der Netzhaut geleistet wird, die in zweiter Verarbeitungslinie ihren Dienst tun. Es handelt sich also um eine Funktion, die eher Differenzen anzeigt und nicht so sehr die Dinge an sich bezeichnet. Hermeneutisch betrachtet handelt es sich um das, was Culler (1988) als »Chiasma« bezeichnet, als eine Verdichtung im symbolisierenden Verstehen, als Schnittstelle im Prozess der Erkenntnis, in dem verschiedene Linien von Gedanken miteinander verbunden werden. Wer könnte eine bessere Metapher als Anzieu mit seinen *signifiants formels* für diesen von Grund auf strukturalistischen Gedanken finden?

Literatur

Anzieu, D. (1985): Le Moi-Peau. Paris (Dunod). Dt.: Das Haut-Ich. Übs. v. Meinhart Korte u. Marie-Hélène Lebourdais-Weiss. Frankfurt a. M. (Suhrkamp) 1991.
Anzieu, D. (1986): Une peau pour les pensées. Paris (Éditions Clancier-Guénaud)
Bion, W. R. (1962): Learning from Experience. Dt. Lernen durch Erfahrung. Frankfurt (Suhrkamp) 1990.
Culler, J. (1988): Dekonstruktion – Derrida und die poststrukturalistische Literaturtheorie. Reinbek (Rowohlt).
Doron, J. (2003): Du moi-peau à l' enveloppe psychique. In : D. Anzieu (Hrsg.) Les enveloppes psychiques. Collection inconscient et culture. Paris (Dunod) S. 1–18.
Eichert, I. (1995): Was hat die Haut mit der Seele zu tun? Dt Derm 43, 1236–1249.
Weber, S. M. (1978): Rückkehr zu Freud. Jacques Lacans Ent-stellung der Psychoanalyse. Frankfurt/M, Berlin, Wien (Ullstein).
Widlöcher, D. (2001): Obituaries. Didier Anzieu. Int J Psycho-Anal 82, 993–994.

Autorinnen und Autoren

Anzieu, Annie;
  Psychoanalytikerin, Lehranalytikerin APF, IPA, Paris

Anzieu, Didier†;
  Prof. Dr. Psychoanalytiker, Lehranalytiker APF, IPA, Paris

Benthien, Claudia; Dr. phil.,
  Germanistin, Philosophische Fakultät II der Humboldt-Universität Berlin

Brosig, Burkhard; PD Dr. med.
  Psychoanalytiker DPV, IPA, Facharzt für Psychotherapeutische Medizin, Klinik für Psychosomatische Medizin und Psychotherapie der Justus-Liebig-Universität Gießen

Consoli, Sylvie; Dr. med.,
  Psychoanalytikerin, Dermatologin, Hopital Salpetriere Paris

Detig-Kohler, Christina; Dr. Dipl.Psych.,
  Psychoanalytikerin, Lehranalytikerin DPV, IPA in eigener psychoanalytischen Praxis im Raum Heidelberg tätig

Gieler, Uwe; Prof. Dr. med.,
  Dermatologe, Allergologe, Facharzt für Psychotherapeutische Medizin, Klinik für Psychosomatische Medizin und Psychotherapie der Justus-Liebig-Universität Gießen

Houzel, Didier; Prof. Dr.,
  Psychoanalytiker, Lehranalytiker, APF, IPA, Paris

Milch, Wolfgang; Prof. Dr. med.,
  Psychiater, Psychoanalytiker DPV, IPA, Facharzt für Psychotherapeutische Medizin, Klinik für Psychosomatische Medizin und Psychotherapie der Justus-Liebig-Universität Gießen

Schimpf, Heiner;
  Psychoanalytiker DPV, IPA, Facharzt für Psychotherapeutische Medizin, in eigener psychoanalytischer Praxis in Gießen tätig

Übersetzungen der französischen Beiträge:
Guillou, Sylvie – Gießen
Jappe, Anselm – Köln
Soujon, Anais – Bamberg

Peter Geißler (Hg.)
Körperbilder
Sammelband zum 3. Wiener Symposium »Psychoanalyse & Körper«

2003
273 Seiten · Broschur
EUR (D) 25,90 · SFr 45,30
ISBN 3-89806-276-7

Der Sammelband Körperbilder fasst die Vorträge des 3. Wiener Symposiums »Psychoanalyse und Körper« (September 2003) zusammen. Themenschwerpunkt dieser Tagung war der Aspekt des Körperbildes aus dem Blickwinkel unterschiedlicher theoretisch-methodischer Ansätze, vor allem aber von Psychoanalyse und analytischer Körperpsychotherapie, im Konnex mit dem allgemeinen Menschenbild und der jeweiligen Entwicklungstheorie einschließlich des Säuglingsbildes.

**P🕮V
Psychosozial-Verlag**

Mathias Hirsch (Hg.)
Der eigene Körper als Symbol?
Der Körper in der Psychoanalyse von heute

Bibliothek der Psychoanalyse
Psychosozial-Verlag

2002
*281 Seiten · Broschur
EUR (D) 36,00 · SFr 62,00
ISBN 3-89806-138-8*

Die Bedeutung des Körpers als Symbol wird innerhalb verschiedener Bereiche der Psychopathologie untersucht, in denen dieser unbewältigte psychische Konflikte und Defizite, aber auch Traumafolgen und deren Abwehr mehr oder weniger symbolisch ausdrückt.

PV
Psychosozial-Verlag

2002
237 Seiten · Broschur
EUR (D) 24,90 · SFr 43,70
ISBN 3-89806-100-0

Im Vordergrund dieses Buches steht der Gebrauchswert für Psychoanalytiker, Psychotherapeuten, Dermatologen und psychosomatisch interessierte Ärzte sowie Menschen mit Hautkrankheiten. Es werden Fallbeispiele in unterschiedlichen psychoanalytischen Behandlungsansätzen dargestellt und diskutiert, die die widersprüchlichen, aber gleichzeitig auftretenden Bedürfnisse von Nähe und Distanz im Kontext der psychodynamischen Austauschprozesse widerspiegeln. Dieses Buch geht »unter die Haut«; es erfasst eine Lücke zwischen Dermatologie und Psychoanalyse und ist jedem zu empfehlen, der bereit ist, sich »berühren« zu lassen.

P☒V
Psychosozial-Verlag